閒話

文人

薛原・著

在書房裏發呆

壹

記得周作人說過的話，大意是自己的書房不能輕易給別人看，因為一個人的書房最容易讓人看穿自己肚子裏的貨色，藏不住假。這點對大洋彼岸的人來說，涇渭不同，長毛番鬼恨不得到處炫耀自己的書房，即便沒有多少藏書，也要製造一些假書——譬如櫥門裝飾著以假亂真的一排排書脊。譬如案頭的一冊大而精美的《坐擁書城》（上海人民出版社 2008 年版），內中所收的幾乎都是美國的文人和經理人的書房，先不說其書房的大和壯觀，即便是書架上的陳設，看上去真是「收藏」，即便書房主人說藏書為了實用，看上去也顯得豪華。從各個不同身份的書房主人的自述裏，藏書雖有種種不同，風格也雖然不同，但有一點相似，就是都貫穿一個主調，突出藏書和生活的和諧，而且都希望自己的書房讓外人看上去是獨一無二的，話語中充滿著炫耀和自豪。不過看著他們的書房，也不得不說，那些書房的確值得驕傲，大洋彼岸的書房是我輩無法企及的。

與《坐擁書城》相比，《我的書房》（嶽麓書社 2005 年版）是當下中國文人的書房，一頁頁翻下去，也有一相似點，就是大多強調書房的狹窄或來之不易，往往文人們的住房擁擠不堪，書房和客廳甚至臥室往往多種功能混用，即便是有了一間屬於自己的書房往往也是到了老年。而對於自己書房和書架的陳設也往往以樸實無華為第一選擇，別說豪華和壯觀，即便是裝飾，也惟恐給人留下炫耀的印象。這一點

和大洋彼岸的「同行」真是兩個極端。書中所收的五十多個文人的書房，幾乎代表了當下文人的典型，不管是大是小，應該說，文人們的態度是一致的，書房是自己的精神的依託，也是自己安身立命的「底氣」。

兩年前在上海，有緣拜訪一間位於永嘉路「慎成里」老石庫門房子裏的書房——「兩步齋」，顧名思義，「兩步」是說其小，書房裏最大的特色就是書櫥裏和桌面上的一摞摞檔案袋，裏面都是主人採訪的資料，這也體現了主人的特點，以人物傳記的寫作為主，檔案袋裏所放的都是所寫人物的材料。「兩步齋」主人丁言昭，其所寫人物有一特點，都是現代文壇圈裏圈外的「才女」，而且大多和她有著直接的聯繫，譬如上海的陸小曼、王映霞，北京的丁玲、冰心……不過，她筆下的這些才女，陸小曼和王映霞更生動親切許多。這樣的書房也實在反映了主人的生活。

我也有一間屬於自己的書房，從最初書房、客廳和臥室共用一室，到現在有了獨立的書房，應該說實現了有一間自己的書房的夢，但也像許多朋友一樣，現在卻很少在書房裏讀書了，在書房裏更多是為了找書的苦惱和發現的樂趣，而讀書卻移到了客廳裏——客廳儼然也成了書房的延續。書房於我更多成了「發呆」的角落。在生活裏給自己留一間「發呆」的書房，也是「生活在別處」的樂趣和夢想的源地。

貳

我喜歡在書房裏發呆。坐在那兒，並不看書，而是用散漫的目光四周打量著或整齊或擁擠或雜亂的書陣書堆，就像抽煙的人吐著一個又一個煙圈看它們漸漸彌漫開來愜意地陶醉，或像喝酒的人端著酒盅小口小口地呷著麻醉自己的神經。夜晚寂靜的書房，給了我安逸，也給了我迷惘。有時候我不知道是我在看書還是書在看我，我和書就這樣相互對視著，一點對接有時剎那間碰撞出了火花，又讓我驚喜，也

讓我驚醒，更讓我感到了自己的存在。書與人，人與書，在對視中悄然消磨了春夏秋冬。有時，拿起一本書並沒有理由。也許因一本書，又翻起了另外幾本相關或不相關的書。書裏書外，整個人便坐在那兒發起呆來……

譬如某個週末的夜晚，在書房裏偶然聚攏了我的目光的那幾部已有些褪色的綠皮書：上海譯文版的陀思妥耶夫斯基作品集。

接連翻了幾本陀氏作品的扉頁（因為我有在上面記錄買書情景的習慣），我突然發現，1986 年簡直是我的「陀思妥耶夫斯基年」。一冊上海譯文版的《罪與罰》（1979 年初版，1985 年 8 月第 8 次印刷），緊貼著書脊頂端的透明膠紙已泛著深黃。在扉頁上，留著當初買書的記錄：「1986 年 12 月 3 日購於滬」。是在從廈門返青島的途中在上海轉車，在書店裏偶然見了這本《罪與罰》，櫃檯後的女店員遞給我這本書，不湊巧的是書架上只有這一本了，書脊頂端破裂了，一位老店員從姑娘手中接過去說，補一下就沒事了。那時，我正迷戀陀氏的作品，這套上海譯文淺墨綠的陀氏作品集，我幾乎見一本買一本。《少年》（1985 年 9 月初版），我的記錄是：「1986 年夏購於四方」。再如《死屋手記》、《被侮辱與損害的》、《白癡》也是在八六年買到的。其中，1986 年 8 月初版的《白癡》我是「1986 年 11 月 27 日購於廈門鼓浪嶼」。看著這些買書的記錄，恍如隔世。八六年秋天我第二次去廈門，從上海轉車簡直就是災難，至今想來上海火車站售票視窗的擁擠不堪仍歷歷在目。從上海到廈門，在火車上我幾乎站了一路，當時的總行程大約二十多個小時，我站了十六個小時，真是刻骨銘心。後來火車到了一站停車，我感覺那火車仍在轟轟地行進著。回程時雖然更擁擠不堪，但我有了一個座位。不過快到杭州時，上來一位抱孩子的年青女人，就站在我邊上。最後的結果自然是我站了起來。

這套陀氏作品集我最先買的是兩冊本的《中短篇小說》（1983 年 6 月初版），八四年夏天在青島中山路的新華書店裏意外買到的。最初對陀氏的認識是讀初中時從報亭裏買到的一本雜誌，雜誌名已記憶模

糊，彷彿是《俄蘇文學》之類，封底是一幅陀氏在書房裏的木刻版畫，雜誌裏有陀氏的紀念專輯，其中有一個短篇小說叫《小英雄》，正是這篇並非陀氏優秀之作的短篇小說，引起了我夢中關於異性的幻想，並讓我牢記了這個「病態」的作家。當我在書店裏見到他的《中短篇小說》時，沒有絲毫猶豫便買了下來。但讀這兩冊書的結果，是我被《窮人》打動了，並迷戀上了陀氏的作品。八六年在青島的暑期圖書博覽會上，也就是後來的特價書市，我意外淘到一本小冊子：《回憶陀思妥耶夫斯基》（陝西人民出版社 1984 年 7 月初版），定價九角三分，又打了半價，簡直是白揀。這本小冊子是陀氏夫人的回憶錄，從她的回憶中，陀氏的形象牢牢刻在了我的印象中。後來我在北大校園裏北大出版社的門市部裏雖然買到了新版的《陀思妥耶夫斯基夫人回憶錄》（「1988 年 3 月 5 日於北大。」），但讀起來仍沒有那本小冊子親切。

在 1986 年我買了第一本外國作家評論集，這就是封面上標明（蘇）葉爾米洛夫著的《陀思妥耶夫斯基論》（上海譯文出版社 1985 年 2 月新一版），滿濤譯，定價一元二角五分。正是這本書，讓我對陀氏的作品有了大概的瞭解，也有了要買齊他的作品集的念頭。買此書是和一本陀氏的小冊子一起，即收入人民文學版《文學小叢書》中的《白夜·舅舅的夢》（1985 年 3 月初版）。在這本小冊子上還留下一行字：「1996 年 10 月 26 日整理藏書」。對此，我已印象全無。

一部厚厚的格羅斯曼著的《陀思妥耶夫斯基傳》（外國文學出版社 1987 年 8 月初版）的扉頁上則寫著：「1988 年 9 月 20 日購於溫州」。這勾起多少記憶，夾雜著桂花的濃香。是在溫州郊外一個叫白象的小鎮，一座不高的山嶺和一座廢棄的廟宇，溫州地震台所在的庭院裏，在那裏我呆了三個多月，中秋節時，院中的桂花樹已濃得醉人，一大早趕到白象鎮乘車去了溫州，在溫州新華書店遇到了這部傳記。於是，接下來寂寞的日子裏，我追蹤著陀氏的身影在時間的河裏逆流而上。那個沉浸在輪盤賭中不能自拔的神經質的癲癇病人始終在我眼前，講述著他所遇到的那些奇奇怪怪的白癡、瘋子、放高利貸人、妓女、臨

刑的殺人犯,當然,還有他年青善良的妻子。轉過年來,我就買到了《賭徒》:「1989年3月5日購於青島古籍書店。」

在人民文學版的《罪與罰》(1982年10月初版,1989年3月第一次印刷)的扉頁上,記錄著「1989年9月3日午於青島台東書店」。此書插在那些上海譯文版綠色的陀氏作品集中顯得突兀扎眼,白色底的裝幀,封面是典型的張守義的風格:老燈盞,沒臉的人。但這部書在陀氏作品中是我讀的最多的一本,前後不下五遍。至此,買陀氏的書告一段落,接下來書店裏像是失蹤了他的身影,《卡拉馬佐夫兄弟》和《群魔》成了我的心病。後來,青島的海洋研究所圖書館處理文藝藏書,我意外淘到了兩卷本人文版的《群魔》,但這兩本舊書我一直沒放入書櫥,對待「藏書」,我有著潔癖。翻完這兩本舊書,我找來報紙把它們包了起來,放到陽臺的角落裏。後來,當我驚喜地買到新版的《群魔》時,這兩卷舊書便讓我送給了喜歡淘舊書的朋友了。譯林出版社2002年5月初版的《群魔》厚厚的像塊磚,三十六元五角,譯者是臧仲倫。在扉頁上,我寫道:「2002年6月19日午逛書城,該書久覓未得,今意外相遇,攜之盡興而歸。」陀氏最重要的作品《卡拉馬佐夫兄弟》後來我有不同的版本,先是浙江文藝出版社精裝的一厚本,接著是人民文學出版社精裝的兩卷本,後者是我1996年春在北京人文社門市部買的,上面題道:「……至『閣樓』尋訪SY不遇偶見S公。」同時買回來的還有陀氏的《書信選》。前者是該書的編輯送我的,扉頁上寫著:「1996年11月收杭州寄書。」

某年在書店裏見到了上海譯文社新版的六卷本《陀思妥耶夫斯基文集》,封面已換成了冰冷的深藍色,沒有了舊版的暖調。看著那些熟悉的書名,起了莫名的感動。只有一本的書名陌生,這就是《鬼》。先是遲疑,接著釋然,恐怕是《群魔》的新名吧。果然。我還是挑選了兩本,一本是《白夜》,一本是改頭換面的《鬼》。在扉頁上我都寫道:「2005年8月31日於青島小書店。」其實,再買這兩本書,我已沒有了激動。

　　在書房裏這樣散漫著自己的目光，拿起幾本相關或不相關的書，有時讓我沉醉，有時讓我起了憂傷，譬如，當年和我一起到上海、廈門、溫州的老師中，已有三位離開了人間，送我書的那位編輯朋友也移民到了大洋彼岸，而當年我買書的青島的書店，有的也已經沒有了蹤影，古籍書店，台東書店，已成了紙上的記憶。當然，更多的時候，是消磨和充實了我的夜晚。

叁

　　在我醉心搜買陀氏著作的 1980 年代，其實，我更醉心搜求的還是中國現代作家的作品，從他們的單本選集，到文集，甚至於全集，逐漸搜買我喜歡的作家的作品，搜羅最多的，除了魯迅之外，就是沈從文、蕭乾和周作人。一冊 1981 年湖南人民版的《沈從文散文選》點亮了尚在讀中學的我的文學夢想，而 1980 年人文版的《蕭乾散文特寫選》尤其是書中最前邊的那篇長長的代序〈未帶地圖的旅人〉給我打開了憧憬未來的視窗。高中生活的兩年裏，這兩本書成了我百讀不厭的書。就像我上邊講述的買陀氏的書，買沈從文的書和買蕭乾的書，也就各自有了長長的故事。就像有一本導遊指南，林非的一冊《現代六十家散文札記》（百花文藝出版社 1980 年版）成了我的買書指南──那上邊的名單成了我的買書目標。當然，很快就發現此書名單的局限，譬如沒有周作人梁實秋等人。但 1980 年代初大量的現代作家作品的重新出版，還是很快讓我找到了他們的書。而上海文藝出版社 1980 年推出的上下兩冊的《中國現代散文》，則讓我讀到了許多陌生而充滿魅力的現代散文，譬如朱自清和俞平伯的同題散文《槳聲燈影裏的秦淮河》。

　　1981 年湖南人民版的《沈從文散文選》至今是我珍愛的一本書，其所選文章實在是沈從文的精品：《從文自傳》、《湘行散記》、《湘西》、《一個傳奇的本事》（附錄黃永玉的那篇名文〈太陽下的風景──沈從文與我〉），還有一篇 1949 年後沈從文寫的〈新湘行記〉。這本書帶給

我無邊的想像。圍繞沈從文,我的買書漸漸形成了一個專題。某晚從《蕭乾書信集》(河南教育出版社 1991 年版)中讀到蕭乾在給楊振聲兒子楊起教授的信中流露對沈從文的不滿時,大為驚訝。而從他另外的信中,也發現原來蕭沈之間友誼已經決裂,難怪在〈未帶地圖的旅人〉中不提沈從文的名字。再後來,這些作家的書,只要是 1980 年之後出版的,只要是我喜歡的作家或我覺得理應收集的作品的書,在書店裏見到後,不會空手而歸的。

某日,與幾位師友聚會,其中一位談到了他閱讀印象中的一些現代文人,譬如沈從文,他說沈先生 1949 年後遭遇不幸,生活和工作都很艱難,文革時還被迫去了幹校勞動。我好像條件反射,立即回應:你說的不確切,沈從文 1949 年後的確遭遇不公平對待,但比起他的同時代的許多作家來說還是不錯的,不能說遭遇不幸,因為他是一級研究員,工資待遇還是很高的,只能說處境不好,他沒被打成「右派」,文革遭殃是那一代知識份子都如此,至於到幹校,以他的年齡和身體他可以不去,但他自己要求下去……朋友又說沈先生是書呆子,只知道搞研究。我馬上又答:沈從文不是書呆子,他很聰明,從他的書信中就能看出來,他如何找關係調動在四川「三線」企業裏的兒子兒媳回北京……朋友忍不住問我:你怎麼對沈從文如此不滿。我先是驚訝,繼而笑了,說:其實我非常喜歡沈從文。但正因為喜歡,他的書我搜集的很全,別人談他的書我也買了許多,儘管我不是現代文學的研究者,但諸如花城版和天津人民版的《沈從文研究資料》及《沈從文年譜》之類的書,也從書店裏淘回家。不過,正因為看了他的全集和相關人的不同描述,沈從文這個名字對我來說不再是單一的面貌……

肆

從 2006 年起,我也漸漸習慣了上網。作為媒體從業人員,網路已經成了我每日工作時的依賴。但是,網路只是我工作的工具,不是我

享受閱讀的工具。我的閱讀是分成不同的兩個方式的：白天在報社，網路是我工作的工具，是我獲得資信的視窗，是我尋求疑難解答的「擺渡」。夜晚，職業工作之外的我，網路不再是依賴。我仍喜歡在書房裏發呆。再發達的網路，再豐富的網路資訊，也取代不了在書房裏發呆的快樂。

前不久，一位網路上結識的朋友從海外來到青島，目的之一是來看看「書魚知小」的書房。朋友指著我書櫥裏的一排《簡明不列顛百科全書》說：這個版本已經過時了吧？你還查閱嗎？我答：不查。她的眼光裏充滿疑惑。我又說：現在有「擺渡」，有「搜狗」。她恍然。是啊，有些書，即便不再查閱了，但看著也舒服。也許這就是「書魚」的病吧。

從一本本相關或不相關的書裏尋找翻閱得到的「發現」，與點擊「擺渡」「搜狗」迅即得到的「結果」，其過程和感受是不同的。一個晚上可能都被找書的過程浪費了，但在這浪費裏卻往往有意外的發現和愉悅。

其實，生活是需要有「浪費」來填滿匆匆流走的日子的。

無邊的網路擴大了一間屬於自己的書房。

在書房裏發呆，是在關上電腦之後。

目　次

胡風・巴金・沈從文
同時寄出的家書

壹

1949 年 9 月 17 日胡風自北平給在上海的妻子梅志的信中寫道：「我應該爭取，為了工作，為了同道，這在我是一直痛感著的，但實際並不簡單，我自己的心情也有很沉重的東西，慢慢看罷。我自己在其次，現在急切的願望是一些朋友和你能夠不致因為我而使不出力量來。時代太偉大了，但因為這，每一份力量底（的）委屈在我都是難過的。」

寫這封信時的胡風來北京參加第一屆全國政協會議並參加開國大典。之前和之後這一時期的家書，主要談的就是他如何「爭取」工作和內心的委曲，同時在信中囑咐梅志如何處理一些具體的出版事宜，在胡風看來，他和梅志參與的屬於私人的出版社是他們一家今後能保持獨立生活的底線，他在「爭取」工作的過程中之所以能一直不肯妥協，其中一個主要因素是他覺得有獨立生活的資本，這個資本就是他們還能自己著書和印書。對於即將誕生的新中國，胡風的心情是複雜的，一方面他懷著自信的期待，另一方面他又深為現實中的人事所困擾，在他看來，他沒有得到一個更能施展他思想和能力的陣地，或者說他不能忍受在那些他所瞧不起的同行（對手或同路人）手下做事，他所想要的是一個能施展他和他的朋友們的才能的舞臺，而不是一個僅僅是享受生活待遇的閒職。譬如在稍後的 10 月 4 日的家書中，他

1

說：「艾青忽然問我肯不肯到清華教書，並且說已向清華提到過，云。我說不能教書。看來，也許是想我閒居在此拿一千多斤小米的。在這樣的時代，我不想在這樣學府教書⋯⋯」

在 10 月 28 日的家書中，胡風又說：「留我，是要我在文化部下面掛個名，住在這裏，這等於把我擺在沙灘子上，替茅部長象徵統一，如此而已。前天，給父周去了一信，表示希望能見面之意。但我看，不見得約見的。面對面，他難於處理。如不能出去，又弄不好，那麼，也許不久我就回到破屋子裏來。太平犬，從前的人想望而不可得，今天我們是得到了的。不過，是犬，總不會有太平日子，時不時難免有人提幾提棍子。那時候，見怪不怪也就是了。」

這裏，胡風筆下的茅部長就是茅盾，父周是指周恩來總理。在胡風的家書中，經常出現的有兩個「周」，一個是「父周」，就是周恩來，另一個是「子周」，就是周揚。還有一個經常出現的詞是「秘書」，指毛澤東的政治秘書胡喬木。從這信裏能明顯讀出胡風的情緒，其實那一時期的胡風家書，彌漫其中的就是這種情緒。他與周揚在 1930 年代上海「左聯」時期的矛盾是公開的故事，在新中國成立初期，胡風的情緒之所以不滿，主要的原因與周揚及其同志有關，其時周揚的身份是新中國文學界的主要領導，而作為「左翼」文人尤其是「七月詩派」領袖人物的胡風，在面對周揚具體領導的文壇，其為「爭取」工作的心情可以用極端敏感和強力奮爭來形容。

貳

從 1949 年 9 月 8 日到 1950 年 2 月 4 日，這段時間胡風在北京除了開會就是為了解決他的工作問題，這期間他寫給梅志的家書裏，充分表達了他的期待和不滿。作為一直在「國統區」從事「左翼」文學活動的代表性人物，胡風對新中國的成立無疑充滿著自豪和期待，但新中國成立後看著昔日的「左翼」戰友或對手大多都有了相應地位置，

這位置或多或少在胡風看來並非是這些人應該取得的，尤其是胡風感覺自己明顯遭到了排斥，他的失望甚至哀怨油然而生。他在北京的日子，到了最後就成了等待和胡喬木甚至周恩來的見面，彷彿見了面他就能談清楚自己和周揚等人的矛盾所在，就能說明他和他的同道們的正確和周揚們的錯誤。譬如他在 11 月 8 日的信裏說：「現在是，等父周約見。好像子周想我在文聯或文協擔個名義，以示一統，也為他們掙場面。我並不是不願使他滿足，無奈這樣一來，等於使我躺在沙灘上，麻痺了我又對大局無益。這情形，非找父周徹底談一談不可。昨天雞尾酒會上見到，他說，我還沒有約你談話呢。可見他還記得要約見的。我看也許要拖到丁玲回來，由她來和我多談閒天的。」

胡風在北京除了參加會和一些活動外，用他信裏的話說，每天就是想想事，找人或人來，寫信。當然也寫些文章。如在 10 月 15 日的信裏寫道：「這幾天逼寫紀念文章，只好寫點短小的，不寫又要得罪人。……我答應了多留些時，一個月兩個月都可以，但不願在此工作。當然還要談話的，我只想談清楚了再回上海，好好地自己做一兩年再說。多留些時，也不致牽入上海的旋渦裏去。復旦事，再問你時，你可以答應，說等我回來後決定。」胡風說的復旦事，仍是不願意到大學裏教書，至於「上海的旋渦」是指當時華東地區文學藝術界的領導和組織事務。從胡風的家書裏不難看出，他不僅對周揚這樣的昔日論戰的對手，就是對同與周揚有過一些「過節」的「左翼」戰友如馮雪峰、丁玲等人也是頗有微辭。

胡風所說的「逼寫紀念文章」是指紀念魯迅的文章，緊接著的 16 日的夜裏，胡風完成了一篇四千餘字的〈不死的青春〉。讀胡風的〈不死的青春〉，很難想像是在這樣的情緒中寫出的，通篇洋溢著一個戰士的豪情和詩人的激情。譬如：

力量總是從存在著的力量產生出來，生長起來的。

……魯迅底戰鬥開端，或者說人民革命派底戰鬥開端，那內在的根據當然是在歐戰期間中國資產階級底勃起和同時俱來的無產階級底發育和覺醒，但對魯迅成人民革命派說來，不管在邏輯性的主觀認識上如何，卻是誕生在無產者這一邊，滿懷著勞動人民底火熱的渴求，帶著初生的集體主義的精神衝上前線的。

……然而，既然是人之子，那就當然不是神之子。他還要和戰鬥同發展，他的集體主義的精神還要和戰鬥一同發展的。

戰鬥，一邊是友，一邊是仇。

對於仇，要「睜了眼看」，愈看愈清，愈看愈深，他自己曾經用譬喻說過，像希臘神話裏的巨人，熱烈地擁抱他的敵人，為了把他摔死；或者用他自己的話說，為了「反戈一擊，易致強敵的死命」。「吸取陳死人的血和肉」；以對於敵人的認識和憎恨來養育自己，壯大自己。

對於友，對於人民，要「革命之愛在大眾」，要「看地底下」，追求「我們從古以來，就有埋頭苦幹的人，有拚命硬幹的人，有為民請命的人，有捨身求法的人，……這就是中國的脊樑」。「吸取露，吸取水」；為了得到身內的新陳代謝，因而才能夠「擠出的是牛奶，血」。

那麼，對於自己，臨到需要執著什麼的時候，臨到需要割棄什麼的時候，還能夠不「心悅誠服」地順著集體主義的要求的麼？

他自己說：「我的確時時解剖別人，然而更多的是更無情面的解剖我自己。」

他自己說:「到了打著自己的瘡痕的去處,我就咬緊牙關忍受……。」

一個思想戰士,如果他的戰鬥要求不願經過考驗,那他是為什麼作戰,又怎樣能夠作戰呢?換一個說法,如果一個集體主義者不通過自我批評或自我鬥爭去獲得戰鬥的實力,又怎樣能夠是集體主義者,有什麼值得獻出的呢?

然而,這並不是等於應該讓蒼蠅們來隨便撒污,也不等於應該向暗地裏擲來的「石子」和背後潑來的「穢水」鞠身致謝,即使那是貌似的「友人」或心虛的友人擲來潑來的。因為,自我批評或自己鬥爭是為了追求真理,是為了更有效地打擊敵人,決不是為了贏得一個謙謙君子的名譽的。在戰鬥過程中,難免有以不關痛癢處的或不到進入痛癢程度的「自我批評」做盾牌,靠了這,馬上反過去污友為敵,以偽亂真的現象,但那和真的自我批評是並非一事的。

而真誠的思想戰士,雖然對於自己,對於戰友,絕不能「以欺瞞的心,用欺瞞的嘴」,總是在自我鬥爭中發展前進,但對於「怨敵」,就是到了力盡倒斃的時候,是「也一個都不寬吮的!

……真誠的戰鬥,總是樂觀主義的,總是帶著歡樂的旋律,至少也是通過苦痛而引發生歡樂的旋律的。

經過了鍛煉的集體主義的戰士,即使在離群的斗室裏面,在單人的牢房裏面,也還是集體主義的戰士。身外的青春——人民底渴求和階級的友愛傾注到了他的心裏,使他充滿了蓬勃的青春熱力,能夠通過冰河時代,能夠征服暗夜!即使肉體

朽腐，死亡了，但那青春的火焰已經熊熊地燃在身外，永不
熄滅！

只有集體主義的戰士才能通到將來，創造將來。是集體主義的
戰士，就一定能夠通到將來，創造將來。

……今天，炬火升起了，太陽出來了，那用毛澤東思想的名字
照耀著中國，照耀著人類，連他都在內。

然而，他並沒有「消失」，他在大笑，他在歌唱。

「待我成塵時我將微笑」；他在微笑，微笑在他那明淨如水的
目光裏面，微笑在他那倔強不屈的牙刷鬍子下面。

他在微笑，對著他的正在年青起來了的祖國；他在微笑，對著
不但征服了暗夜和死亡，而且正在年青的活力裏面著手創造歷
史的偉大的勞動人民；他在微笑，對著正在解除掉「因襲的重
擔」，歡樂地向集體主義努力前進的，千千萬萬的年青的生命；
他在微笑，他確信勞動的人民和年青的生命們在毛澤東思想底
指引下面一定會克服身外身內的困難，勝利地創造出祖國底青
春，人民底青春，人類底青春。

在文末，胡風寫道：「1949 年 10 月 16 日夜 3 時，急就，北京附
記：手邊只有借來的《熱風》，三本《且介亭雜文》和一篇參考的論文
中的引用文，其餘引用的語句都是憑記憶。這些引用都是當作說明的
例子，並不是以為這些才是最能夠說明的例子。再，憑記憶的引用也
許字句上有小參差。」

從這樣的文字裏，與胡風在家書裏所流露的情緒可以涇渭分明。
但在這充滿戰鬥性的語言裏，卻又分明有著胡風的精神。

叁

1949 年 9 月 20 日，在這同一天，巴金和沈從文各自給自己的妻子寫了一封信。巴金也是來北京參加政協會的。他在信中說：

> 昨天剛寄出一信，今早又收到你的信了。我還沒有到開明去拿錢，過兩天我會去拿的。其實我自己也不需要多少錢，不過來北平一趟總得買點東西帶回去送人，我自己也想買幾本書。每天出街得花車費。但是從明天起到月底止日程都已排定，一時也沒有花錢的機會了（「因公出門」是有汽車坐的）。下月初當有空並可以作回上海的準備。

> 文生社的薪水我始終說不要，小康如瞭解我，似不應當送來。你退回去很好。而且事實上對文生社我以後也無法盡力，更不好白拿錢。不「預支」版稅，以後也就不會拉到好稿子。現在別的地方都「預支」版稅。寫文章的人又特別感到錢的需要，誰還願意白白為文生社寫稿、譯稿？十本書的版稅小康不主張補發，我已去信表示不堅持，只要他們能負起這責任就好。對文生社的前途我頗悲觀。我也預備放棄了。本來在這時候我們應有新的計畫，出點新的書，如健吾的高爾基戲劇和西禾的羅藝小說。以後不知道怎樣才好。實在可惜。

> 俞福祚今天已動身，託他帶去一小毛狗，是給小林的。你的圖章已取來，少彌的寶劍也買到。小林的牙齒弄好沒有？

此信的最後，巴金又附了一段話：「昨天我們開小組會，聯絡員說，要是衣服不夠，可想辦法，問我要不要衣服。我說現在不需要。要是１號前能回滬，就不需要什麼了。看情形我恐怕不能趕回上海過中秋節。」

在這封信裏，巴金所談除了生活瑣事就是關於他曾主持的文生社，即文化生活出版社。在稍前些日子巴金寫給朋友的一封信中的內容可以給巴金的這封家書所談與文生社有關的內容做一個很好的注釋。那封信是 1949 年 8 月 29 日巴金回覆曾在文生社做過事的田一文的。信中寫道：

> 我月初從北平回來，過兩天還要到北平去。我想我是瞭解你的，但目前我無法幫忙了。我去北平前幾天朗西夫婦約了幾個朋友來跟我吵，要我交出文生社，我答應回滬後辦交代。現在是康嗣群做總經理，朱洗做董事長。我無權請你回來了。不過你可以寫信給康嗣群商量，說願意幫忙他做事。他或許有辦法。要是不成功，那麼過一兩年文生社業務發展時，我當向小康介紹，勸他把你請回來。我對書店的興趣差得多了……

在胡風寫給梅志的信裏，有許多內容是涉及他們夫婦參與的出版事務，梅志還與幾位年輕的胡風派朋友合營著出版。與巴金的被逼退出和對出版社的悲觀不同，胡風的考慮顯然是為了自己和家人的政治前途。起初，他讓梅志逐步退出，是覺得「他們」（他的年輕朋友）應該獨立了，「我們」不能總讓他們牽累著。譬如在胡風 1949 年 6 月 13 日自北平寫給梅志的信裏就有這樣的話：「舊的關係要漸漸離開這些，特別是親戚之類。」再就是：「一、出版社要準備結束。二、刊物，朋友們弄是可以的，也許應該的，但要事務獨立，我們不能管，更不能經營事務，頂多編輯上從旁幫忙。」到了後來，胡風覺得若能經營好書店，也是自己和家人能自由生活的保障。

巴金的家書感覺不到北平的政治氛圍，也很少涉及朋友們，更沒有文壇上的是非，純粹是日常生活性的家書。而胡風的家書，如同拉開的弓，始終充滿著緊張。

肆

　　同一天的午夜，沈從文在北平的家中給並非不在身邊的妻子張兆和寫了一封一千七百餘字的信，開頭就寫道：「你和巴金昨天說的話，在這時（半夜裏）從一片音樂聲中重新浸到我生命裏，它起了作用。」從信裏得知，張兆和所說的話是希望沈從文參軍，並表示，若沈能參軍，她這裏和孩子在一起，再困難也會支持下去。接下來，沈從文說：「我溫習到十六年來我們的過去，以及這半年中的自毀，與由瘋狂失常得來的一切，忽然像醒了的人一樣，也正是我一再向你預許的一樣，在把一隻大而且舊的船做調頭努力，扭過來了。」

　　前一天，巴金和蕭乾來看望沈從文，他們前來顯然是來安慰和鼓勵沈從文的，沈從文說：想起昨天巴金蕭乾說的，我過去在他們痛苦時，勸他們的話語，怎麼自己倒不會享用？許多朋友都得到過我的鼓勵，怎麼自己反而不能自勵？我似乎第一次新發現了自己。

　　當時的沈從文，仍處於精神失常狀態。但已從之前自殺的陰影裏走了出來（1949 年 2 月、3 月，沈從文情緒低落的緣由主要是郭沫若在香港發表的〈斥反動文藝〉，北大學生重新抄在大字報上。當時沈從文壓力很大，覺得沒有希望，精神緊張，1949 年 3 月 28 日，在極度的苦悶中，沈從文用剃刀劃破了頸部及兩腕的脈管，又喝了一些煤油，以求永遠的解脫）。在北平解放前，同樣是遭到來自香港中共領導的「左翼」陣營的嚴厲批判，尤其是在郭沫若的〈斥反動文藝〉裏蕭乾和沈從文都榜上有名，但蕭乾的處境和心態顯然要比沈從文好，否則他也不會有心情隨著巴金來勸說沈從文。這與他在 7 月份參加了中華全國文學藝術工作者代表大會有關。第一次文代會是從延安走來的革命文藝工作者和從國統區走來的「左翼」文藝工作者的首次大聯合，更是為新中國的文學藝術界的開篇奠定了佈局。胡風、巴金、蕭乾等人都參加了大會，而沈從文卻沒能成為代表。

如果說之前沈從文遭到由香港中共文委領導出版的《大眾文藝叢刊》為中心的嚴厲批判是因為沈從文並非「左翼」作家尚好理解，而胡風對《大眾文藝叢刊》連續集中的針對胡風文藝思想和路翎小說的批判就斷然不能接受了，與沈從文因這種批判而陷入精神的困境不同，胡風當然是要戰鬥了（後來，胡風寫了〈論現實主義的路〉進行答辯），當然他也意識到那些批判他的人將以領導者的姿態出現在新中國的文壇上，他在 1949 年 6 月 13 日自北平寫給梅志的信裏說：「大概，開會完畢，至少要一個月。已經暗示要我住在北平，但我沒有表示什麼。回上海也不會好處的，香港少爺們都會在上海做司令……」胡風在信裏所說的「香港少爺們」是指當時曾領導批判他的香港文委的領導人馮乃超、邵荃麟、林默涵、胡繩等。在信的開頭，胡風說：「我愉快的很。我到處有真誠的朋友，何況在這新天地裏。但當然，也到處有敵人。應該如此，不如此就等於說我沒有戰鬥過。我是無私的人，從來無所爭，現在更無所爭，但為人民，為革命，我不會向任何敵對思想屈服。」

伍

沈從文這封 1949 年 9 月 20 日午夜寫給妻子的信，希望他的「三三」理解到他要走向新生的決心和清醒：

> 我一定要使你愉快，如果是可能的，我要請求南下或向東北走走。
>
> 人不易知人，我從半年掙扎身受即可見出。但我卻從這個現實教育中，知道了更多「人」。大家說向「人民靠攏」，從表面看，我似乎是個唯一游離分子，事實上倒像是唯一在從人很深刻的取得教育，也即從「不同」點上深深理解了人的不同和相似。……我實在應當迎接現實，從群的向前中而上前。因為認

識他們，也即可在另一時保留下一些在發展中的人和社會，一
一重現到文字中，保留到文字中。這工作必然比清理工藝史還
對我更相宜，因為是目下活人所需，也是明天活人要知道的。
就通泛看法說，或反以為是自己已站立不住，方如此靠攏人
群。我站得住，我曾清算了我自己，孤立下去，直至於僵仆，
也還站得住。可是我已明白當前不是自己要做英雄或糊塗漢時
代。我樂意學一學群，明白群在如何變，如何改造自己，也如
何改造社會，再來就個人理解到的敘述出來。我在學做人，從
在生長中的社會人群學習，要跑出午門灰撲撲的倉庫，向人多
處走了⋯⋯

　　此時的沈從文已開始了他在故宮午門上的歷史博物館的生活
（1949 年 9 月 8 日，沈從文就自己的未來工作給丁玲寫信：「為補救
改正，或放棄文學，來用史部雜知識和對於工藝美術的熱忱與理解，
使之好好結合，來研究古代工藝美術史。⋯⋯」）但很顯然，沈從文仍
有繼續文學寫作的願望和信心，他需要妻子的理解和支援，這種理解，
沈從文說，「是支持我向上的梯子，以及一切力量的源泉。」

陸

　　之後，胡風、巴金和沈從文的生命軌跡有了不同的方向。

　　沈從文很快入了華北革命大學的培訓班，然後在午門城樓上做起
了文物解說員。雖然仍有機會從事文學創作或到高校教書（1950 年代
初，輔仁大學國文系曾有意聘他為教授，沈從文本來已經答應，但在
權衡利弊之後，還是沒有去。也有人建議他寫一些歷史故事，以發揮
他的文學特長，但沈從文擔心自己對歷史人物的理解引起麻煩，謝絕
了友人的好意，後來，中央美術學院調沈從文去教學，他考慮到和同
事對藝術認識上的差異，也拒絕了），他還是選擇了身邊的這些罈罈罐

罐和花花朵朵。二十多年後，沈從文寫出了《中國服飾史研究》，他在午門上的「解說」也留下一本《罈罈罐罐花花朵朵》。

胡風仍沒「找到」合適的位置，或者說仍沒有得到令他覺得合適的位置，儘管他在家書裏多次說，他對地位沒有要求等等，但他的做法和想法卻處處讓人覺得他在爭取「位置」，譬如，解放初期華東文學藝術界的負責人是馮雪峰，在家書裏，胡風對馮雪峰往往以「三花臉」稱之，直言他的失望和不願涉足。當讓他在丁玲主持的文學講習所和馮雪峰主持的《文藝報》兩個機構選擇一個時，他更是不屑於在這兩人之下。後來，得知華東作家協會擬以巴金為主席，他擔任副主席時，他在家書裏說，若是這樣，讓他怎麼開展工作呢？為了爭取一個合適的崗位，胡風一次又一次地滯留北京，上書或者等待著與「子周」（周揚）、「秘書」（胡喬木）和「父周」（周恩來）的談話。並遷居北京，寫出了上書中央的「三十萬言書」，然後便是二十多年的監獄生活。

巴金融入了新中國文學界的主流，成為華東及稍後的上海作家協會的主席。

柒

《從文家書》中的一段話一直讓我耿耿於懷，這話出自沈從文1956 年 10 月 10 日他從濟南寫給夫人張兆和的家書中。其時他正以北京歷史博物館的文物工作者身份來山東博物館出差，在家書中他說，上午到了師範學院，正值午課散學，千百學生擁擠著出門上飯堂，他們在這些年青人中間擠來擠去，沒有一個人認識。沈感慨若是學生們聽說是巴金，大概用不了半小時，就會傳遍了全校。接下來沈先生說了那段讓我耿耿於懷的話：「我想我還是在他們中擠來擠去好一些，沒有人知道我是幹什麼的，我自己倒知道。如到人都知道我，我大致就快到不知道自己究竟是幹什麼的了。」

　　1949 年後，沈從文告別了文學寫作，改行從事文物工作，他的一生也就分成了兩截：前半生是作家，後半生是文物專家。關於他的放棄文學轉業文物，汪曾祺在《沈從文轉業之謎》一文裏對沈從文的擱筆有透徹深入的分析，並也說了沈從文對於寫作也不是一下就死了心的：一個人寫了三十年小說，總不會徹底忘情，有時是會感到手癢的。這在沈從文寫給他的信中也時有流露，而在沈從文寫給夫人的家書中更對自己的文學創作充滿著自信並對不能再從事創作心猶不甘，比如他 1956 年 12 月 10 日在長沙寫給夫人的信中說：「我每晚除看《三里灣》也看看《湘行散記》，覺得《湘行散記》作者究竟還是一個會寫文章的作者。這麼一隻好手筆，聽他隱姓埋名，真不是個辦法。但是用什麼辦法就會讓他再來舞動手中一支筆？簡直是一個謎，不大好猜。可惜可惜！」

　　接著，沈從文提到了歷史上遷來徙去終於死去的曹子建和乾脆窮死的曹雪芹，這兩人都只活了四十多歲，與他們相比，「《湘行散記》的作者真是幸運，年逾半百，猶精神健壯，」沈從文的自信和無奈在家書裏表達得痛快淋漓。一個寫出了《湘行散記》、《湘西》、《邊城》、《長河》和《從文自傳》的作家，是有理由和資本來感歎自己「這麼一隻好手筆，聽他隱姓埋名，真不是個辦法」。

　　其實改行後的沈從文並非躲進文物工作的寂寞園地裏心靜如水與世無爭，他的某些文物「同行」（尤其是某些領導）對待這個「半路出家」的作家也並非友善相處，沈從文於 1983 年曾寫過一篇未完成的作品〈無從馴服的斑馬〉，對自己後半生三十多年的文物工作和感受做了回顧和剖析，沈從文自言自己應對任何困難一貫是沉默接受，既不灰心喪氣，也不呻吟哀歎，體質上雖然相當脆弱，性情上卻隨和中見板質，作為一個經過令人難於設想的過來人之所以能依然活下來，正是因了這種「鄉下人」的性格，「近於『頑固不化』的無從馴服的斑馬。」「無從馴服的斑馬」是沈從文的自喻，也是他晚年夫子自道的流露，即使在文物研究上，他所關注的也是為「正統專家學人始終不屑過問

的」罎罎罐罐花花朵朵,他將自己比喻為舊北京收拾破衣爛衫的老乞婆,但他從過眼經手的這些罎罎罐罐花花朵朵中卻弄明白了它們的時代特徵和在發展中相互影響的聯繫。

晚年的沈從文記憶仍深刻並覺得「十分有趣」的一件事是五十年代的某一年,時逢全國博物館工作會議在京召開,沈從文所在的歷史博物館中的幾位「聰明過人的同事」精心舉行了一個「內部浪費展覽會」,其用意在使沈從文這個「文物外行」丟臉,但讓這些「聰明同事」料想不到的是沈從文反而格外開心。沈從文親自陪著好幾個外省來的同行參觀這些所謂的文物「廢品」(這些「廢品」其實都是由沈從文搜集買來的寶貝),外省同行看後只是笑笑,無一個人說長道短,比如有一櫃陳列的是一整匹暗花綾子,機頭上織有「河間府織造」幾個方方整整宋體字……收入計價四元整,「虧得主持這個廢品展覽的同事,想得真周到,還不忘把原價寫在一個卡片上。」外省同行看了仍只是笑笑,沈從文的上司因為沈在旁邊不聲不響也奉陪笑笑,沈從文說他當然更特別高興同樣笑笑,彼此笑的原因自然各不相同,雖時隔多年,沈從文感慨說,他寫了三十多年的小說,想用文字來描寫當時的情景仍感到無法著手。這個值四元的整匹花綾當成「廢品」展覽,究竟丟誰的臉?讓沈從文感慨的是這些「聰明的同事」竟然聯想不到「河間府」在漢代就是河北一個著名的絲綢產地,南北朝以來還始終有大生產……

在沈從文看來這次「文物廢品展」的本意是想使他感到羞憤而自動離開歷史博物館,但出乎大家意料,就是他絲毫不覺得難受,雖有其他「轉業」機會,卻都不加考慮就放棄了,對他來說,文物這一行不僅是他後半生安身立命的所在,更是一個永遠也不會畢業的學校。對於一匹「無從馴服的斑馬」,這兒也是縱橫馳騁的原野,日積月累,便有了皇皇巨著《中國古代服飾研究》,才有了在身後結集的《花花朵朵罎罎罐罐──沈從文文物與藝術文集》。

　　沈從文在「文化大革命」中的一次檢查稿（〈我為什麼始終不離開歷史博物館〉1968 年 12 月，沈虎雛 1992 年 2 月整理）可以看做是沈從文在特定年代對自己從事文物工作的自我剖析，其中提到他改行後的生活處境尤其是與昔日的文學界朋友相比有天壤之別，可以說表達了沈從文的真實感受：

> 從生活表面看來……什麼都說不上了。因為如和一般舊日同行比較，不僅過去老友如丁玲，簡直如天上人，即茅盾、鄭振鐸、巴金、老舍，都正是赫赫烜烜，十分活躍，出國飛來飛去，當時大賓。當時的我呢，天不亮即出門，在北新橋買個烤白薯暖手，坐電車到天安門時，門還不開，即坐下來看天空星月，開了門再進去。晚上回家，有時大雨，即披個破麻袋……

　　沈從文在這篇檢查稿中還提到 1953 年毛澤東在兩次不同場合下對沈從文的勉勵：一次是毛主席來故宮午門參觀全國文物展，問有些什麼人在這裏搞研究，答：有沈從文，等等。主席說：「這也很好嘛……」（這話讓沈從文銘記在心，即使血壓到了 230，心臟一天要痛兩小時，還是想繼續努力下去，把待完成的《絲綢簡史》、《漆工藝史》、《陶瓷工藝史》、《金屬加工簡史》一一完成。）再一次是同年在北京懷仁堂舉行的全國文代會第二次大會，沈從文參加了大會，毛主席和周總理接見了部分代表，其中有沈從文，由茅盾逐一介紹，到沈從文時，主席問過他年齡後，說：「年紀還不老，再寫幾年小說吧……」但是，沈從文對自己有一清醒的認識，斟酌再三，還是沒再回到文學創作的「舊業」上來。用汪曾祺的話說，沈從文從寫小說到改治文物，失之東隅，收之桑榆，無所謂得失，就國家來說，失去一個作家，得到一個傑出的文物專家，也許是劃得來的。但是從一個長遠的文化史角度來看，就很值得我們深思。不過，從沈從文的轉業又應該得出怎樣的歷史教訓，江曾祺沒有說。

　　如果僅僅從沈從文的晚年回顧和他的親友弟子的回憶來看（這些回憶文章大多收入了湖南文藝出版社 1989 年出版的《長河不盡流——懷念沈從文先生》一書中），沈從文的「鄉下人」性格和對藝術的癡迷使他的確成了一匹「無從馴服的斑馬」，比起他當初羨慕的那些當了「大賓」的舊同行和友人來說，沈從文的「後半截」其收穫可以說碩果累累，儘管直到辭世也沒能完成他計畫好的《絲綢簡史》、《漆工藝史》、《陶瓷工藝史》、《金屬加工簡史》等等學術著作。但若這樣，也就「神話」了生活中真實的沈從文。「無從馴服的斑馬」只能說明沈從文性格的一方面，而他的可「馴服」性也許更能說明沈從文「轉業」的悲劇意義，譬如從 1970 年代沈從文與蕭乾的決裂就可見一斑。

　　關於沈從文與蕭乾這兩位亦師亦友大半個世紀的老友在晚年斷絕友誼一事曾是一個「謎」，在若干描寫沈、蕭兩位先生的文章中對此事或是輕描淡寫或是語焉不詳，其實這一事件更能反映沈從文晚年的心路歷程。這要感謝傅光明的「解謎」之勞了。傅光明的〈蕭乾與沈從文：從師生到陌路〉（收入傅光明由中國文聯出版社 2001 年出版的隨筆集《書生本色》一書中）對此事做了詳盡的剖析：1972 年，沈從文從湖北咸寧幹校回到北京不久，蕭乾去看他，見他一人住在一間房裏，而夫人和孩子住在另一條胡同裏，中間隔得很遠，生活極不方便，就想通過朋友找到歷史博物館的領導，爭取給沈從文一家解決住房上的困難。後來事情沒有辦成，蕭乾很覺過意不去，就把事情經過告訴了沈夫人張兆和。不想沈從文得知此事後，極為不高興，當即給蕭寫了一封措辭嚴厲的信，指責他多管閒事。有一天在路上，兩人相遇，蕭還想解釋，沈劈頭一句：「你知不知道我正在申請入黨？房子的事你少管，我的政治前途你負得了責嗎？」為房子事，沈寫了數封責罵蕭的信，兩人由此絕交。對此，傅光明剖析說，這時的沈從文早已被扭曲成政治的馴服工具。當然，那一代作家文人又何止是一個沈從文被不正常的意識形態所扭曲。

　　沈從文和蕭乾的決裂，對於沈從文來說，是嫌蕭乾「多事」，擔心因此影響了自己的「進步」，其實對他的身心影響並不大，他晚年最慘痛的一件事，是關於畫家范曾的，陳徒手在《人有病　天知否——一九四九年後中國文壇紀實》（人民文學出版社 2000 年版）書中〈午門城下的沈從文〉一文裏有過描繪：

　　文革初期，沈從文終於沒有躲過去。面對滿牆大字報，他極為憂愁地告訴史樹青：「臺灣罵我是反動文人、無聊文人、附和共產黨，共產黨說我是反共老手，我是有家難歸，我往哪去呢？我怎麼活呢？」

　　讓沈從文震驚的是，寫大字報揭發比較屬害的居然是他曾幫助過的范曾。沈從文在一張大字報中用了八個字來表達觀後感：「十分痛苦，巨大震動。」

　　沈從文在 1966 年 7 月寫過一篇〈一張大字報稿〉，後來收錄在《沈從文別集‧顧問官》中，冠名為「從文史料選」，開頭一段就說到：

　　……看過三天半大字報，才明白館中文化大革命運動，在中央派來的工作組正確領導下，已搞得熱火朝天。像我這麼一個微不足道的人，諸同志好意來幫助我思想改造，就為特闢專欄，我應當表示深深的感謝，因為首先想到的是，一切批評總在治病救人。我若真是牛鬼蛇神，自然是應當加以掃除的。

　　但自然也感到十分痛苦，巨大震動，因為揭發我最多的是范曾，到我家前後不會過十次，有幾回還是和他愛人同來的。過去老話說，十大罪狀已夠致人於死地，范曾一下子竟寫出幾百條，若果主要目的，是使我在群眾中威風掃地，可以說完全作到了。事實上我本來在群眾中就並無什麼威風，也不善於爭取任何威風，只想在毛主席領導的新中國，平平實實做一個文物

工作者。前十年，我的工作主要是在陳列室和庫房裏，就是最好的證明。……

我只舉一個例子就夠了，即范曾揭發我對群眾最有煽動性的一事，說是丁玲、蕭乾、黃苗子等，是我家中經常座上客，來即奏爵士音樂，儼然是一個小型裴多菲俱樂部，這未免太抬舉了我。事實上丁玲已去東北八九年，且從來不到過我家中。客人也十分稀少，除了三兩家親戚，根本就少和人往來。來的次數最多大致便是范曾夫婦，向我借書主要也只有你夫婦。你怎麼知道丁玲常來我家中？這究竟是怎麼回事？別的我就不提了。即使如此，我還是對范曾同志十分感謝，因為他教育了我，懂事一點，什麼是「損人利己」。可說是收穫之一。

范曾 1962 年來到歷史博物館當沈從文的助手，為沈從文編著中的《中國古代服飾研究》繪插圖，范曾到歷博，沈從文盡力最多。沈從文在 1977 年 4 月 7 日寫給汪曾祺的信裏說：

我們館中有位「大畫家」，本來是一再託人說要長遠作我學生，才經我負責介紹推薦來到館中的。事實十年中，還學不到百分之一，離及格還早！卻在一種「巧著」中成了名人，也可說「中外知名」。有一回，畫法家商鞅的形象，竟帶一把亮亮的刀，別在腰帶間上殿議事，善意告他「不成，秦代不會有這種刀，更不會用這種裝扮上朝議政事。」這位大畫家真是「惱羞成怒」，竟指著我額部說：「你過了時，早沒有發言權了，這事我負責！」

大致因為是「文化革命」時，曾胡說我「家中是什麼裴多斐俱樂部」，有客人來，即由我女孩相陪跳舞，奏黃色唱片。害得我所有工具書和工作資料全部毀去。心中過意不去，索性來個

「一不做，二不休」，扮一回現代典型性的「中山狼」傳奇，還以為早已踏著我的肩膀上了天，料不到我一生看過了多少蠢人作的自以為聰敏的蠢事，那會把這種小人的小玩意兒留在記憶中難受，但是也由此得到了些新知識，我搞的工作、方法和態度，和社會要求將長遠有一段距離。因為要求不同是事實，得承認才合理。

過去搞創作失敗在此，近三十年另起爐灶搞文物，到頭來還是一個不折不扣的失敗。特別是「四人幫」文藝一公開，更證明在某一時、某種情況下，新社會做人的靈活性需要，遠比工作踏實認真性重要得多。今年已七十進五了，做人倒似乎越來越天真，還不如許多二十來歲的人懂「政治世故」。

（《人有病天知否》人文社 2000 年版，35 頁）

　　沈從文後來是懷著激憤的心情離開歷史博物館的，最後的幾年，他的生活和工作都得到了很好的照顧，但毋庸諱言，一匹無從馴服的斑馬最終還是被扭曲成政治的馴服工具，這恐怕是沈從文人生「後半截」的最大悲哀，即便有皇皇巨著《中國古代服飾研究》矗立在沈從文這本大書的後半部上，但仍無法減弱他那一代作家文人被政治扭曲的歷史悲劇性。

捌

　　胡風在五十年代初的家書裏，曾不止一次地對梅志說：我們一定要好好活下去，要再活個三十年，要看到最後的結果。活到最後，胡風和妻子終於看到了結果，儘管胡風至死也沒等到政治上給他的徹底的平反。
　　1979 年 11 月 10 日，胡風自四川成都給在北京的兒子曉山的信中讓兒子替自己辦一件事，是去看望一個人。此時的北京正在舉行「文

代會」，正是「流放者」歸來和「鮮花重放」的時節，沈從文和巴金都參加了這次「文代會」。胡風和梅志住在成都，雖已經從監獄裏出來，生活受到了照顧。但他的問題仍沒解決，儘管在北京的「文代會」上他的許多朋友為他的缺席和復出大聲疾呼，但他仍要等待。不過，復出已是沒有問題的問題，胡風是樂觀的，他告訴兒子：「我的事，年底中央專門解決。」不過這不是他要說的重點，他要兒子做的是，是代他看望路翎，先告訴兒子要以如何的心情和態度去：「這個人，是為無產階級和中國勞苦人民付出了嘔心瀝血的感情勞動的，魯迅以外，連我在內，沒有任何人做過他那麼多的工作。但他被十七年的（現在又當權的）文藝領導以及『四人幫』殘害到了及其嚴重的程度。現在要幫助把他的血液溫暖過來，把他的靈魂喚回來。」然後囑咐兒子：買兩瓶「龜齡集酒」帶給他。北京應該有買的，十五元七角多一瓶。藥性（中藥房買）仿單上有說明。我在信上告訴他幾句。你向他說明，兩瓶大約夠一個月（每天喝一小杯），二十多天後再帶兩瓶去。另外，帶兩瓶麥乳精，或蜂皇漿去，你在藥房和食品店看一看決定。──錢，等你送去看過他，告訴情況，看寄多少給你。（《胡風家書》，482頁）

在信裏，胡風還提醒兒子說：路翎現在連一本書也沒有，去之前，給他買若干本新的，譯文比較可靠外國有名的劇本帶給他，並問他都需要什麼書，你再買去給他。還囑咐兒子：「不必和人講，免得傳說紛紜。這是託你做的第一件事。如願意做，就一定要誠懇地做，做好。」最後還要加一句：「得消息，我的問題年底中央專門解決，大概是的確的。」

在這封信的開頭，胡風為子女們沒有幹過和他一樣的這一行，感到欣慰，並叮囑兒子學好自己的專業，對於「文」，胡風的看法是：「至少五十年內，大多數不是受騙，就是騙人。你們都沒有幹我幹過的這一行，我只有感謝你們的。」

就在同一時節，北京的沈從文在出席「文代會」時，給四川自貢的兒子及兒媳覆了一封回信（1979年11月15日），在信裏沈從文主

要談了自己的近況和現在正改善中的處境：他在西苑飯店參加文代會，「首長文章說得使不少外來人開心，近在京中的人，卻明白內中問題重重。內部上面人爭權位了無休歇。會後不久，也許我們可望搬個家，據說號數也定了，但至多三間房子……」再就是他所編寫的《中國古代服飾研究》終於要出版了，「這書已擱了十六年，折騰得筋疲力竭，我早已厭倦提及……」對於報上所說文代會中涉及自己的消息，沈從文告訴兒子：

> ……可信，可不必盡信。因為在會上提倡敞口說話，熟人稍鳴不平，提出了些問題。其實對我只增杞憂，別無意義，反而極容易使某些自以為是、「永遠正確」的文化官，心增憤怒，使我工作增加困難，一致於無從繼續，亦復可能。不懂內情的，總以為我為什麼不再寫點什麼，其實我即或再認真努力，還是意義不多，因為任何人都明白絕不會盡一個黨外人的成績，超過黨中所承認為尖子的成績的。因為這卅年一切為人做的事，遠比寫十來本小說還重要，可是卻得到相反結果，反而不如一些人用阿諛逢迎的方式，十分簡單即爬得高高的。而且說的是「百花齊放」，「寫你最熟悉的」，若信以為真，寫我近卅年頂頭上司首長的種種，便不免像《新官場現形記》，儘管是人人目睹的事，說來也難令人相信，寫來也無多意義，還易招災難。十多年前一位大首長不顧事實，不點名在某大會上罵了我約一點鐘，說我什麼事也不幹，空作了個政協委員。我聽來隻覺得十分可笑。這哪像國家的三四號人物應有的事！

在信的最後，沈從文談到自己身體的變化，所以更希望儘早解決兒子媳婦調回北京的事情。

對比一下同時節胡風和沈從文分別給兒子的信，在同樣的時代轉捩點上，在同樣各自的境況都要得到明顯改善的前提下，一個是從監獄出來重新回到社會，一個是從被「遺忘」的主流邊緣重新被「發現」，

其對後輩的告誡和囑咐有相似中的不同，相似的是都有一種謹小慎微，都有一種如履薄冰，不同的是各自的性格的表露，可以看到胡風經過這麼多年的監獄生活，性格上可以說仍無被「改造」成功痕跡，他依然要再次戰鬥。他的樂觀看上去有些幼稚，其實他的「問題」直到他去世都還難以「蓋棺」給出結論……沈從文的信裏所流露的有自信，也有自得，更有「自足」的智慧，「易招災難」的文學創作是沈從文所要竭力避免的。

　　此時的胡風精神還是健康的，但未能出席北京的「文代會」顯然對他的身心是一個精神上的打擊，從牛漢對那一時期關於胡風的回憶裏也不難看出：

> 胡風 1979 年下半年寫給我的幾封信，沒有一句談到他的病痛和寂寞的心境，當時他沒有對人生和世界完全失去信任感。只有絕望之後的冷漠才使的靈魂戰慄。胡風從來沒有絕望過。這封信裏，胡風關切地談到魯藜和綠原。我告訴他綠原在寫詩，他感到振奮。他告誡我們：「應該不是寫『原理』，是寫出我們這時代一些詩人的心靈。」這警辟的話，是他一向的主張，詩絕不能從理念產生，詩只能是與時代脈搏相一致的詩人心靈的律動。胡風最憎惡無動於衷的形式主義的東西，而形式主義的製作又常常在外表上具有精緻而炫目的效果，因此更須對它警戒。

> 1979 年 10 月之後，再沒有收到胡風來信。不久之後，聽說他住院做前列腺手術治療，直到翌年春天他到京之前的五個月，我們沒有通過信。當時文藝界盛傳胡風要來參加第四次文代會，胡風的許多好友都確信無疑。從當時的形勢看，他應該參加這個重要的會。可是由於種種原因，胡風沒能參加。他在給我的信中談到文代會之前，他要誠懇而坦率地向黨中央呈送長達幾萬字的材料，心情是很開朗的。未能參加第四次文代會這

件事，給他剛剛平復的體魄以極大的打擊，不久，精神又陷於深度的病痛之中。此後，他的這種精神上的病痛經過多方醫療，雖然有了些轉機，但再沒有恢復到 1979 年的健康水平。

（《我仍在苦苦跋涉——牛漢自述》）

　　巴金也出席了北京「文代會」，那段時節他沒有給親人的家書，在「文革」中巴金最大的痛苦就是失去了夫人蕭珊。蕭珊的去世是巴金晚年最大的心痛，他的〈懷念蕭珊〉實在是痛失親人的絕唱。在去北京出席文代會前，他有封信是寫給已去世的老友麗尼的夫人許嚴（1979年 9 月 26 日）的，信不長，內容抄錄如下：「信早收到。您房子的問題我一直無法解決。我打算在文代會期間找人想辦法，但文代會一再延期，大約十月中旬召開，因此未能早寫回信，請諒。您是否可以把詳細情況寫給我？我大約十月七、八日離開上海。」此信內容很簡單，但卻有典型意義，那個時期的巴金，在和幾位朋友的通信中，房子問題是主要的內容，譬如蕭乾、沈從文等。不是談巴金自己的房子，而是為朋友的房子而奔波。從地位上說，此時的巴金，已成為在郭沫若、茅盾之後的一面文學大旗，他已迎來了晚年的又一個高峰，他所談所感，已是「講真話」、剖析「文革」，倡導建立現代文學館和「文革」博物館，並為朋友們的房子和生活問題而奔波的「良知」作家的代表。

玖

　　1985 年 6 月胡風去世，享年八十三歲。

　　1988 年 5 月沈從文去世，享年八十六歲。

　　1988 年 8 月 15 日和 18 日，巴金同時節分別給胡風的夫人和沈從文的夫人各寫了一封信。巴金的信情真意切，給胡風夫人的回信裏，巴金談到收到胡風的書後，不能不想起四九年他和胡風出席首次政協大會時住在一起的日子，並寫道：

> ……我一直因為不能也不曾為他說一句公道話而感到內疚。今
> 天我託人寄上一冊《隨想錄》，請收下。這是剛剛在香港出版
> 的，在我《懷念胡風》一文中我抄錄了蔡楚生信中的幾句話，
> 他親切地談起當時的生活。……胡風冤案平反，大快人心。
> 但對他來說，對你們來說，這二十幾年的『苦難』是無法補
> 償的。」寫此信時的巴金「身體還是不好，比八五年在北京
> 時差多了。寫字仍很吃力，走路更不方便。

> （《巴金書信集》，261 頁）

　　給胡風夫人寫信後三天，巴金又給沈從文夫人張兆和寫了一封
回信，已寫字困難的巴金，信寫得不長，但情真意切，先是回答關
於沈從文給他的舊信情況，再就是答覆沈夫人請他寫關於沈從文的
文章事：「寫文章的事，讓我試試看。本來我想寫，也有話要說，可
是現在手不聽指揮，寫字吃力；腦子不聽指揮，思想遲鈍；每天寫
百把字都感到困難，一怕寫不好文章；二怕有各種干擾，不能如期
交卷。但接到了您的信後，不管好壞，我總得寫一篇。別的以後再
說。」

　　在兩個月之前的同一天，巴金在得知沈從文去世的消息後已給張
兆和寫了一封回信，那封信寫的更是充滿感情：

> 從文這次走得太突然，又去得安安靜靜，沒有痛苦，又不驚動
> 別人。……他去了，的確清清白白，於心無愧。他奉獻了那麼
> 多，卻又享用這麼少。我想起那個小房間，想起那張小桌子，
> 感到十分慚愧。沒有同他的遺體告別，我非常難過。這些日子
> 我常常在想三十年代、四十年代的一些事情，我多留戀在你們
> 家「作食客」的日子！現在我也得把我生活的一部分埋葬
> 了。……我比從文小兩歲，雖然多病，但還未完全躺倒，只是
> 行動不便，講話吃力，寫字困難，不過我總要爭取多活，也可

能多活。想到從文，我覺得眼前多了一個榜樣：不聲不響地做
自己的工作。我要向他學習，這不是客氣話。

2005 年 10 月，巴金去世，享年一百零一歲。

順便一說，在 2008 年青島出版社出版的《閒話》叢書之一《玫瑰
與蝴蝶》中，有一篇關於巴金的「閒話」：「讀巴金的每一部作品，我
都特別難受與難過，不住地問：這就是巴金的文章？這就是『大師』
的作品？我困惑。我不肯相信自己的眼睛。」這是蔣泥在〈巴金的「底
線」〉一文開頭說的話，也道出了整篇文章的基調：質疑作為文學大師
的巴金在 1949 年後其人其文的道德底線和真誠態度。對於「文革」後
巴金在一系列隨想錄中所表現的懺悔和說真話的告白，蔣泥的質疑也
是絲毫不留情面的：巴金對自己在極「左」年代隨波逐流的所作所為，
都有自己的道理，每個道理都那樣頭頭是道、冠冕堂皇，其實是懦弱，
害怕受牽連。再如在胡風去世之後巴金寫文章懺悔了自己當年在批判
胡風時的行為，並說現在胡風不在了，他寫上遲倒的懺悔。對此，作
者質疑道：「為何在胡風生前，巴金不道歉？」

相關書目

《巴金書信集》，人民文學出版社 1991 年版。

《家書：巴金蕭珊書信集》，浙江文藝出版社 1994 年版。

《沈從文家書》，江蘇教育出版社 2005 年版。

《胡風家書》，復旦大學出版社 2007 年版。

老舍・趙清閣

「某君」與一個淡淡的女人

壹

2006 年商羊在紀念她的祖父杜宣逝世二周年時寫了一篇祭文，發表在《收穫》雜誌上，題目叫〈懷念一個人和他的女朋友們〉。初讀之下，頗有些出乎意料，杜宣這個名字在我的讀書印象中是一位老資格的革命作家，屬於上海文學藝術界的領導人物，因為在八十年代初，我曾買過一冊篇幅不厚的《杜宣散文選》，除了留下杜宣是一位當年「入城」的「老幹部」作家外，至今已一無印象。因此一看到商羊的這篇另類的祭文題目時，不由得為她的「聰明」拍案，若只是「杜宣逝世二周年祭」，恐怕很難吸引我的眼光，讀這篇文章我是衝著「他的女朋友們」來的。在商羊的筆下：他有一些女朋友，彼此喜歡。這是一種有過成熟男女關係的人們完全可以意會的喜歡。他的這些女朋友，都有著精彩強勁的人生，有的美人，有的才女，有的是普通女子。對於她們，尚羊講述了她眼中的這些女人和爺爺的交往，有她印象最深的鄭農，有活色生香的紅線女，有端木蕻良的小姨子鍾耀美，還有一個淡淡的女人趙清閣。

正是這個淡淡的女人卻有著不平淡的故事，在商羊的眼裏：趙清閣是一個眉目俊朗的老太太，長得瘦小，獨身終生，她的神情從不婆婆媽媽，身體的氣息乾乾淨淨。兩個老人在一些公開場合見面，總是會擁抱一下。商羊覺得祖父的擁抱有著女恩的意味。可是他憐惜什麼？

不得而知。祖父讚美女性，最高的褒獎是「高標動人」，商羊不知道看祖父如此讚美了多少女性朋友，但都是文字上的，而言語中，她只聽祖父這樣說過的，就是趙清閣。關於趙清閣，引我注意的是這些內容：1999年冬，趙清閣的保姆突然來找杜宣，她走後杜宣的神色是前所未有的嚴肅，之前商羊曾陪他去醫院看望過住院的趙清閣，杜宣去探望的初衷還夾雜了勸她把收存的某君寫與她的書簡交歸國有。某君即是她不嫁的緣由。書簡雖為私人信函，但因某君在文壇的地位，其文其論應亦是文史資料。趙清閣此番病重，杜宣擔心孤寡的她無力再護終身緘口的秘密，故動此一念。然而去了趙的病房，杜宣終究還是無法開口。不多久，趙清閣去世，商羊陪著杜宣去趙的寓所弔唁，趙的書房仍是她住院之前的模樣，書桌上放著讀了一半的書，反身擱著，是杜宣的散文集子。房間裏還有許多文學大家寫給趙先生的條幅立軸，也據說都是複製品，真跡已經捐出。唯一的一幅真跡就是掛於床頭的一頁素箋，那是某君在趙清閣某年的生日所贈。

「某君」的那些書簡，最終被趙清閣燒毀。杜宣覺得有點可惜，而商羊覺得入情入理。「那樣的物什，男人看到的是價值，女人看到的是情義。」後來杜宣說：他原本以為才女高標，潔身自好，是一件至善至美之事，可是看到趙清閣的結局，大受刺激。獨身可以，但不要因為一個男人。好的女子一定要有好的感情呵護著，不能給予她們這種保障的男人，不配去接近她們。

在趙清閣晚年編的《滄海往事》（上海文藝出版社2006年版）中收入了老舍寫給她的四封書簡，時間從1955年4月到1964年11月。第一封信開頭的稱謂和末尾的署名趙清閣在編此書時都做了修改，但在她身後七、八年才面世的該書中，書稿校訂者根據原信手稿改回了原貌——

　　珊：

　　　　快到你的壽日了，我祝你健康，快活！

許久無信，或係故意不寫。我猜：也許是為我那篇小文的緣故。我也猜得出，你願我忘了此事，全心去服務。你總是為別人想，連通信的一點權益也願犧牲。這就是你，自己甘於吃虧，絕不拖住別人！我感謝你的深厚友誼！不管你吧，我到時候即寫信給你，但不再亂說，你若以為這樣做可以，就請也暇中寫幾行來，好吧？我忙極，腿又很壞。匆匆，祝

長壽！

克

一九五五年四月二十五日

果來信，不必辯論什麼，告訴我些工作上的事吧，我極盼知道！

趙清閣編此書時將此信的開頭稱謂由「珊」改為「清弟」，結尾的「克」改為「舍」。據趙自己說，珊和克是她據勃朗特的小說《呼嘯山莊》改編的劇本《此恨綿綿》中的兩位主人公安苡珊和安克夫的簡稱，四十年代至五十年代，她和老舍在通信中常以此相互稱呼。在寫於1957 年 2 月的第三封信中，開頭更是直言：「近日想念甚切，因王瑩由南返京，說在滬沒見到你。我甚不放心，也不敢寫信，怕你或在積極學習中。昨得函，知悉你又病了。我前日給家壁函，提到我的關心，叫他去看你。切盼你病況急速好轉……」在寫於 1964 年 11 月 18 日的信中，老舍寫道：「昨得家壁兄函，知病勢有發展，極感不安，千祈靜養，不要著急，不要苦悶。治病須打起精神去治，心中放不下，雖有好藥亦失效用！練練氣功，這能養氣養心，所以能治病……」其實，由第一信原件中的「珊」和「克」，和後兩封信中所流露的掛念，已經顯示了老舍和趙清閣之間的感情。

《滄海往事》，副題：「中國現代著名作家書信集錦」，是趙清閣將與之交往的現代文人寫給她的書信「集錦」而成，用她自己的話說：寫信的朋友們強半作古，這本集子提到的許多逸事，都是第一手資料，已成為歷史，彌足珍貴。因此，這本集子有永恆的紀念意義。書信不

致散失，她也算為寫信的朋友們，為讀者做了一件好事。此書在趙清閣生前並沒能出版，在她編注此書的十年後，也是她去世六年後，此書才得以面世。不過，也正因此，這本書才保留了一些第一手的真實。之所以說「一些」，是對於老舍的書信有感而發的，因為從四十年代到六十年代「文革」爆發前，除了他們同在一地的歲月，老舍寫給她的書信顯然不會只有寥寥可數的四封，儘管「文革」時她手中的朋友書信罹劫散逸很多。

<h1 style="text-align:center">貳</h1>

在張昌華的《走近大家》（人民文學出版社 2003 年版）裏有一則關於趙清閣家所掛書畫的介紹：

晚年的趙清閣把書畫捐了出去，家裏掛的都是複製品，唯一的真跡是老舍的對聯：「清流笛韻微添醉，翠閣花香勤著書。」這是趙清閣 1961 年生日時老舍題贈的。它掛在書案前方的牆上，朝暮相處，是陪伴「與書為伍，與筆為伴」的趙清閣的又一個伴。

桑農寫過一篇〈老舍：鮮為人知的一段情緣〉（《書屋》2009 年第 2 期），介紹了老舍與趙清閣的「令人唏噓的情感故事」——

1938 年 2 月，武漢《文藝戰線》主編胡紹軒宴請前來參加抗戰的文藝界人士，老舍和趙清閣都在被邀之列。3 月 15 日，趙清閣主編的文藝雜誌《彈花》創刊，頭條即是老舍的專稿〈我們攜起手來〉。後因武漢戰事緊張，趙清閣決定將刊物遷到重慶發行。7 月 10 日，老舍在「同春酒館」為之餞行。7 月 30 日，老舍也撤離武漢。不久，兩人在重慶相逢。老舍繼續為《彈花》撰稿，並應趙清閣之約，加盟「彈花文藝叢書」，撰寫話劇《張自忠》。在寫作過程中，趙清閣提出過一些修改意見。老舍在《致南泉「文協」諸友信》中說：「這時候清閣女士已讀完了那個劇本，她又澆了我一場涼水。我說明了寫作時所感到的困難，但是並不足以使她諒解。」後來，老舍正是藉口自己缺乏戲劇

經驗，邀請趙清閣合作了兩個劇本《虎嘯》（又名《王老虎》）和《桃李春風》（又名《金聲玉振》）。前一個劇本沒有什麼反響；後一個劇本公開上演，轟動一時，曾獲國民政府教育部的文藝大獎。

1943 年趙清閣與老舍合寫《桃李春風》時，「交往非常密切。當時，兩人同住北碚，比鄰而居。更巧的是，兩人先後得了盲腸炎，又可謂同病相憐。」老舍《割盲腸記》中寫道：「10 月 4 日，我去找趙清閣先生。她得過此病，一定能確切的指示我。她說，最好去看看醫生，她領我上了江蘇醫院的附設醫院。」老舍由趙清閣陪伴住進醫院，因為她「和大夫護士都熟悉」。動手術時，趙清閣和老向等人一直等候在手術室外。

對於當時就流傳老舍與趙清閣「同居」的傳聞，桑農給出了善意的解釋：一個是年輕的單身女性，一個是妻兒不在身邊，自然要讓人『想入非非』。而讓當事人尤其是趙清閣對流言難以容忍的，恐怕是將兩人的鄰居關係傳為「同居」關係。在桑農的文章裏，他是持老舍和趙清閣「比鄰而居」，並非「同居」。

1943 年 10 月，老舍在北碚因患盲腸炎，住了半月醫院，出院以後正在休養的時候，重慶上演了《桃李春風》。也是這個時候，留在淪陷的北平已分居六年的夫人胡絜青帶著三個孩子，遠遠地趕來了重慶，可是老舍不能去重慶迎接。胡絜青和孩子到北碚老舍身邊來，是到重慶二十天後的 11 月 17 日。（1937 年 11 月，老舍將胡絜青和三個孩子留在濟南，隻身趕赴武漢。）

「趙清閣對自己與老舍的親密交往，原本很坦然。而此時不得不離開北碚，無疑給此前的謠言提供了口實。她的處境十分尷尬，內心非常鬱悶。於是，她接受了冰心的建議，把心思轉移到改編《紅樓夢》上。」桑農還引用梁實秋《憶老舍》中的話：「那時候他的夫人已自北平趕來四川，但是他的生活更陷於苦悶。」以說明「這顯然是話中有話」。

趙清閣搬離北碚不久，老舍一家搬到附近的鄉下居住，可兩人的來往並沒有中斷。抗戰勝利後，趙清閣到了上海，主編《神州日報》

副刊《原野》，新的一期於 1946 年 1 月 1 日推出，顯著位置上刊載的七絕〈新年吟〉，是老舍寫於北碚時期的舊作。1 月 15 日，副刊上又發表老舍〈舊詩與貧血〉一文。1 月 19 日，副刊「文化新聞」中發佈老舍受美國國務院邀請、將赴美國參觀講學的消息。這一回，與當年編《彈花》的情況不同。關於兩人的傳聞，早已是「公開的秘密」。桑農認為，老舍與趙清閣如此一點也不避嫌，只能理解為雙方私下已有默契。

　　1946 年 1 月 20 日，「中華全國文藝界協會」在重慶舉行酒會，歡送老舍、曹禺赴美講學。2 月 13 日，老舍一行離渝抵滬。2 月 18 日，「文協」上海分會在金城銀行七樓餐廳舉行歡送會，到場名單裏有趙清閣的名字。3 月 3 日，鄭振鐸與許廣平共同做東宴請老舍等人，趙清閣也出席了。3 月 4 日，老舍等人離開上海，趙清閣一直將老舍送到船上。

　　1948 年初，趙清閣計畫將老舍的小說改編為電影劇本。她沒有選擇《駱駝祥子》或《月牙兒》，而是選擇了《離婚》。而此時在大洋彼岸，繼《駱駝祥子》英譯本出版之後，老舍又推出了《離婚》的英文版。「兩人是巧合，還是有過交流？不得而知。但有一點可以肯定，老舍希望趙清閣能到國外來，但老舍沒有決心和勇氣與留在國內的胡絜青正式離婚。對於心高氣傲的趙清閣，這是無法逾越的鴻溝。」（桑農）

叁

　　劉以鬯曾寫過一篇〈記趙清閣〉，在他的眼裏，身體病弱的趙清閣有著男人的陽剛之氣，他第一次見到她時就留下一個深刻的印象：她的臉色蒼白如紙，這種蒼白的臉色會令關心她的人，為她的健康擔憂。趙雖然健康情況不好，但卻活得十分有勁，並沒有弱不勝衣的病態，視文藝為生命的最終目的。趙清閣的寫作生涯是在 1933 年左右就開始的。從 1933 年到抗日戰爭爆發為止，她已寫過不少短篇小說。這些短

篇小說，大都收在兩個集子裏：《旱》與《華北之秋》。在抗戰的八年間，她一直生活在大後方。戰爭激起她的寫作熱誠，使她活得更堅強；使她找到了生命的積極意義，縱使貧病交迫，仍能寫出二十幾個多幕劇與三本獨幕劇集。

在抗戰時期的重慶，趙清閣的名字常與老舍聯在一起，也許是這種略帶陽剛的性格，使「見著女人也老覺得拘束」的老舍有勇氣跟她合寫《桃李春風》。在劉以鬯看來，趙清閣缺乏女性應有的魅力。趙清閣外表沉滯，才智頗高。她的智慧，像煙花一般，常在作品中閃爍。儘管與老舍合寫過劇本，趙清閣卻是個不大有幽默感的女人。在劉的記憶中，幾乎完全找不出她的笑容是怎樣的。她的態度很嚴肅，不苟言笑。趙景深說「她的性格帶有北方的「豪爽」，很對；說她「兼又揉和了南方的溫馨」。

當時的老舍主持抗戰「文協」工作。戰時重慶，文友歡聚，常喜聯句賭酒。趙清閣晚年回憶說，那時就數老舍「聯得既快又精，他還善於集人名為詩，很有風趣」。老舍曾為趙清閣寫過一首五言絕句，都是用人名組成，既有意境，又朗朗上口，廣為流傳。詩曰：「清閣趙家璧，白薇黃藥眠。江村陳瘦竹，高天臧雲遠。」趙清閣說：「人名詩難作，作得自然，不露痕跡，尤其難！我佩服老舍的才華。」

趙清閣藏有老舍大量的手札。她自製了一本精美畫冊，都是自己的畫作，每幅畫旁分別有郭沫若、冰心、梅貽琦、張恨水等人的題詞。這本冊頁的題簽也是老舍寫的：「清閣翰墨香」。

（順便一說，張昌華的解說：……當年梁實秋贈的「五律」行書立軸，裝裱後一直掛在書房，「文革」遭劫；幸好 1942 年梁實秋在趙清閣《翰墨書香》冊頁上畫的梅花保存完好。梁是散文大家，也是丹青高手，他幾筆劃出一枝蒼勁古樸的墨梅，題詞為：「直以見性，柔以見情，此梅花之妙也。今以此二語移贈清閣，以為如何？」其實，此話不確，冊頁上的梅花並非梁實秋所畫，而是出自趙清閣本人。）

肆

　　趙清閣與老舍 1943 年合作的四幕話劇《桃李春風》，描繪了一位
熱誠富於正義感的教師辛永年，他從事教育事業十餘年，兩袖清風，
只落得白髮蒼蒼。對於窮學生，他慷慨解囊相助，對其子，卻勸他從
軍報國，辛老師「志在造就眾人子女，而不能只顧己子也。」抗戰
中，他努力辦平民教育，喚醒民眾，帶領學生擺脫敵佔區，沿路受
到他過去的學生的愛戴。趙清閣說寫這個劇本「旨在表揚教育者的
氣節操守，犧牲的精神，並提倡尊師重道，多給教育者一點安慰和
鼓勵。」

　　在這本書的序中，趙清閣說：她和老舍合作劇本，這是第二次了，
第一次是《虎嘯》。「合作劇本是一件難事，弄得不好，很容易使故事
情節不統一，人物性格相矛盾。所以當初老舍叫我同他合作劇本的時
候，我不大贊成；因為他的意思，是希望發揮兩個人的長處！他善於
寫對話，我比較懂得戲的表現：俾成功一個完整的劇本。而我卻相反
地擔心這樣會失敗。

　　「本劇終於『合作』了，合作的經過是如此：故事由我們兩個
人共同商定後，他把故事寫出來，我從事分幕。好像蓋房子，我把
架子搭好以後，他執筆第一二幕。那時候我正為了割治盲腸在北碚
住醫院（今年六月間），他帶著一二幕的原稿來看我的病，於是我躺
在床上接著草寫第三四幕。但我不過『草』寫而已，文字上還是他
偏勞整理起來的……老舍的對話很幽默，如第一二幕情節雖嫌平
靜，對話卻調和了空氣，演出博得不少喝彩聲，但假如你一半用欣
賞藝術的眼光去看她，那麼劇本能夠使你發現兩樣珍貴的東西：一是
人類最高的的感情——天倫的、師生的；二是良心——教育的、生活
的。……」

伍

　　趙清閣五歲喪母，七歲時在外祖母家家塾裏開始讀書，後轉入信陽省立第二女師附小。在附小，蔣光慈夫人宋若瑜教她體育和音樂。趙清閣初中快畢業那年，父親和繼母商量，讓趙清閣與一個有功名的人家訂婚，恰巧被放學回家的趙清閣聽到。求知慾旺盛、性格孤傲的趙清閣決心離家出走。

　　趙清閣考入開封藝術高中，成了二年級插班生。校長焦端初是上海美專畢業生，思想開放，也喜愛文學。趙清閣發奮苦讀，獲得了助學金。她一面用心繪畫，一面攻讀中外文學名著，還寫一些詩文抒發自己的感情和不滿。1932年，她寫了第一個話劇劇本，發表在開封一家報紙的副刊上，劇中人物就是以她的表姐為原型的。表姐被丈夫欺負，毅然出走比利時。

　　高中畢業後，她一邊教書，一邊在河南大學旁聽借讀，主編報紙副刊。在貧民小學裏，她接觸到下層群眾和貧苦孤兒，便在報刊上撰文，對貧富懸殊、婦女解放、窮孩子受教育等問題，發表了自己的看法。而這種帶有稚氣的正義行為，觸怒了救濟院的一些人，她被視為危險分子而遭解雇；報社也向她提出警告，不准再寫暴露社會黑暗的文章。她只好離開開封，遠走上海，考入上海美術專科學校藝術教育系二年級，又成為插班生，主攻西畫，並學習音樂、樂理。

　　上海的《女子月刊》是復旦大學教授姚名達和他的夫人黃心勉創辦的，是女子書店的刊物。主編黃心勉常常在《女子月刊》上發表趙清閣的文章；美專教授倪貽德和作家葉靈鳳也常常幫助她，向一些報刊推薦趙清閣的文章。趙清閣漸漸有了名氣。經師友介紹，她在天一電影公司找到了一份工作，這就是《明星日報》的宣傳工作，月薪二十元，基本解決了她的經濟問題。她在杜神父路（今永年路）的一條弄堂裏，租了一個亭子間住了下來，白天上學，夜晚工作，半工半讀。

　　這一時期，趙清閣認識了洪深、歐陽予倩、左明、應雲衛、王瑩、陳凝秋、袁牧之等電影戲劇界的人士。

　　抗戰爆發後，趙清閣輾轉到了南京。1936 年 8 月 15 日，由她創辦並擔任主編的《婦女文化》月刊創刊號出版。為《婦女文化》寫稿的主要是各界進步婦女和青年。「七七事變」和「八一三」相繼爆發後，趙來到了武漢。

　　1938 年 3 月 15 日，她為華中圖書公司主編的《彈花》文藝月刊創刊。《彈花》是抗日戰爭爆發後創辦的第一個文藝刊物，刊名的寓意是：抗戰的子彈，開出勝利之花。在創刊號上趙清閣發表了她的新劇本《把槍尖瞄準了敵人》，這一年，她二十四歲。那時，趙清閣穿著京滬一帶流行的時髦短裝，短頭髮，瀟灑大方，十分健談。有男性的健美，又有女性的溫柔，這是趙清閣留給當時在武漢主編《文藝戰線》旬刊的胡紹軒的印象。1936 年，趙清閣在南京主編《婦女文化》時，曾向胡紹軒約稿，胡也向她約過稿，交往頗深。1938 年 2 月，胡紹軒為了給《文藝》月刊組稿，曾在武昌糧道街一家酒樓裏訂了兩桌酒席，宴請十餘位作家和詩人，其中有老舍、郁達夫和趙清閣等。

　　在《彈花》創刊號上，剛到武漢不久的老舍撰寫的〈我們攜起手來〉，說出了《彈花》的宗旨，他說：「什麼偉大不偉大，什麼美好不美好，誠心用筆當作武器的，便是偉大；能打動人心而保住江山的，便是美好。」在《彈花》第二期上還發表了郭沫若的講稿〈女子是人類「好的一半」〉，應雲衛的論文〈戰鬥的戲劇〉，錫金的詩〈偉大的開始〉，陸志庠的漫畫〈敵人往哪裡去〉，呂驥的〈軍火船插曲〉，還有中華全國文藝界抗敵協會的〈告世界的文藝家宣言〉等。此後，丁玲、左明、安娥、穆木天、金滿城、谷劍塵、盧冀野、魏猛克、王瑩等也紛紛投稿加盟。

　　《彈花》在武漢出版了五期，由於戰事緊張，印刷困難，無法按期出版。從武漢撤退到重慶後，《彈花》就由月刊變成了雙月刊。由於《彈花》銷路不暢，當時投資辦刊的唐性天，不願再辦下去了。他和

趙清閣商量，請她主編一套「彈花文藝叢書」，趙清閣同意了。但趙清閣不願意放棄苦心經營的刊物《彈花》，她決定自己來辦。此時，趙清閣被教育部聘為中小學教科書特約編委，陳立夫是教育部部長，顧一樵是政務次長，張道藩是常務次長，她通過努力徵得教育部國民教育司司長、國畫家顧樹森的幫助，很快取得了政府給予的辦刊津貼。於是從第二卷第五期起，《彈花》由趙清閣自辦復刊，又陸續出版了十期。此時趙清閣和教育部編印的《學生之友》發生了爭論，其原因是《學生之友》指責學生思想左傾，引起趙清閣的反感，她化名「鐵公」撰文抨擊，遂開罪官方，於是官方資助被取消，刊物也只好停辦了。郭沫若曾寫詩讚此刊為「錦心一彈花」。

在趙清閣的文學生涯中，改編的成績尤為突出。經她改編的作品，有〈《紅樓夢》話劇集〉，有取自老舍同名小說的劇本《離婚》，有根據梁實秋翻譯的英國女作家艾米麗‧勃朗特的《呼嘯山莊》改編的劇本《此恨綿綿》，有根據法國作家雨果的小說《向日樂》改編的電影劇本《花影淚》，還有根據民間傳說故事改編的小說《梁山伯與祝英台》、《白蛇傳》，以及根據湯顯祖的《牡丹亭》改編的小說《杜麗娘》，根據孔尚任的《桃花扇》改編的越劇本《李香君》。這些由她改編的作品深受讀者喜愛。

在改寫小說《梁山伯與祝英台》的過程中，趙清閣依據的材料主要是川劇《柳蔭記》，並參考了越劇《梁山伯與祝英台》和原始說唱本以及其他戲曲劇本。這個故事和《白蛇傳》、《牛郎與織女》、《孟姜女》並稱為中國民間四大傳說，流傳甚廣。周恩來出訪時曾把電影《梁山伯與祝英台》帶到國外放映，並稱之為中國的東方式的《羅密歐與茱麗葉》。

旅居新加坡的書法家潘受曾說，趙清閣喜著男裝，幾十年未變。在劉以鬯眼裏，趙清閣是個具有男子氣概的女人，氣質憂鬱，性格倔強。她改寫的小說《梁山伯與祝英台》前四章中，祝英台的男兒氣概和女兒心態，應該是融入了她自己的性格與氣質的。小說寫得十分成功，趙清閣在祝英台身上找到了自我，找到了自我表述的空間。

抗戰勝利後，趙清閣到了上海，而老舍和曹禺則於 1946 年初應美國國務院邀請赴美國講學。一年後，曹禺回國了，而老舍卻滯留美國。周恩來先後請曹禺和陽翰笙等給老舍寫信，轉達邀請他回國的意見。陽翰笙則把這個意思告訴了趙清閣，希望趙清閣出面寫信說明周恩來的意圖。接到趙清閣的信，老舍很快下定決心，回到北京。

1949 年 12 月，老舍回到北京。1950 年 4 月，胡絜青帶著孩子由北碚返京，老舍購置了一所四合院，即所謂「丹柿小院」，全家入住。

桑農在他的文章裏還介紹了老舍回來後與趙清閣的關係：老舍當年出國，把胡絜青留在四川，在國外時，也沒有想到接她出去，而是惦記著趙清閣。這次回國，接來的卻是胡絜青，而不是趙清閣。這一變卦，無疑是有許多內外條件制約。有一點不容忽視，即他回國的一切是組織上安排的，路線事先定好，一到北京，便去拜會周恩來。據史承鈞說，老舍曾寫信給周恩來，專門講到他和趙清閣的友情。老舍歸國，是新政權的一項形象工程，如果一回來就發生婚變事件，會有負面的社會影響。接胡絜青回京，一家團聚，應該是權衡各方利害後的決定。或許正是因此，周恩來一直對趙清閣抱有歉疚，尤其在老舍死於非命之後。周恩來夫人鄧穎超晚年時，也對趙清閣予以特別關照。

老舍定居北京後，與在上海的趙清閣仍有通信聯繫。但內容都是具體的生活和工作之事，有關心身體的，有討論藝術的，而沒有半點涉及男女私情。趙清閣的內心很矛盾，也很複雜。一方面，對老舍有深厚的感情，並且終身未嫁；另一方面，又愛惜羽毛，不願捲入是非，招來流言。在老舍生前，兩人的交往中，她一直恪守自己的底線；老舍去世後，甚至在垂垂暮年，她仍然是如履薄冰。在今天許多人看來，這段感情無可厚非。但對於他們那一代人而言，境況卻完全不同。當年《桃李春風》得獎，「文革」中趙清閣正是因此被扣上「反動文人」、「國防戲劇的追隨者」等帽子，批鬥抄家，以致癱瘓數年。直到 1978 年，這一「歷史問題」才得到平反，恢復名譽。與老舍的關係，當然不屬於「歷史問題」。那時有個專用辭彙「作風問題」，這也同樣可以斷送一個人的政治生命。

　　1946 年 3 月老舍赴美後，趙清閣創作過一個短篇小說《落葉無限愁》，並收入了她自任主編的《無題集——現代中國女作家小說專集》。小說敘述了中年的邵環教授，有妻子，有兩個孩子，但卻愛上了未婚的才女燦。抗戰勝利後，燦悄然離去，並留下一封婉拒書。邵環教授讀完這封信，離家出走，去上海尋找燦。而燦還是顧忌邵環有家室。她承認自己心情矛盾，但她告訴邵環：「因為我們是活在現實裏的，現實會不斷地折磨我們！除非我們一起去跳江，才能逃避現實，才能克服矛盾。」當邵環要求與燦一起離開上海時，燦卻下定決心悄悄地離開了原住處。失望中，「邵環倒在泥濘中，落葉寂寞地埋葬了他的靈魂」。有很多人認為，趙清閣這篇小說具有濃厚的自傳色彩。

　　1963 年 4 月，陽翰笙、老舍出席廣州文藝會議後返途經過上海，老舍去看望了趙清閣。趙清閣正患肝病，老舍逗留三天才離滬回京。這是他們的最後一別。對於趙清閣病情的發展，老舍曾多方打探。當他從趙家璧那裏瞭解到趙清閣病勢有所發展時，焦慮不安，立即寫信勸慰她「不要著急，不要苦悶」。

　　「文革」開始，趙清閣被批鬥抄家，並患腦血栓，偏癱數年。老舍的死給趙清閣的打擊很大，但她一直把老舍為她書寫的扇面和條幅懸掛在客廳、臥室。

　　1976 年以後，趙清閣常把別人寫老舍的文章剪貼下來，以寄託她的懷念。在她的諸多懷人文章中，也總有關於老舍的內容。有人在趙清閣生前曾拜讀過由她提供的老舍致趙清閣信十餘封。也有人說，老舍給趙清閣的信件共有一百多封，但大多已在趙清閣生前毀掉了。

　　關於趙和老舍的故事其實已不是秘密，在許多人的文章裏都涉及過。但在老舍同時代文人的回憶裏，往往都不說破，而是隱諱點到為止，譬如當年到了老舍的住處，看到趙清閣也在等等。而在老舍後人關於其父的描述裏，此事更是不存在。

　　不過牛漢在《我仍在苦苦跋涉》中「閒話」趙清閣時卻直截了當地說道，為了編《新文學史料》，他到上海組稿時拜訪過趙清閣。牛漢

說：她在重慶時期和老舍在北碚公開同居，一起從事創作，共同署名。後來老舍夫人得到消息，萬里迢迢，輾轉三個月到重慶沖散鴛鴦。

看大象出版社出版的《老舍：消失了的太平湖》（李輝著）裏的那些關於老舍的照片，有幾幅是 1950 年後老舍和夫人在家賞花的照片，一幅是 1954 年 4 月老舍夫婦在院中月季花前的兩人相向而笑的合影，中間是盛開的月季花，夫婦倆的笑容，一幅和諧幸福的樣子。是看不出老舍心有旁屬的。北京老舍故居裏，老舍和夫人是分床而居的，這是否能說明問題呢？老舍在文革初期的自投太平湖，一方面是挨了紅衛兵的打，自尊心極強的老舍寧為玉碎不為瓦全，另一方面，他回到家沒得到家人的安慰恐怕是更重要的原因吧？

牛漢說他在 1943 和 1944 年就知道這個故事。在上海牛漢約趙寫回憶，趙向他展示了老舍 1948 年從美國寫給她的一封信（原件）：我在馬尼拉買好房子，為了重逢，我們到那兒定居吧。趙一輩子沒有結婚……

陸

掃紅在她的「尚書吧博客」上有篇帖子〈趙清閣的真性情〉，「鏈結」過來做此文的結尾，也可看做網路上對趙清閣的一個名詞解釋：

> 陳子善老師不久前剛出的新書《這些人，這些書》中，有一篇說到趙清閣的文章。剛看完這篇文章不久，就遇到了兩本趙清閣在民國時期出版的書，一本是 1948 年上海文藝出版社的《詩魂冷月》，一本是 1941 年華中圖書公司的《女傑》。意料之外的是，時隔一甲子，書的品相居然還那麼好，我那叫一個激動啊！拿了書欣喜的對人說：「看！趙清閣的書喂！」

> 可是一半的人不知道趙清閣何許人也，另一半知道趙清閣的人，第一個反應都是：「噢！跟老舍相好的那個！」

我很沮喪。我不喜歡她被這些花邊消息掩蓋了真正的風流。

簡單介紹一下這兩本書吧。1938 年 3 月 15 日，二十四歲的趙清閣為華中圖書公司主編《彈花》文藝月刊，這是抗日戰爭爆發後創辦的第一個文藝刊物，刊名的寓意是「抗戰的子彈，開出勝利之花」。五幕話劇《女傑》是「彈花文藝叢書」中的第二本，內容取材於一篇新聞報導，反映太湖抗日游擊鬥爭中的故事。《詩魂冷月》是她根據《紅樓夢》原作改編的四本話劇之一。這四冊話劇每冊故事獨立，主題獨立，但是情節和時間又保持著聯繫性。《詩魂冷月》是四冊中的第一冊，另外三冊分別是以二尤為主的《雪劍鴛鴦》、以三春為主的《流水飛花》和以賈母賈政為主的《禪林歸鳥》。

趙清閣是第一個把《紅樓夢》改編成話劇的人，被譽為用話劇詮釋《紅樓夢》的最佳作家。在《詩魂冷月》的總序第一段裏，她寫道：「截至現在止，「紅樓夢劇本」以後我還沒有再寫過其他舞臺劇。我記得當「紅樓夢劇本」脫稿時，我曾有意的想暫且結束一下我的舞臺劇創作，因為我已深深感到我的劇本文藝氣息太濃厚，太不合乎潮流了，然而我又不欲趨炎附勢，硬把自己的心血變成商品，於是我承認失敗！但我是不是永遠不再寫舞臺劇了呢？不，我愛戲劇，我不會放棄繼續研究的工作，我將等待機遇，一個文藝欣賞轉枯的機遇，我的，以及所有這種文藝氣息濃厚的劇本，忽然受演出者和一般觀眾的歡迎了，我就重新拿起筆米。也許我不為這些，只為我個人的喜悅，不久便依舊從事劇作，不發表、不出版，只留供自己看看。」

趙清閣對老舍的感情固然吸引人，她對戲劇的追求也同樣感人。移到今天來說，不媚俗、不趨炎附勢的寫作仍然是令人尊敬的。

　　前幾天和一個朋友又說起趙清閣，說到陳子善老師在文章的末尾寫道：「趙清閣臨終前把老舍寫給她的七八十封『情書』統統付之一炬，真是可惜啊！」朋友當即接一句：「那說明她是真的愛老舍。」是啊，如果你守護一段愛情，最好不要留下隻字片語，去供後人嚼舌。

相關書目

《懷念一個人和他的女朋友們》，商羊著，《收穫》2006 年第 6 期。

《錦心繡女趙清閣》，張彥林著，河南人民出版社 2005 年版。

《走近大家》，張昌華著，人民文學出版社 2003 年版。

《我仍在苦苦跋涉》，牛漢著，三聯書店 2008 年版。

徐悲鴻・孫多慈

急雨狂風勢不禁

壹

　　龐薰琹在回憶錄《我就是這樣走過來的》中，回憶抗戰時他在重慶中央大學藝術系任教時，系主任是徐悲鴻，讓他看到了徐悲鴻的另一面：徐悲鴻一到辦公室，別人就忙開了，有人為他磨墨，有兩人為他拿紙，地上鋪了七八張紙，他用流水作業的辦法，第一筆先在每張紙上畫馬鼻子，第一張畫好，換第二張，接著換第三張。把所有的紙都畫上第一筆，接著畫第二筆馬頭，同樣的辦法，接著是馬身，馬腿，最後一筆是馬尾。徐的這種畫法起初讓龐想不通。後來他逐漸明白了，徐要應酬社會各界的索畫，迫不得已採用這種流水作業的畫法。

　　在徐悲鴻同時代的成名畫家中，像徐悲鴻這樣在 1949 年前後都受到官方重視和地位顯赫的不多，譬如林風眠，在 1949 年以後，可以說是每況愈下，最後在晚年終於告別大陸去了香港。而徐悲鴻在 1949 年後可以說達到了其人生的頂峰，成為中國美術家協會主席，中央美術學院院長。當然，他去世的也早，未到「反右」他就去世了，更別說經歷「文革」了。

　　關於徐悲鴻的傳記已經有多種，他本人也成了二十世紀中國美術的一個經典性大家，關於他的軼事也成了現代美術史上的傳奇。譬如前不久在央視十頻道看紀錄片《吳作人》，老畫家侯一民先生談到當年在素描課上吳作人和徐悲鴻兩位先生的不同，侯先生說，學生在畫素

描人體，如果是徐悲鴻院長進來了，先是站在學生身後，然後說這兒如何畫，那兒如何改，最後把學生拉起來，自己坐下去開始示範，到最後成了徐先生自己在畫了。而吳作人呢，則完全不同，話不多，往往是兩三句話，譬如，你要再畫的緊一些。讓學生自己去體會。徐先生的學生們現在大多也都是耄耋之年的老人了，回憶起老師來仍充滿了感情和敬仰。

在關於徐悲鴻的軼事中，最令人感歎的也許就是他與孫多慈之間的感情悲劇了。唐吟方的《雀巢語屑》（浙江古籍出版社 2004 年版）中有一則記事：曾見一幅孫多慈與徐悲鴻合作的國畫，孫多慈畫紅梅，徐悲鴻補喜鵲。畫上有孫多慈題跋一段：「依翠竹總是無言，傲流水空山自甘寂寞。丙戌春日寫於孤山眉月樓，時方流亡歸來。孫多慈。」丙戌年即 1946 年，那時他們兩人已各自有了自己的家庭。這段文字，「一種淡淡哀愁繚繞文字，不忍卒讀。」在兩人分手後，徐悲鴻在應別人索字時，隨手書寫：一片殘陽柳萬絲，秋風江上掛帆時。傷心家國無限恨，紅樹青山總不知。這首絕句的作者，就是孫多慈。孫多慈的詩句總有一種憂傷的調子。再如：

> 極目孤帆遠，無言上小樓。
> 寒江沉落日，黃葉不知秋。
> 風厲防侵體，雲行亂入眸。
> 不知天地外，更有幾人愁。

與徐悲鴻同時代的油畫家王少陵晚年在美國紐約的寓所裏，客廳正中牆壁上懸掛著徐悲鴻題款送給王少陵的手書詩幅：

> 急雨狂風勢不禁，放舟棄棹邊亭陰。
> 剝蓮認識中心苦，獨自沉沉味苦心。

王少陵說，這是徐悲鴻寫給孫多慈的，當年徐悲鴻周邊的人都知道徐孫兩人不僅是師生關係，還是戀愛關係，兩人後來即便分離多年還是情書不斷。

當年王少陵從中國大陸回美國，臨行前向徐悲鴻告別。徐悲鴻當時正在他的畫室內寫這首詩。徐聽說他要去美國，馬上要給他畫張畫作紀念，王說來不及了，這首詩就送給他吧。徐說這詩是寫給孫多慈的，內容不合適。但王當時急於去趕飛機，又想得到徐的一幅手跡，就硬叫徐落上款帶走了。後來孫多慈每次從臺灣到美國，都來見王，每次見到這首詩，她都會落淚，說：「這是悲鴻師送給我的詩。」這段記錄，見於陳傳席的〈王少陵談徐悲鴻和孫多慈〉。

王少陵說：孫多慈後來嫁給了許紹棣，十分後悔，孫許二人從來沒有感情，年齡懸殊二三十歲，經常吵架。

用王的話說，許紹棣就是那位呈請國民黨中央要求通緝「墮落文人」魯迅的「黨棍」──在其妻生病期間，他又看上了郁達夫的妻子王映霞，後來公開攜王映霞去碧湖同宿。郁達夫痛苦地離開浙江，後來死在蘇門達臘，也是因此事而引起。許紹棣原來答應王映霞和郁達夫離婚後就和王結婚，但王和郁離婚後，許又看上了更年輕美貌的孫多慈。孫愛徐悲鴻，但徐卻沒有決心和蔣碧微離婚。後來許的元配已死，孫便和許結婚了。結婚前，孫以為許一定是位很有學問的人，婚後方知許十分無知，僅僅是個黨棍。但孫是個傳統女性，嫁雞隨雞，嫁犬隨犬。後來便隨許到了臺灣。她看不起許，就更加思念徐悲鴻，經常藉故從臺灣來美。

王少陵的這些講述是否準確暫且不論，尤其是他關於許紹棣的評論是否公允，這些姑且存疑，譬如據王映霞晚年的回憶，孫多慈和許紹棣的婚姻是她做的紅娘。但有一點是不用存疑的，這就是徐與孫的師生戀愛在當時徐的朋友圈中是有目共睹的事實。再一個，王少陵還講述了孫多慈在得知徐悲鴻去世消息的情景：孫多慈來美大多住在吳健雄家，吳健雄是著名的女物理學家，也喜畫。孫多慈每次來美，也必到王少陵家。「1953 年 9 月，孫多慈又來紐約參加一個藝術研討會，畫友們見面，格外高興，正在這時，卻傳來徐悲鴻逝世的消息，孫多慈聽了當時就昏厥過去，等她清醒時一直痛苦不止，面色慘白。她一

生只愛徐悲鴻。她當時表示要為徐先生戴三年重孝，後來果然當著許紹棣的面為徐悲鴻戴了三年孝。由於長期悒鬱，孫多慈不久也就染病，1962 年病死在美國。」

貳

　　關於徐孫之戀，在廖靜文的回憶錄《徐悲鴻一生》中是這樣寫的：當徐向廖說起孫多慈時，純然是一場老師對學生才華的愛惜：「事情鬧了一年，我和孫多慈並沒有單獨在一起說過一句話。孫多慈為此受了很多委屈，誹謗和流言使她沉重得抬不起頭來……她受得委屈愈多，我的同情也愈多，我的心被迫傾向她，事情就這樣弄假成真了……我被迫去桂林……孫多慈和她父母也到了桂林，我們相見了。雖然，這時我已失去了家，但是她的父母極力反對我們結合，而且當時我忙於要去南洋舉辦畫展，孫多慈則聽從她父母去浙江，我們匆匆相聚，又依依各奔東西。」

　　不過，在《徐悲鴻書信》裏有一封徐悲鴻寫給孫多慈的信，當可以說明兩人之間的關係：

　　　　我日內即起程赴桂，你那悲慘之書居然在我以前遞到，我之原意在順水推舟，不想使你如此難過（為時甚暫），我再沒想此種情緒如無減損，實是十二分痛苦，你雖令我完全絕望，但令你痛苦卻非我目的。我不能來一種俗套說求你見諒一類混話。我今平心靜氣分析你的態度以及我處於被動地位之行動。

　　　　你離桂林那清晨，我五時即到王小姐處，因知汝家人往送，我即返院旋得汝留最後之一書，雖無何種動人詞句，但我視為極珍貴之檔，因已往汝家人視我對汝純乎是單相思，我即堅懇王小姐，以汝留函示汝母，王小姐□我尊堂語去 .「□她呢是哄她的嚇！」書便收下。證以汝安慶宅中牆壁……我也懶得多

心！雖是汝現在不否認，但……請你不必重視此語，我毫無意思挑撥你母女感情，我從去年八月起，我便不敢再有妄想，我曾一再以書寄港試探，終於不得要領（你再不必提起寄桂林重慶書）。我漂流西江及在香港兩月，完全絕望，你當會能追想及之。

迨我既抵星洲之第三月，乃得汝八九年來從未有過之奇書，我真受寵若驚，神魂顛倒，反覺你是改常態是處女作，不甚自然，我深自慚愧未能來溫州，因為（1）我雖盡我為人之義務，（2）汝尊人已抵浙，便決定汝永無與我結合之可能。而此事實是汝預定，我恍兩月又得汝四月十六一書，不但繼續前書懇摯之情，更示我決來相見之預告，且堅我信念，益以夜九時半（此間八時半禱）祝之爵上天鑒臨我心靜……我如何不信，我爾時真視汝如我之愛。我虔誠持守此信念直及八十餘日（將七月中）竟無下文，並無絲毫消息。我思此人夜夜為我祈禱，應不難與我一月一書，我雖用二十個字換人家一個字，其名貴殆過殉葬昭陵之蘭，因為我信他「不論在天涯地角必來相從」（尚有共同奮鬥二十年之計畫），確出我希望以外，我不得不在此期內告汝一切何處何處接濟步驟，既毫無消息，我心不但恐慌，而且慚愧（想到你熱摯之語句，我益發面……）。新城告我久無消息，子展亦然同，深憂。吾二人共同友人也俱無消息，加以接連不斷佐證，在汝書中亦有蛛絲馬跡，於是方有求汝電告之舉，承汝覆文有□□增加之字，固是善意，但前案推翻則已彰彰明甚。

親愛之慈，甘言蜜語而無事實，隨其後即等於00支票，我明明知汝與家應等好友簡札極密，我雖八九年來得汝二十來封信，但在四月十四書後我望增奢證之，以各處關係我乃豁然明朗，知汝決無一分可能踐汝求我相信之預告。且時局亟變更無可能。

茲附告汝一逸事，吾友華林昔與崔葆華女士戀愛十年，其情誼視吾人深得多，林因政治關係去法國，崔待之。厥後其母羨鄭汝成之子豪富，堅逼之嫁，聞其母跪求之，不得不允。崔與林最後一書，書後以血寫一恕字，我曾親見，不能□崔初心決□負林也。她造成一金蟬脫殼之境地，使演為事實，而令華林無可奈何，我便是狼心狗肺，亦不忍說你是懷著虛偽心情，不過汝之愛情乃未被沒去，剩下百分之幾之稀少天真偶然如電一閃，轉瞬即失，比之鄉愚之怨氣，氣出即消，頗有大自無礙之微旨，原是狼□，不同於一切沒出息之春印眾生，但其境遇於崔葆華，已絕小加上一重國難之艱危。我當然不會愛虛榮，此亦不算虛榮，但是你究竟是怯弱，我不能等人家寫個紅恕字給我，我既堅信汝之深情，故知三月無書乃是一種表示。到七月有一書全不是那回事，況且還有一個人情所不能強之理由，你不早不晚不先不後，在此時脫離你的父母，你如早來固為我之幸運，倘你採用如此笨法，叫我如何接受。於是歸根結底，你閃電式之愛情，無論有如何熱烈真摯，只可比之鏡花水月，而汝安排妥當之實境乃堅固如不可動搖之崑崙山。我於是乎完全絕望。信可尋常之物，信且不可得，其他可不必說了。且汝之矛盾亦太多，你估量我之能力在汝所要求時則非常之大，在自動時便覺其非常之小。

至於作品，你真是個糊塗蛋，你未能用你一點真正能力貢獻於國家，你僅僅比得五十塊錢一月的尋常人，當不知羞愧，你帶布與顏色到碧湖是作畫麼？你的成績安在？

說到紅豆，他是有他燁燁之光，無論你戴與不戴，況且你雖說接受了我，卻從未見你戴過，你以為他不值什麼，丟掉好了。

自歐洲起世界情形大變，交通大是艱難，幸你不再說相從的話，簡直是不可能了，我亦犯不上解釋這些，橫豎隱居碧湖是一種樂境。

我再便帶報告我的希望，泰戈爾先生既如此重視我，我應寫他十次八次，明年三月又太熱了，我便到大吉嶺去寫十幅八幅喜馬拉雅山，雅典以外之理想界，我當年以為更美的。

請你原諒我，我不會溫婉，我不能向你偽裝，你不愛就算了。

此信閱後請寄（舒）新城保存，俾告此案結束。

我只有一件替你傷心的事，你的天真到底剩得很少，加上一種近視，無論如何，我禱天加佑於汝，使汝幸福。

可憐你身處甕中，亦不知天高地厚。目下由新赴溫州來回川資至少需國幣三千元，你還說為我守秘密，又要我白跑一趟。我寧願將三千金捐與寒者為棉衣，以紀念此痛史，且汝亦至懵懵。我雖不是那鴨屎臭要人之類，但以海陸數千里你能為我守著秘密？我不怪你，足見你那時神志不清，並我去年赴長沙接你都忘記了，我雖□強，恐怕肯重演那類劇本之人，天下也絕少的。

最後我並且告訴你，自我認定你決心食言，不再有可能會見以後（我們兩人本無可能結合，只有一個僅一時機，你放過了。可見汝之意志），你那七月卅書寄到後，我便不拆寄與展兄保存，哪知他來書大加責備，拆閱後仍寄還我，仍不看。你九月九日（八月無一字）書三星期到達，我仍不拆開，寄與子展，不知如何神差鬼使，幾次總未投得郵，我心上有些不忍，終於先將七月三十日書啟視了。我雖是嗚咽難禁，便又將九九書啟視，所以徇汝意作此最後一封長函，我再盡我最後之忠告，你

仍舊鞏固家應之友誼，你送我的沒有用過，仍舊奉還，毋失二老之歡，人家誠意並不在我之下，且關係汝全家安危，必要時可以接受的，打碎之碗補也無益，我仍回到去年今日情緒，原不是我的東西，不見了不能說是損失也。

（《徐悲鴻書信集》，大象出版社 2010 年版，181 頁）

另一封徐悲鴻當年從南洋寫給孫多慈的信也揭示了並非如徐自己向廖所說的當時「不願再觸及這些感情，沒有回信，漸漸地，就音訊杳然了。」2007 年 5 月 28 日在香港佳士德春季藝術品拍賣會上，徐悲鴻寫給孫多慈的這封信拍出了九十萬元港幣。此信寫於 1939 年 5 月，當時徐悲鴻在南洋忙著個人畫展。他在信裏寫道：

吾得弟最後一書，乃知為吾不能來溫州之果，並恐為吾抵港不相告之果，慈倘責我至港無消息，當知我不能冒此險也。試問我苟貿然電汝而汝不來，吾豈能再□顏於世（汝不能以吾不到溫州為口實，因汝第一自計之步驟為來星加坡，且汝亦明知我離港之前情況）。吾又胡能遽自委棄，且以爾時古井之我，理應自省。若子展先生之不能以我至港相告者，因我至港既久方得汝之書，又知君子之交如是，則恐貽害於我。子展遇我至厚，故尤不敢有此嘗試，也為我既後然南行，竭吾心力與友好之協助，盡藝人之天職，譬如為山功已及半，汝於爾時忽發出閃燁之強光，欲吾星展畢返國去溫州，使吾儕向為尋情直往之人。吾當不顧一切如赴湯火，特以吾之愚，寧不知有變之，決不我待。而星展必曠日持久「今雖結束人之認□已交，但廿六張二百星幣（合國幣六百七十元）之畫當有十三、四幅待寫，我如何能走？」當時既不能拋棄此為個人畫展，而欲為違背良心深可預知之數，寫一空頭支票以付愛人，吾不能也。至吾之為汝，有當何待言？若汝之為吾，有（汝書中語）頗似存款於銀行者，焉能遂以為銀行之主乎。吾自愧以其毫無價值之愛，被汝認為

51

生命中之原素，上帝當知吾從未有所蘄，惟恐汝生命尚需多量之其他原素，比之向汪洋無際之大海中投一石，並湍激之泡沫都不見也。但其為石者，又自幸其得沉大海耳。尊人固可入黔依友避難，惟其愛女在浙，當然來浙，而來書言將去安慶去乎，以向有地位之人而攜眷返，沒為人逼，其將奈何，不從而成仁。慈又將奈何？吾思至此，汗如雨下。吾當日倘真至溫洲與汝成婚，南行此責任詎不全由餘負！今也而糊塗□之慈，與其謀為之！於是，慈縱欲今當不然矣。萬里相從縱欲如其畢生唯一之情，書所昭示之。願與悲鴻死在一起，恐與悲鴻同死，計畫之先便真不了也。古人云：「窮則通」。今身處如是困境，而聰明全塞，智慧頓亡！使慈而真與悲鴻同一線，徒見其意念總相左耳。抑人當苦鬥酣戰之際，方需戰侶，一旦時和世泰，則甲兵可熔作金人，縱是英雄已無用武之地，而悲鴻亦將息機退隱於山涯水角，因吾之義務已幾盡矣。吾親愛之慈，汝之真性情，已淚沒無餘。一切由強制之偽性情所發出之，理智乃如毫無神氣之刊板文章，汝治美術，當深知此類形式格調，吾昔曾解放蘇州老圃屈之梅花，既歷兩□，未嘗不長。但其枝幹紋理久曲，乃終不可伸直，夫毀自然，以就型□，或為宋儒精神，而為藝術所大惡也。最後一書雖令吾灰心，但吾早具超越於灰心之上之情感。吾縱自悲遠，不若吾之目擊屈抑不能再伸高標絕俗之梅花為尤戚戚也。帝乎汝知吾於慈，初雖萌有自利之心，而終自克止，輒再三謀其自致。完成之道，欲聽其自然變化。使慈早得去國者，不過略得我臂助而已。數工□力處此情勢，無敢斷定已在英有所樹立。在吾二人辟系上，更增奇麗。茲沉淪數□，身逢巨劫，致吾二人必致於此。慈在非有不堪許多鬼臉之經驗乎，再就悲鴻謂悲鴻者能相負乎，吾不忍不信（儘管太夫人告王女士說你是哄我的），慈之愛吾尤深，體諒慈之環境在無一人同意下而必出於此之彌可珍！吾親愛之慈，吾且忠信斷

定汝生平為第一次向一異性之人現其桎梏既深之真。如汝最後前一書者。但汝肯平心一度相衡，當審不建我之加於汝者千分之一也，即吾現存死灰之餘燼，較汝自以為熱烈者亦高出不知凡幾！已矣！已矣！惜汝得見此書已太晚（我測為今九），且恐汝之終不得見此書也。

吾書之屢懇展兄轉者，輒心冀汝萬一能早赴港，吾書不致流落不謂汝耐心坐待以重價買到機巧空靈之誤會，又不肯自省，嗟夫！吾理想中可愛之慈，其靈魂已失真情，一擲而罄，遂了此一重公案。汝不必徒然回憶，假定悲鴻為無情可矣。若然者，吾自擔承一切罪惡於他日懺悔時益有辭也，而葆此孫念劬於玉潔冰清，完整無稍損也。吾煢煢居於炎荒，但以工作銷我生命，幸間得佳作以自排遣，亦妄冀溫洲可通為最後之決別，今則空谷足音已成泡影，□□犹孔熾螻蟻何求，且幸未若汝夢中之病，否則此夢中人烏乎見之。顧吾亦以勞而嘗病，病吾必強起，願力既宏，施倦之肢體、官能部分恢復，亦速所謂預支精神，用視吸鴉片嗎啡為略善也。

幻想重疊都無著落，驚造化之巧妙，為雲為雨，滅其痕跡不若，吾人之靈魂尚刊有傷口也。昔 Murret 疊詠諸□之夜，以□咀其愛人想汝智慧，日長已乏才力，吾生平不怨天尤人，難自承為吾之愛人者，亦未嘗餘負僅無靈魂而已。大理石製之 Athena 方有靈魂傷哉。其為幻想也。吾今收回其既失之一半，將洗剖其蒙蔽迨復舊觀。吾之軀□，當不值重視，Athena（再見）！吾永不責備慈，吾惟回想雲母石製之 Athena！Athena！

　　　　　　　　　悲鴻五月二日釋迦誕，星州酷暑。

這封信也佐證了徐孫之間曾有過的戀情。

叁

　　其實，徐孫之間的師生戀在三十年代轟動一時。孫多慈的天分極高又風姿綽約，正因為她，導致徐悲鴻和蔣碧微的最後分手，儘管徐蔣之間在孫多慈之前已經家庭不睦。1930 年 9 月，孫多慈來到南京中央大學藝術科繪畫組旁聽徐悲鴻的美術課。當時她還是十八歲的少女。在後來的徐悲鴻夫人廖靜文眼裏，孫多慈「並沒有絕色的姿容，也不愛與人交往，沉默寡言，是個很普通的身材纖細的姑娘」。但在蘇雪林的筆下，初見孫多慈的形象要更鮮明：一個青年女學生，二十左右的年紀。白皙細嫩的臉龐，漆黑的雙瞳，童式的短髮，穿一身工裝衣褲，秀美溫文，笑時尤甜蜜可愛。晚年的蔣碧微在其回憶錄《我與悲鴻》中對此往事有詳盡的記錄，從苦主的角度敘述了當年徐孫之間的婚外戀：儘管徐先生不斷地向我聲明解釋，說他只是看重孫的才華，想培養她成為有用的人才。但是在我的感覺中，他們之間所存在的絕對不是純粹的師生關係，因為徐先生的行動越來越不正常。我心懷苦果，淚眼旁觀，我覺察他已漸漸不能控制感情的氾濫。

　　兩人之間的事情，是外人說不清的，即便是先後成為徐悲鴻夫人的兩位，不管是廖靜文如何替徐悲鴻洗刷此中的「流言」，還是蔣碧微如何舉例「徐先生」的「鄭重承諾」是如何的靠不住，都是從各自的角度「還原」各自眼裏所希望讓大家看到的徐悲鴻。現在有了徐悲鴻自己的書信，白紙黑色，是最好的證據。

　　儘管孫多慈對藝術有著執著的追求，學習勤奮，天分也很高。但1935 年中華書局之所以出版《孫多慈素描集》，這應該說要歸功於徐悲鴻的幕後「推手」。在《中華書局收藏現代名人書信手跡》裏收錄有徐悲鴻給中華書局總編輯舒新城的書札三十四封，信中涉及孫多慈處，達十餘封。孫多慈 1935 年夏天畢業。畢業前，孫多慈忙於畢業創作，考慮就業去向。徐悲鴻想為她申請比利時的庚子賠款出國深造，

為便於申請，請舒新城在中華書局為孫多慈出版一本素描集，為了此
書的出版，徐悲鴻可以說是不遺餘力，多次致信舒新城：

> 新城吾兄惠鑒：
>
> 　　前承允為慈刊集，感荷無量。知真賞不必自我，而公道猶
> 在人間。庶幾弟與慈之誠得大白於天下也。茲囑其攜稿奉教，乞
> 予指示一切！彼毫無經驗，惟祈足下代辦妥善，不勝拜謝。此頌
> 日祉
>
> 弟悲鴻頓首
三月十五日

> 新城吾兄惠鑒：
>
> 　　慈返，已為弟道及見兄情形。承兄為作序，深致感謝。慈
> 所寫各幅，已經弟選過。獅最難寫，兩幅乞皆刊入。孩子心理，
> 欲早觀厥成。彼聞足下言：「徐先生的東西一擱兩三年」，大為
> 心悸，特請弟轉懇足下早日付印，愈速愈好。想吾兄好人做到
> 底，既拘慈情，亦看弟面，三日出書，五日發行，尊意如何，
> 至於捉刀一節，弟意不必，蓋文如兄，自然另有一種說法（一
> 定是一篇情文並茂之好文章），比弟老生常談之為愈，亦願趕快
> 寫出為禱！此舉乃大慈大悲之新城，池中有白花，其光芒應被
> 全世界。樣本等等，乞直寄中央大學孫多慈女士收為禱！敬候
> 撰祺
>
> 弟悲鴻頓首
四月十一日

　　宗白華介紹，孫多慈「畫獅數幅，據說是在南京馬戲場生平第一
次見獅的速寫。線紋雄秀，表出獅的體積與氣魄，真氣逼人而有相外
之味」。

　　為孫多慈畫冊出版，徐悲鴻與舒新城之間的通信，在《徐悲鴻年譜長編》（王震編著，上海畫報出版社 2006 年版）中有詳細的陳列：

　　3 月 15 日（二月十一日）致舒新城一函，託舒先生為孫多慈出一畫集。

　　4 月 2 日（二月二十九日）致舒新城一函，託舒先生為孫多慈出一畫集，並附致孫一函（此時孫多慈仍在上海）。孫為悲鴻最得意之學生，且苦戀甚久。以格於閫威，不敢有所澮。此信雖言別事，但其癡情仍流露於字裏行間。致舒之函竟將四月二日，誤寫為四月三十二日。

　　4 月 11 日（三月初九日）致舒新城一函，乃為孫多慈畫集事……

　　4 月 12 日（三月初十日）為孫多慈畫集事，致舒新城一函。

　　6 月份，徐悲鴻為孫多慈出版畫集事先後發了三封信，其中第一封只落了月份，沒有落具體日期——

　　新城吾兄惠鑒：

　　　　慈集能速趕，最所切盼！因此事關係其求學前途，弟初意倘在此時畫集印成，便分贈中比兩方委員（本月開會決定下年度派赴比國學生名額），弟雖已分頭接洽，但終不如示以實物堅其信念也。慈不日即返安慶，囑弟代辦一切，還懇足下飭人趕工，做成（兩份），寄南京中山路 247 號文藝俱樂部華林先生收為感，愈速愈好！因弟月底遲至下月初亦將去此，畫範非俟心定不能編，但在下月必能奉繳不誤，因去此便有希望。敬頌
　　　　署祺

　　　　　　　　　　　　　　　　　　　弟悲鴻頓首
　　　　　　　　　　　　　　　　　　　一九三五年六月
　　　　　　　　　　　　　　　　　　　濟群姊同此
　　　　　　　　　　　　　　　畫集、拙集亦祈印出三四兩冊。
　　　　　　　　　　　　　　又描集序文將重書，重版時見告，弟將寄上。

據舒新城日記，6 月 23 日，徐又加急過來一件信函，在信中，他的情緒有些悲觀，其中激動處，有「其集請速趕出，成其大業，弟稽首求肯，望兄允之」。

兩天後，又一封為孫多慈畫集寄舒新城的信函，從南京發出：

> 新城吾兄：
>
> 　　當然我不能代兄寫一個東西，不過勾引兄的文章而已，我那楔子，兄把他變成白話，補充尊見二十行便是妙文。拙作慈之小像，當年未曾加入弟之描集者，即作為慈集第二頁，第一頁慈自寫（五色印者），然後第三第四其父母像。請速印（精印五十冊）成，裝訂十冊，交滄州路十四號謝壽康先生。請他分贈比國委員（不必等我編定，慈將此事交我代辦，兄先為她訂十冊應用，定本等弟編寄次第），拜禱。此頌
>
> 　　暑祺
>
> 弟悲鴻頓首
六月二十五日

信中「代兄寫一個東西」的「東西」，指的仍是《孫多慈素描集》的序言。雖然舒新城沒有回絕，但也沒有應承，徐悲鴻自己動筆寫了篇短文，對孫多慈的藝術追求，給予了極高的肯定，他的目的是「拋磚引玉」，最終還是想舒新城執筆完成，並提出建議。

最後，是由另一位徐悲鴻的好友美學家宗白華為《孫多慈素描集》作序。系因為徐悲鴻見舒新城遲遲不給回話，而孫多慈畫集出版在即，便找到了同在中央大學任教的美學教授宗白華。

宗白華的序言對孫多慈藝術的評價，實在超出了孫多慈的水平：

> 西畫素描與中畫的白描及水墨法，擺脫了彩色的紛華燦爛，輕裝簡從，直接把握物的輪廓、物的動態、物的靈魂。畫家的眼、

手、心與造物面對面肉搏。物象在此啟示它的真形，畫家在此流露他的手法與個性。

抽象線紋，不存於物，不存於心，卻能以它的勻整、流動、迴環、曲折，表達萬物的體積、形態與生命；更能憑藉它的節奏、速度、剛柔、明暗，有如弦上的音，舞中的態，寫出心情的靈境而探入物體的詩魂。

所以中國畫自始至終以線為主。張彥遠《歷代名畫記》上說：「無線者非畫也。」這句話何其爽直而肯定！西洋畫的素描則自彌賽朗克羅（Michelangelo）、文西（Lionardo da Vinci）、拉飛爾（Raffael）、倫伯蘭德（Rembrandt）以來，不惟系油畫的基礎工作，畫家與物象第一次會晤交接的產兒，且以其親切地表示畫家「藝術心靈的探險史」，與造物肉搏時的悲劇與光榮的勝利，使我們直接窺見藝人心物交融的靈感剎那，驚天動地的非常際會。其歷史的價值與心理的趣味有時超過完成的油畫。（近代素描亦已成為獨立的藝術）

然而中、西線畫之觀照物象與表現物象的方式、技法，有著歷史上傳統的差別：西畫線條是撫摩著肉體，顯露著凹凸，體貼輪廓以把握堅固的實體感覺；中畫則以飄灑流暢的線紋，筆酣墨飽，自由組織（彷彿音樂的製曲），暗示物象的骨格、氣勢與動向。顧愷之是中國線畫的祖師（雖然他更淵源於古代銅器線紋及漢畫），唐代吳道子是中國線畫的創造天才與集大成者，他的畫法所謂「吳帶當風」，可以想見其線紋的動盪自由、超象而取勢。其筆法不暇作形體實象的描摹，而以表現動力氣韻為主。然而北齊時（西元五五〇──五七七年）曹國（屬土耳其斯坦）畫家曹仲達以西域作風畫人物，號稱「曹衣出水」，可以想見其衣紋垂直貼附肉體，顯露凹凸，有如希臘出浴女

像。此為中國線畫之受外域影響者。後來宋、元花鳥畫以純淨優美的曲線，寫花鳥的體態輪廓，高貴圓滿，表示最深意味的立體感。以線示體，於此已見高峰。

但唐代王維以後，水墨渲淡一派興起；以墨氣表達骨氣，以墨彩暗示色彩。雖同樣以抽象筆墨追尋造化，在西洋亦屬於素描之一種，然重墨輕筆之沒骨畫法，亦系間接接受印度傳來暈染法之影響。故中國線描、水墨兩大畫系雖淵源不同，而其精神在以抽象的筆墨超象立形，依形造境，因境傳神，達於心物交融、形神互映的境界，則為一致。西畫裏所謂素描，在中畫正是本色。

素描的價值在直接取相，眼、手、心相應以與造物肉搏，而其精神則又在以富於暗示力的線文或墨彩表出具體的形神。故一切造形藝術的復興，當以素描為起點；素描是返於「自然」，返於「自心」，返於「直接」，返於「真」，更是返於純淨無欺。法國大畫家盎格瑞（Ingres）說：「素描者，藝之貞也。」

中國的素描──線描與水墨──本為唐宋繪畫的偉大創造，光彩燦爛，照耀百世，然宋元以後逐漸流為僵化的格式。陳陳相因，失卻素描的原始靈魂──物的真形與心的神韻。繪藝衰落，自不待言。

孫多慈女士天資敏悟，好學不倦，是真能以藝術為生命為靈魂者。所以落筆有韻，取象不惑；好像前生與造化有約，一經睹面，即能會心於體態意趣之間，不惟觀察精確，更能表現有味。素描之造詣尤深。畫獅數幅，據說是在南京馬戲場生平第一次見獅的速寫。線紋雄秀，表出獅的體積與氣魄；真氣逼人而有相外之味。最近又嘗以中國紙筆寫肖像，落墨不多，全以墨彩分明暗凹凸；以西畫的立體實感含詠於中畫的水暈墨章中，質

實而空靈，別開生面。引中畫更近於自然，恢復踏實的形體感，未嘗不是中畫發展的一條新路。

此外各幅都能表示作者觀察敏銳，筆法堅實，清新之氣，撲人眉宇；覽者自知，茲不一一分析。中華書局特為刊印出版。寫此短論，聊當介紹。

宗白華

二十四年五月八日於南京

當年徐悲鴻為了答謝宗白華，就將他畫的一幅孫多慈的素描像送給了宗白華。宗白華一直保存在身邊。六十多年過去了，在宗白華去世後，此畫才由他的後人出售了。

肆

徐孫之戀，後來結束於孫多慈父母的干涉。儘管徐悲鴻為了表達對孫多慈的感情和決心曾離家出走，遠赴桂林，甚至於在 1936 年 7 月 31 日在廣西登報聲明與蔣女士「永久脫離同居關係」。但最終兩人還是沒能走到一起。1939 年 8 月，孫多慈還在給徐悲鴻的一封信中表達了自己的後悔之心以及對徐悲鴻的思念之情。其中有一句大意是：「我後悔當日因為父母的反對，沒有勇氣和你結婚，但我相信今生今世總會再看到我的悲鴻。」孫多慈 1940 年前後在浙江麗水嫁給了許紹棣，許是孫的父親的上司。當時年過不惑的許喪偶不久，膝下還有三個兒女。在孫多慈結婚前，與徐之間結束後，恐怕還有別的波折，在徐悲鴻當年的好朋友詩人、東方藝術史家常任俠晚年寫給朋友的書信裏有如此敘述：

銘竹兄如晤：

收到手翰，捧讀數過，如聞天末吉音，乘雲而至。小楷勁健，不減當年，想仍健康如昔。自 1938 年長沙一別，即無音

息。手邊尚保存多慈為兄畫像照片，紙已變黃，未能翻印奉上。聞多慈已逝世。近將所存照片發表，為弟與同遊天心閣所攝，多慈欲委身相從，如紫曼之與千帆，乃赴武漢經營住所，欲接其前往，而美人一去，竟各人天，至今思之，泫然欲泣。……

此信是常任俠於 1981 年 1 月 26 日寫給老友汪銘竹的。汪銘竹是當年與常任俠一起組織詩社「土星筆會」的朋友，1949 年後去了臺灣。紫曼千帆是指程千帆夫婦。（此信收入大象出版社 2008 年 12 月出版的《常任俠書信集》中。）到了 1989 年，常任俠還寫下了這樣一首詩（〈返京飛機途中忽念孫多慈〉）：「多才多藝禍何多，四十年來一瞬過。重到天心閣上望，更從何處覓湘娥。」在詩後還寫有「題解」：「多慈與我相愛，未能攜赴武漢，乃為奸人出賣，抑鬱而死，四十年矣。重閱為其在長沙天心閣所攝照片，惘然念之。」1990 年，常任俠又作過一首〈愛晚亭詩為孫多慈作〉：「愛晚亭邊楓葉丹，清遊攜手憶從前。只今白首情無盡，來看嶽麓雨後山。」（《常任俠文集》第五卷，293 頁）

伍

如果說 1939 年 5 月徐悲鴻從新加坡寫給孫多慈的信證明了他們之間的戀情，在同一時期，他還有一封同樣寫自新加坡的信，卻成了一件涉及徐悲鴻是否參與對一幅古畫的造假問題中的證據。這就是時過半個多世紀後圍繞《溪岸圖》引起的爭論。

關於《溪岸圖》的爭論，簡直可以寫成一部偵探小說——

《溪岸圖》現藏美國大都會博物館，被認為是中國早期山水畫作品中縱幅最長的，作者落款是董源，關於其真偽，在海外爭議很大，1998 年在海外爆發了一場爭論，一方將此畫斷為北宋的作品，是大畫家董源為宮廷繪製的一幅具有象徵意義的屏風畫。另一方則以美國人高居翰為首，將此畫斷為二十世紀的畫家張大千的偽作，尤其是張大

千作偽的過程得到了徐悲鴻的幫助。關於此畫真偽顯然不是我所要說的，我想說的是，在相關此畫真偽的爭論中所顯現出來的糾纏於此問題上的關於人和畫的故事：

1938 年，徐悲鴻在廣西陽朔獲得了《溪岸圖》，不久張大千到桂林拜訪徐悲鴻的時候看到了此圖，被此圖所吸引。於是，徐悲鴻答應張攜此圖到四川進行「研究和鑒定」。徐在其後寫給一位孫先生（據查不是孫多慈）的短信中簡單敘述了這些經歷（此信在半個世紀後由丁羲元寫文披露）。

1944 年，徐悲鴻同意用《溪岸圖》交換一件張大千藏的清代金農的《風雨歸舟圖》，並於 1950 年在《風雨歸舟圖》上題跋：

> 此乃中國古畫中奇跡之一，平生所見，若范中立溪山行旅圖、宋人雪景、周東村北溟圖，與此幅可謂世界所藏中國山水畫中四支柱。古今雖豔稱荊關董巨，荊董畫世界尚有之，巨然卓卓，俱難當吾選也。一九三八年秋，大千由桂林攜吾畫董源巨幀去。一九四四年春，吾居重慶，大千知吾愛其藏中精品冬心此幅，遂託目寒贈吾。吾亦欣然，因吾以畫重，不計名字也。

徐悲鴻此舉，他的學生楊先讓寫道：「我們從中看到的是重友情重藝術，而輕金錢價值的徐悲鴻。他永遠是一個熱情而誠實的藝術家，而不是交易裏手。」但在高居翰眼裏，這只是徐悲鴻參與張大千造假的一個過程：「在這篇題詞中，徐悲鴻用一種令人懷疑的不自然的方式來確證前文提到的他所寫的信裏的內容。」

至於徐悲鴻為何要參與此畫的造假呢？有人說是因為當時徐悲鴻正在和蔣碧微鬧離婚以和廖靜文結婚（1942 年底徐悲鴻在桂林遇到了比他小二十多歲的湖南年青姑娘廖靜文），蔣碧微最後提出的條件是：徐悲鴻收藏的古畫五十幅，徐悲鴻自己的作品一百幅，錢一百萬，兒女撫養費各兩萬。徐悲鴻當時雖然是最高一級的教授，月薪也還是不到兩萬。為了順利離婚，徐悲鴻日夜做畫。當時的徐急需一筆鉅款（到 1945

年底，徐蔣二人才正式簽署了離婚協定。徐悲鴻帶來一百萬元和一百幅自己的畫及五十幅他收藏的古畫，還將一幅油畫《琴課》送給蔣——此畫是描繪她在巴黎練習小提琴時畫的。之後不久，徐悲鴻和廖靜文在重慶舉行了婚禮）。譬如日本人古原宏伸，他的〈《溪岸圖》在近代流傳中的十個疑點〉一文也詳細討論了此畫是張大千偽作的根據，尤其是徐悲鴻出於當時的處境極有可能參與了這次作偽事件：無論在中國國內還是在海外，徐悲鴻都被認為是愛國的、道德高尚的、善良的畫家。所以，從表面上看來，令人實在難以相信他會參與偽造《溪岸圖》。但是，徐悲鴻當時身處的環境也許會迫使他與張大千合作演出這樣一幕。因為籌措到一百萬元鉅款在當時不是一件容易的事情，在此過程中張大千幫助了徐悲鴻，因此才有了後來徐悲鴻題寫在金農畫軸上的那段題跋。

對這種說法，高居翰並不認同，儘管他認為徐悲鴻參與了張大千的造假過程。高居翰對此的解釋是：徐悲鴻與張大千相識多年（張大千1934～1936年被徐悲鴻聘為南京大學教授），徐做此事可能完全出於他們之間的老交情。儘管高居翰自己也承認「沒有相關的文件記載下徐悲鴻是否真的幫助過張大千製造《溪岸圖》的歷史，但我相信他這樣做了，而且在當時那樣做是很普通的事，他自己也不認為有什麼不對。」張居翰還給出了當年張大千、吳湖帆、謝稚柳、溥儒等人集體造假的常態，「王己千曾告訴我說（在另外的場合），這些人經常以這樣方式『互相幫助』，把他們的名字署在假造的作品上面，以增加它的可信度。」

王己千把張大千和朋友們如何造假的秘密告訴了高居翰，也正是他在1968年以十二幅自己收藏的明清書畫和張大千換了這幅《溪岸圖》。

高居翰是從當事人和事後的證明人及徐悲鴻的書信的發掘人等的言論中來找尋破綻的，關於這些疑問和置疑不是我在此要談論的，我想說的是，不管真偽如何，徐悲鴻當年的這封關於《溪岸圖》的書信，在半個多世紀後並沒有給此畫的真偽增加有力的證據，相反，卻讓高居翰從中找出了更多的破綻。對於證明為真的一方來說，徐悲鴻的這封信是確鑿的證據，對於判斷為假的一方來說，徐的這封信也是徐為

幫助張而假造的。看高居翰的〈對《溪岸圖》的十四點質疑〉如同讀一篇邏輯推理清晰的偵探小說。譬如：

> 就徐悲鴻來說，《溪岸圖》突然在他的收藏中冒了出來，旋即又被張大千帶走，它在徐氏記憶裏的驚鴻一瞥似乎只能夠在幾個月以後的一封短信和很久之後的另一幅畫的題詞中留下些許痕跡。

> 徐悲鴻說，1944 年春天，張大千是託他同父異母的弟弟張目寒把金農的畫帶到重慶給他的，這與謝稚柳告訴丁羲元的不一樣，謝氏說當時的中間人是他自己。照理說，徐悲鴻和謝稚柳都不會忘記這麼關鍵的事情，所以惟一的解釋是，他們沒有串好謊言。

1997 年 5 月，《溪岸圖》在美國大都會博物館展出，丁羲元說：回顧六十年來關於《溪岸圖》激烈爭論的歷史，他禁不住淚沾衣襟，更感慨這是「一個空前的勝利」。但是，正因為此畫的展出，更引起了更大的爭議和風波。關於這些爭論和探討，2003 年 10 月上海書畫出版社的《朵雲》第五十八集出了專集《解讀〈溪岸圖〉》，收入了正反兩方面關於此畫真偽和藝術特色的文章，說實話，讀完此書，質疑一方的文章更能打動我，譬如古原宏伸和高居翰的質疑和推論。2009 年秋天丁羲元先生來青島時，我曾就此問題問他，丁先生笑說：起初高居翰他們說此畫是假的，並說徐悲鴻參與了此事，後來我在日本偶然發現了徐先生當年寫的那封信，我就據實披露出來，結果他又說這封信也是假的，而且說我也參與了造假。這就沒法說了。說完，丁先生哈哈大笑起來。丁先生和高居翰認識，在丁先生的詩集裏，有他當年寫給高居翰的詩，說明兩人的交往和友情。但在《溪岸圖》的爭論中，兩人的觀點南轅北轍，而且在高居翰的行文中，對丁先生也語帶不屑，這也是沒有辦法的事情。

相關書目

《徐悲鴻》，楊先讓著，文化藝術出版社 2002 年版。

《解讀〈溪岸圖〉》，盧輔聖主編，上海書畫出版社 2003 年版。

《徐悲鴻一生》，廖靜文著，中國青年出版社 1984 年版。

《我與悲鴻》，蔣碧微著，灘江出版社 2008 年版。

《孫多慈與徐悲鴻愛情畫傳》，張健初著，江蘇文藝出版社 2008 年版。

蕭乾

旅人的晚年

壹

牛漢的《我仍在苦苦跋涉》（三聯書店 2008 年版）是近年來我讀到的一本非常可貴的回憶錄，他的坦誠和直率在同時代人的回憶裏是少見的，譬如：《臧克家詩選》在馮雪峰當人文社社長時，選了薄薄一本，用當時的副牌作家出版社的名義出版。後來臧克家又補充許多新詩送人文社，希望用人文社的名義出版。馮雪峰當著牛漢的面，把送來的詩選稿一下扔到地上：「他算什麼詩人！這就夠多了。」牛漢撿起來，第二天勸馮不要這麼衝動，不該發火。馮認為臧沒有真正的詩，臧只有在青島上大學時寫的幾首詩好。

在牛漢眼裏，馮雪峰很重感情、很倔強，有時固執衝動。在人文社編譯所時，牛漢和雪峰共用一張辦公桌，彼此相知很深。馮是參加過長征的人，有一段時間跟毛澤東的關係很近，馮跟牛漢聊瑞金，聊長征，說打下遵義，遵義會議後，毛很高興，送了馮兩條煙，還有茶葉。1938 年上海版三卷本的《魯迅選集》，馮特意送給毛，但毛並不認真看。毛 1942 年「在延安文藝座談會上的講話」不提魯迅的人道主義、人權……毛認為根據地思想已統一了，應以毛澤東思想為主導。當時劉少奇已宣揚毛澤東思想，但國統區的文化人對共產黨、毛澤東卻不瞭解。為了政治需要，國統區要有一個眾望所歸，可以號召輿論的人，能團結大家的人，這才根據革命的需要選上了魯迅，樹立魯迅。

馮不是一次，而是多次和牛漢談這個話題，「他看得清楚，他有事實作
根據。」

以前讀《丁玲散文集》（人民文學出版社 1980 年版）曾記下了一
句話，是丁玲對陳明說：她最紀念的是胡也頻，最懷念的是馮雪峰。
當時曾困惑「紀念」和「懷念」的不同，一個是丈夫，一個是革命戰
友，但隱約覺得似乎在感情上丁玲更傾向於雪峰。這在牛漢的回憶裏
得到了「佐證」：在二十年代末，馮和丁玲在杭州同居過半年，最終分
手的原因是為了馮有妻子兒女。後來丁玲去延安，是作為上海地下黨
的負責人的馮雪峰派聶紺弩護送去的。

牛漢在八十年代所做的兩件事今日看非常有價值：一是編《新文
學史料》，二是編《中國》。牛漢很自豪地說，他編的兩個刊物都不執
行為政治服務的方針，只登作家的好作品。編刊不做違心的事。前者
是為現代文學留下了珍貴的當事人的回憶，而且回憶者不僅僅局限在
「左翼」文學。後者刊載了許多「先鋒」派的作品，譬如北島、舒婷、
楊煉、殘雪等的作品。儘管後者僅僅存在了兩年，而且是在丁玲的「旗
幟」下，用當時中國作協的某些人士所說：牛漢「進錯了門」。牛漢對
丁的評價很高，另外他對嚴文井的評價也不低：說晚年的嚴文井大徹
大悟，如果沒有嚴文井，《新文學史料》很難辦，辦了也難辦好。」
嚴文井晚年不參加任何活動，周揚死了，牛漢去八寶山送別周（之前
周的兒子到牛漢家懇請牛漢務必參加其父的告別儀式），嚴看到了報紙
上刊載的消息，打電話給牛，質問牛漢怎麼去了？嚴說：「周揚當面會
痛哭流涕，第二天照樣整你，在延安就這樣。」

牛漢編《新文學史料》時請樓適夷和蕭乾當顧問，在牛漢眼裏蕭
乾確實有學問，《新文學史料》原擬名《新文學資料》，蕭說這名字不
好，把「資料」改成了「史料」。一字之改，顯出了蕭的眼光。對於人
文社的老領導樓適夷，牛漢的評價非常一般：樓適夷很少寫東西，其
一生的作品（創作和翻譯）基本上沒有可留下的東西。在批馮雪峰的
會上卻那麼激烈，罵馮雪峰「你吃魯迅」！牛漢說後來沒見過樓對此

做過檢討。(三聯書店 1984 年曾出過一本樓適夷的《話雨錄》,內有〈詩人馮雪峰〉、〈雪峰啊雪峰〉等文,通篇洋溢著五十年友情的知心之語,只是在一篇駁夏衍的長文〈為了忘卻,為了團結〉中解釋了自己當年在批馮的大會上何以「大哭」……)

「我仍在苦苦跋涉」,八十多歲的詩人牛漢說,「我和我的詩所以這麼頑強地活著,絕不是為了咀嚼痛苦,更不是為了對歷史進行報復。我的詩只是讓歷史清醒地從災難中走出來。」牛漢的詩我讀得不多,也就是《白色花》中寥寥的幾首,也不會再去找他的詩讀。但這本由他口述別人記錄的《我仍在苦苦跋涉》很難讓我淡忘:他的擔當,他的坦誠,他的磊落,他寧折不彎的脊樑。再就是,他所講述的那些人和事……

在牛漢的回憶裏,最讓我震驚的是他關於蕭乾的描寫。在 1980 年代初,當時還是一個中學生的我,對中國現代文學的閱讀,除了魯迅外,有兩個人是我最喜愛的,或者說我當時讀到的書裏這兩個人的兩本書對我影響最大,一個是沈從文,一個是蕭乾。一本湖南人民版的《沈從文散文選》和一本人民文學版的《蕭乾散文特寫選》,這兩本書給我的影響是深遠的,也決定了我的閱讀興趣。尤其書中的《從文自傳》和蕭乾的《未帶地圖的旅人》,簡直是愛不釋手。二十多年過去了,我的藏書中,中國現代作家中,除了魯迅和周作人外,沈從文和蕭乾的書仍然是我收集最全的,各種版本,以至身後的《全集》之類。

牛漢回憶裏的蕭乾描繪出了蕭乾的另一面,也讓我想起沈從文在寫給張兆和的家書裏的話,大意是蕭乾自私,只為自己想,一個例證就是對王樹藏的行為。王樹藏是蕭的前妻,當年是蕭拋棄了她,也就是蕭乾後來所說終生負疚的「小樹葉」。牛漢說,「文革」前他與蕭乾同在人文社編譯所,蕭乾愛打小報告,複寫四五份:造反派群眾組織兩份,人事處一份,樓適夷一份,自己留一份。「文革」中人事檔案公開,蕭的小報告展現在大家面前,大家氣得不行。在蕭的小報告裏,關於牛漢的有十四處,用牛漢的話說,盡是胡說,根據聊天材料瞎編

的，給胡喬木也打小報告。編譯所自發開了蕭的批鬥會，蕭乾說：「我是老記者，技癢，不寫不成哪……」

蕭乾晚年在他的回憶裏對「文革」時期自己的遭遇有詳細的回憶，但卻沒寫因自己打小報告而被同仁自發批鬥的事情。這樣的事情不寫也可以理解，但有一件事情蕭的文章裏也沒有記錄過，至少在我讀的蕭乾的回憶錄裏沒有提及：牛漢對他有救命之恩。「蕭乾的人緣很不好。」但蕭遇難的時候，牛漢還是搭救了他。那是 1966 年夏，軍宣隊進駐出版社不久，帶全社的人到潮白河游泳，蕭乾陷在一個拐彎地方的旋渦中，眼看就下沉了。牛漢用自由泳快速從後面推他出去。事後，有人埋怨牛漢不該救他。後來，蕭乾送書給牛漢，都寫上「感謝你救我一命之恩」的話。

貳

嚴文井在 1991 年曾寫過一篇〈關於蕭乾的點滴〉，說「蕭乾一生，算總賬還是幸運的」。作為蕭乾的老友，嚴文井此言是客觀的。晚年的蕭乾，作為中央文史館館長，其得到政府的禮遇，與他同時代的許多作家相比，可以說是很幸運的。對此他自己也是很清醒的，他在 1997 年 12 月 14 日寫給巴金的信裏也說：晚年當了中央文史館館長，雖不需要做什麼工作，但能使他減少失落感，覺得自己還有點用處。

嚴文井之所以說蕭乾一生算總賬還是幸運的，是因為在他的眼裏，蕭乾既坎坷，又成功；既倒過大霉，又大顯過神通；摔倒過一兩次，總是重新站起來，精神從不沮喪。說他「土」，他很「土」；說他「洋」，他很「洋」；是個「土洋結合」的「中國大專家」。他自己寫的回憶錄，別人寫的「蕭乾研究」專著，裏面都大有學問。嚴文井總結的蕭乾可以說是知人之論。

做為讀者，我喜歡讀蕭乾的回憶文章勝過他的創作，蕭乾的小說，除了帶有回憶色彩的《夢之谷》外，我幾乎沒什麼印象了，但他「文

革」後寫的那些回憶文章譬如《一本褪色的相冊》、〈未帶地圖的旅人〉等，至今印象清晰。晚年的蕭乾除了寫回憶錄（雜感隨筆）和翻譯外，再就是勤於寫信，在湖北人民出版社 2005 年出版的《蕭乾全集》中，第七卷也就是最後一卷是書信卷，幾乎都是他晚年寫的書信。在他的書信裏能更真實的看到他對自己的剖析和生活的態度，尤其是 1970 年代末「文革」剛結束時，蕭乾和他的友人們剛剛從「文革」的災難中走出，有的已恢復了主流身份，如巴金；有的如新出土的「文物」被逐漸關注，如沈從文。其實蕭乾自己，又何嘗不是被「重新」發現？

　　1970 年代末蕭乾與巴金的通信非常密切，其中一個主要內容就是關於他的住房。為了住房問題，他與亦師亦友的沈從文絕交，傅光明對此事曾如此描述：1972 年，沈從文從湖北咸寧幹校回到北京不久，蕭乾去看他，見他一人住在一間房裏，而夫人和孩子住在另一條胡同裏，中間隔得很遠，生活極不方便，就想通過朋友找到歷史博物館的領導，爭取給沈從文一家解決住房上的困難。後來事情沒有辦成，蕭乾很覺過意不去，就把事情經過告訴了沈夫人張兆和。不想沈從文得知此事後，極為不高興，當即給蕭寫了一封措辭嚴厲的信，指責他多管閒事。有一天在路上，兩人相遇，蕭還想解釋，沈劈頭一句：「你知不知道我正在申請入黨？房子的事你少管，我的政治前途你負得了責嗎？」為房子事，沈寫了數封責罵蕭的信，兩人由此絕交。關於此事，蕭乾在 1992 年 2 月 15 日寫給李輝的信裏如此說：「關於我為沈從文家跑房未成功，過一年挨他罵事，有便你可問問張兆和三姐。她是世界上惟一讀過那兩封罵我信的人。問問沈究竟為什麼那樣生氣，我們二人之決裂，確實是一大不幸。我這方面是隱忍到了極點。五七年批我的會上，他把我幫 Allan 編《Chian In Brief》與『帝國主義勾結』，我也未在意。六一年返京還即去看他。」（在「文革」後期，尤其到了臨近尾聲時期，蕭乾和沈從文儘管處境困難，尤其是住房緊張，但他們都已在各自的工作中逐步找回自己的生活，譬如蕭乾在 1976 年 4 月 1 日寫給老友劉德偉的信裏，先是介紹自己的情況，並談到如何對待自

己的年齡和生活，「即便住的屋子黑，心裏卻是亮的。」並說自己本來什麼病也沒有，1969年下幹校，當時他已六十了，卻還同二三十歲的壯老力拼，然而逞能逞壞了。結果心臟出了毛病，胸部總堵得慌，七十三歲回北京，最初閒著，結果越病越厲害。1973年7月開始參加翻譯美國小說《戰爭風雲》，漸漸好了起來，還參加為毛主席趕譯《拿破崙論》，「在三天半之內，完成二萬多字，而且是哲理文章，每天工作十小時以上。」之所以能如此，是因為他經常去看幾位七十五歲以上甚至八十以上的老人，「如沈從文，他也是一身病，而且生活上，一個人住一小間，愛人離他隔幾條胡同，每日三餐得去那邊吃，自己照顧自己。我認為是十分『慘』了，但他一點不在乎。他目前正在寫中國服裝史，共四大卷，每卷約二十五萬字。剛完成第一卷，還差三卷呢……」

　　其實，那個階段，蕭乾也在為自己的房子奔波。「文革」結束後，恢復身份的巴金曾為了沈從文和蕭乾的住房問題多方設法和呼籲。蕭乾在1977年3月10日寫給巴金的信裏說，「房子這個主要矛盾經你這麼一促，估計會快一些的。」但在3月13日的信裏，蕭乾緊接著向巴金求救：

　　　前信想已收到。我真不願你為我這個房子問題分心，可是不幸，這幾天發生了極不利的變化，不但已答應給的房子不給了，而且還要把我們這個問題推出出版局範圍之外，說要我們去找市革委會落實政策辦公室，也即是退回到1973年狀態，也不知道什麼人在中間作梗。我為此急得已犯了病。同潔若商量了兩天，最後，我們想，既然你那麼關心我們這件事，又已同王匡同志談了，他的表示又是那麼好，如果這麼就認了，太可惜太冤枉。所以就由潔若出面給你寫了這封信。你可否附一封懇託的信轉給王匡同志？原來分給我們的那套房子可能還沒被搶去，如果王匡同志過問一下，也許還有可能給我們。那，

這個主要矛盾解決後，我們的工作、學習、生活就大大改觀了。當然，我們不瞭解你同王匡同志的交情可不可這樣做。如果你感到把文潔若的信轉去為難，或者就請你再書面懇託一下吧，不過請告訴他，確實中途出現了阻力，出現了複雜情況。很抱歉給你添這麼多麻煩。我也真是出於不得已，餘再談吧。

此信中提到的王匡是當時的出版局局長，蕭乾當時身份仍是人民文學出版社的人，但正被商務印書館「借調」，王匡是他所在單位上級管理部門的第一把手。從此信可讀出的內容很多，尤其是蕭乾與巴金的友誼，儘管為當年蕭乾拋棄「小樹葉」事，巴金不滿意蕭乾的做法，但事過境遷，到了晚年，巴金顯然也原諒了蕭乾，譬如巴金在 1977 年 10 月 19 日寫給蕭乾的信裏說：「信收到，看見你的字，彷彿見到你本人。我想起許多事情，也想起你過去所走的道路。以前的事不提了，我們大家都老了。雖然前邊的日子不太多，但還是應該向前看。我希望你：（一）保重身體；（二）譯兩部世界文學名著；（三）寫一部作品，小說或回憶都行。」這三件，蕭乾都做到了，儘管他做過腎手術，但在家人的照顧下（後來再加上良好的醫療條件），他晚年的身體沒大問題，可以說是善終。晚年的蕭乾在翻譯上也成果斐然，尤其是他最後與夫人合譯的《尤利西斯》更是一項大工程。他晚年寫了一部文學回憶錄《未帶地圖的旅人》。當時寫此信時的巴金，恐怕也沒想到 1980 年代的蕭乾會著作疊出，成為當代文壇上活躍的現代作家。巴金鼓勵他：「你有點才能，就不應該把它浪費掉。出書不出書無關係，寫出來總會對後代有貢獻。」

巴金「不斷地向上面反映情況」是有效果的，在 1978 年 1 月 17 日巴金給蕭乾的信裏還說：他不久就要到北京，「當有暢談的機會」，另外他見到王匡，會提蕭乾的房子的事。但畢竟北京的欠債太多，房子問題解決起來非常困難，1978 年 1 月 25 日蕭乾給巴金寫了一封長信，信裏談到他和夫人文潔若在「文革」中的遭遇以及他們的孩子的情況，談到近況，他說：

……我始終告訴家人，我們是小康局面。小康者，一、潔若年輕力壯，二、我身體、精神全未垮，仍能滿城騎車，還能一天趕譯五六千字。至於住處，四個人八米窄了，但潔若從 1973 年回京，一直白天辦公，晚上即睡機關八把椅子上，兒子一插隊，實際上只剩二人。最近出版局對我的住房問題也開始注意。北京住房問題，比全國任何地方都不好解決。小平同志講話中不是提童第周教授三代人住一間房，黃永玉兩小間全沒窗戶，艾青四人向人借住了一小間。前些日子，王震副總理親自批准發還他的住房（自置的），但至今落實不了，因為已住了幾家，每家都要求要比原來好才肯搬。今夏可能把三門（即崇文至宣武）的樓房建成，一百二十萬平方米，可能解決一些人。

聽說胡喬木同志目前十分注意沈從文的住房問題。學部已專向他打了報告，荒蕪已親見到那個報告，所以估計會得到解決，至於我的住房，我們已咬了五年多的牙，還可以咬下去的（我是城市貧民出身，潔若也在家道中落時過過苦的日子），所以請你放心。我們確實是小康局面，孩子們好，就好。

在寫此信之前的 1978 年 1 月 15 日，蕭乾寫給巴金的弟弟李濟生的長信裏，在結束時說：「最後說說我個人的工作，我目前借調『商務』，那邊很重用我，叫我審書等。但儘管我對國際政治有興趣，文學畢竟是我的本行。最近聽有人說胡喬木（學部負責人）談起我來，主要談房子如何窄，胡十分關心，問得很詳細。我想等房子解決（因出版局已把我的問題列為優先）後，我擬轉到學部去做些研究工作。明年即七十整了，得搞出點成品才好。」

1978 年 2 月 21 日，巴金到北京參加全國人大常委會，去後一安頓下來，第二天就給蕭乾去信，告訴蕭乾自己的住處和電話，最後還附加一句：「剛剛給王匡同志去了電話，他不在家。」在參加人大常委會期間，巴金於 3 月 1 日又寫信給蕭乾：「……寄在人大的信也看到了。

這幾天忙著開會，不便外出或接待客人，只好等會後見面暢談了。我打算會後留個四五天看朋友辦點私事。從文未見到，我也不會向他談你。但是我勸你看開一點，不要介意，不要為這種事花腦筋，想想過去，原諒他吧。」巴金在信裏就蕭乾和沈從文的絕交一事做出了自己的勸解，讓蕭乾「想想過去」，原諒沈從文。其實，那個階段，巴金也在為沈從文的房子問題上書呼籲。沈從文和蕭乾同樣也是巴金的老友，沈從文的房子問題也讓巴金一直惦記著。

此時的沈從文也已經恢復身份，正在參加政協五屆全國委員會的第一次會議，在 1978 年 3 月 13 日，會上的沈從文給當時尚在四川自貢的兒子沈虎雛夫婦寫了一封長信，談自己的近況和北京的情況，其時的沈從文顯然比蕭乾要從容的多，其中說道：

> 北京今年還將有大幾十種大小會待開，十八即開科學會議，五月間也許還要開什麼文化會議。各協均在醞釀恢復，所以巴老伯大致還將在此住幾天，他已成了忙人⋯⋯在相熟人中，我還像算得是比較精健，因為上下階梯還不必要人照料，許多十多年不見面的人，一見即還認識我，可見外表並未大變⋯⋯

> 工作有可能轉科學院⋯⋯一時還不能定。因為所有準備廿個工作，都重在普及，說不上什麼大不了的專。最有用大致還是舊的博物館系統同志。但館中對之似乎並不感興趣。只聞增加大幾百人，新近約四百人加入，其中首長即不下數十人，如副館長、處長、主任、科長、秘書⋯⋯位置都在我上頭，全不是搞業務的，研究工作實說不上。聽說每一事必經層層通過，不能直接和館長對談，新舊之間且不可免也會和別的機關相差不多的「明爭暗鬥」新事物發生。所以如房子事可望解決，而工作又有幫手，或許轉科學院例也省事。媽媽甚至於也贊同此設想。我還待和幾個熟人商酌一番，其中包括了政協秘書長齊燕銘。因為服裝部分是得他當時支援，總理同意，館中才給人工

作的。科學院社會科學部歸胡喬木，都比較好商量⋯⋯所以若當真還能做幾年工作，或許還是換個地方好一些，但決定以前，總得從各方面考慮到才是事。我能對付工作，可不能對付人事，一涉及人事的問題，即居於劣勢。

　　在此信中，沈從文還從過去說到了當下，如聽到某位從法國回來的教法文的先生說，法國中學的中文教師，必須考的四本中文書，若過關，就是終身教職，一本是《水滸》，一本是元明劇本，第三本忘記了，但第四本就是沈從文的小說集《春燈集》（選入《春》、《燈》等六個短篇小說）。「實在是意外事，萬不必和人說，因為這一類消息，照例在國內是理應封鎖的，決不會見於什麼消息（我若是黨員就不同了）⋯⋯」傳送這一消息給沈的是他的連襟周有光，照周的說法，這事對沈有好處，但沈自己不這樣看，他說：「我從各方面設想，卻只增加憂懼恐怖負擔，別無什麼意義。因為人若在國外，如此情形，則回來必大受歡迎。但人在國內，只能沉沉默默。」並以過去的經歷佐證：「在第二次文代會上，主席總理特別接見十二個作家時（我似乎在第三四，背後是杜鵬程），問我身體好些時勸我『再寫幾年小說』，我只好笑笑，表示感謝，不知如何答覆。」對於這樣「天大的面子」，沈從文當時回家後連家人也沒告訴，而仍是甘心情願的做博物館的「說明員」工作，「不想和長於當面捧場的一道嘻嘻哈哈的共事。」不過，「一切過去事已成過去，這卅年經過那麼多風風雨雨，一家人還能活著，也就夠幸運了。」對沈來說，若和許許多多老革命比，不少人都在人事變革中折磨而死，不少友好都關押了五、七、九年，受盡了獄中折磨，才在「四人幫」被打倒後放出。⋯⋯從這些歷史經驗來看，沈從文在信的最後總結說：「從這些瑣瑣人事看來，活下這三十幾年中，凡事恐只能希望免意外災難之臨，不大可能說是可以放手做事。能日子過得稍比過去平靜，把一切待收尾工作，在一個稍稍安定環境下，一一收尾，親自看到交卷或印出一部分，就是大好事！」

　　對比沈從文同時期寫給孩子的信，可瞭解那一時期蕭乾等人的思想，儘管「文革」結束，他們的身份和地位都在恢復中，但仍心有餘悸，不可能放手做事，而且所思所想，更多的考慮自己和家人的生活處境。尤其是住房，成了他們第一選擇。相比於他們，已成了「大忙人」的巴金顯然已超越了朋友們，存在決定意識，用在巴金在「文革」後新時期階段，也是可以驗證的。「文革」中巴金失去了夫人蕭珊，這一點他和沈從文、蕭乾不同，對他來說，遭遇不是「一家人還能活著」，而是家破人亡。他能率先開始「講真話」的《隨想錄》是有原因的。

　　巴金在 1978 年 3 月 15 日又給文潔若和蕭乾回信：「信收到，不用急，我相信你們的房子問題一定可以解決。我也要不斷地向上面反映情況。現在就照你們的意思，寫封信給王匡同志，並把潔若的信附去。這是正當的要求，不是講情走後門。我十八日回上海，這兩天科技大會的代表來了，這裏門禁又森嚴起來。你們也不必來找我。有事就寫信來吧。打電話也行。十七日我不會出門，還要料理一些事情。請保重身體。要冷靜。政策一定會落實，不管拖多久。」（《巴金書信集》人民文學出版社 1991 年 8 月版，409 頁）

　　到了 1978 年 6 月 1 日，蕭乾終於搬入了新家。之前在 1978 年 2 月 20 日，蕭乾給巴金弟弟李濟生的信裏說：「又告你一個好消息──並請代轉芾甘，即我不久即可搬入天壇的套房了。前天，出版局辦公室主任屠岸已通知我最近即可安排，在天壇南里，有暖氣煤氣。三間套房，地勢幽靜，適宜文字工作。」在搬家半個月後，蕭乾於 1978 年 6 月 19 日寫給李濟生的信說：「巴兄頑強地仗義地為我們住房事多番努力，終於落實了。6 月 1 日搬來後，家人精神面貌大改⋯⋯」（「文革」前。蕭乾的住房是很寬裕的，1976 年 8 月 27 日寫給友人劉德偉的信裏曾提到他們在 1962 年買了六間房，有三個小院子，一個種花，一個種菜、玉米，一個養雞，有很深的廊子。當然，在「文革」中，蕭乾一家被掃地出門。）

　　在 1983 年春，蕭乾的住房再次得到了改善，在 1983 年 2 月 11 日他寫給蕭鳳的信裏，告訴對方，他剛從新加坡回來，在忙搬家：「最

近組織上調整了我們的住房。日內即遷復興門外 21 樓二門 17～18 室……」此處住房是兩套（一個套三和一個套二居室）此處也成了蕭乾最後的歸宿。

叁

「文革」後，蕭乾在「待遇」上受到重視要稍晚於沈從文等人，在 1981 年 12 月 2 日，也有資格參加全國政協會的蕭乾給屬於「主席團」成員的巴金寫信，從此封信裏，可以看出，即便同參加政協會，作為一般委員的蕭乾，要想見上「主席團」裏的巴金，也非易事：蕭乾感歎他沒有帶望遠鏡，不能從人民大會堂的二樓上看到巴金。他一到會上就打聽主席團的住址，聽說在豐台，他就預感到這次會上見面恐有困難，尤其是車子不像他以為的那麼容易解決。「好在我們可以寫信，也可以通電話。我剛才給你打，確實不好打，總是占線。所以最可靠還是寫信吧。」這次出席政協會，蕭乾屬於「第三十三組」，是「國家特邀組」。當時安排他住在友誼賓館，和吳祖光住一套房間。他寫此信還是為了應上海《文匯月刊》的約稿寫巴金的文章〈摯友、益友和畏友巴金〉。為此文，他寫給巴金多封信，巴金也回覆他多次，這篇文章是蕭乾當時不多的描寫尚健在的老友的長文，當時他更多的是寫自己的回憶長文。在此信中他說，這篇文章經過幾位朋友的通讀，尤其是巴金本人的通讀，他感到放心了，並轉告巴金，薑德明信中認為蕭乾把巴金的人格、作人、寫作的態度都寫出來了。蕭乾自己說，他只是照直寫的。

巴金曾在給蕭乾的信裏說，1930 年代的老朋友，有三個人的才華是超過他的，這三個人就是沈從文、曹禺和蕭乾。巴金當時給他的信裏還勸告他不要再糾纏一些往事，要把才華和精力用到更有意義的寫作上去，譬如葉君健等在五十年代給他的謠言等（1980 年代初，蕭乾寫《「貓案」真相》等為自己辯白），對於巴金的勸告和評價，蕭乾 1985

年 9 月 12 日的回信說：器量問題他一定注意。至於「才華超過你，則萬萬不敢當。幸而我對自己有個清醒的估計。重版《夢之谷》前，潔若又發現了漏洞，我簡直不會組織。寫不成像你那樣人物眾多，各個生理和精神面貌不同，並能觸動萬眾青年心弦的巨著。說實在的，從文也只寫了《邊城》。不，你還是大師，我是小徒弟。」

在 1985 年 10 月 29 日蕭乾寫給巴金的信裏有如此一段：「聽黃永玉說，胡耀邦總書記批下，要為從文改善房子，又聽說，打算在崇文區一座特高級樓（專住革命遺孀的）中給他一套五間的。但看來還未落實。小龍小虎均在北京，小龍的兒子（從文的孫子）已上中學了。所以他晚景還不錯。」

至於說最後蕭乾是否原諒了沈從文呢，現在坊間的說法，是最後在李輝的撮合下，兩位老友和解了，本來說好等李輝從外地回京後，就陪同蕭乾到沈從文的家裏來看望已病重的沈從文，算是兩位老友冰釋前嫌的和解。但很不幸，未等到那天，沈從文就去世了。給這個故事留下了遺憾：兩位老友最後未能再相見。但從後來蕭乾給李輝的信裏看，蕭乾自己並不覺得遺憾，如 1994 年 5 月 24 日他在給李輝的信裏說：「香港文寄上，不知是何人所寫。我在五七年八月作協批判會上聽到沈說我早在三十年代就與美帝國主義勾結（指 China In Brief William Allan），我幾乎不相信我的耳朵。他藝術高，但從階級鬥爭中看到他的人品，並不高，我尤其看到他為《楊振聲文集》所寫的大批判式的序，心涼了大半！我並不後悔最後你的美好設計的失敗。我見了面真不該（說）什麼。只能向他表示當初（三十年代）沒齒難忘的恩。我對他失去了早年的尊敬。賣友求榮，落井下石，都是很難饒恕的。」在此信之前，1994 年 3 月 24 日，他在給李輝的信裏最後也提到了沈從文，說：「我還想有一天寫封我對沈從文認識的信。」在之後的 1994 年 6 月 2 日的信裏又說：「關於沈從文，此信我一定寫，也只寫給你。因為在他與丁玲之間的關係上，你持論公正，你不會懷成見。同時，你熟悉三十年代我們那一堆人。不但我將寫，而且楊振聲老師

的公子楊起也答應給我寫一信，內附 1979 年沈為《楊振聲文集》所寫的而未能用的序。」之所以此信遲遲未寫，是因為他當時的精力都集中在和文潔若合作翻譯《尤利西斯》。

肆

　　蕭乾在書信裏還是很真實的，與他公開出版的那些文章不同，他的反思也是深刻的，但這些言論大多留在他與朋友們的書信裏，而不是他的文章裏，譬如在 1994 年 3 月 24 日給李輝的信裏，他先談的是支援李輝仍堅持做文化積累的工作，並引出對當下現實的思考：

> 當前不少人急於丟掉筆桿下海時，你歸然不動，堅持你為文化積累而埋頭苦幹的方向，未來將會證明你做對了。哪個時期（當然也包括三十年代）都有埋頭苦幹和急功近利的。然而只有前者能長存——這有即是所謂不朽吧。

> 我非常贊成你抓大題材，而且持續下去，百折不撓。這方面可寫的太多了，幾乎每個運動都夠一本厚書。這些年有人花力氣去挖掘王實味、儲安平的「始末」了。做這種不那麼時髦的工作，一得有點俠義氣，二得有歷史感。應翻的案太多了，也就是說，受冤枉的人太多了。（我一有機會就提提張志新和遇羅克）我在夢境中常見到七十二羅漢，有男有女，有老有少。近些年來我在摸索為什麼我們這個國家如此「健忘」！從 1942 年的整風起，反武訓，反胡風，反右，反……事後都「改正」了事。為什麼不找找原因？辯證唯物論不是要：實踐——認識，再實踐——再認識嗎》可咱們這個以馬列主義自居的地方，光實踐不認識。其實，也不難瞭解：認識就得自我否定，以為那可不得了，有失尊嚴。1979 年在一次民盟中央的會上，「貴賓」胡耀邦大聲演說：「我們黨過去犯了許多嚴重的錯誤，

冤枉了許多好朋友、好同志。」我們在台下心裏個個在默默地說：「還是共產黨偉大，有氣魄！」他去拉薩也曾大聲說過，結果，使那裏的藏民更加向心了。

我認為「光榮、偉大、正確」這三個形容詞還是由黨外人士（也即是受共產黨領導者）來喊，更為真實，也更有價值。

這即是為什麼你讓我給「巴金與二十世紀研討會」題詞時，我提了「他的偉大在於否定自己」。

虛偽的謙遜沒價值，沒意思，也爭取不到誰。「自我否定」得是由衷的。這需要道德上的勇氣。西方也不過出了一個盧梭。政黨肯這麼的還真不多。不過，一般政黨是由民意或選票來做鑒定的，我們這裏是做「自我鑒定」。我至少希望不總是盲目地打滿分。

再如 1992 年 9 月 5 日蕭乾回覆《隨筆》主編黃偉經的信，其時黃偉經剛剛「辭職」，在信中蕭乾說：他手術後昨天剛回到家，收到兩封信，一封是黃的信，之前他聽說張伯海找黃談話之後，就早已判定這一天的到來，並稱頌黃的「骨氣」。除此之外，蕭乾寫道：「我還收到《人民文學》四位編輯（林謙、鮑學超、鄒進、林大中）一封『致文學界朋友公開信——我們作證』（建議兄務必找到此信，否則，過幾天我把這份寄你。我在考慮為此寫點感想）。他們以密密麻麻四頁長信，揭露了劉白羽一夥扼殺文藝，專橫霸道的罪行。我希望它將成為一個永遠存在下去的文獻。四個熱血青年，站出來，豁出去，揭發了劉白羽等法西斯的暴行。我相信最終的勝利者是正義，是真理，而不會是姚文元之流。」

蕭乾關於自己的文學創作，他在 1997 年 11 月 14 日寫給吳福輝的信裏有非常概括的介紹：他最初是以小說為專業的，他最早的三本書都是小說，《籬下》、《栗子》、《落日》。之所以後來轉寫通訊特寫，是職業所致，他所感謝的是當時《大公報》的體制和老闆，一筆旅費，

一封介紹信，然後把他撒出去，隨便他寫。蕭乾對自己的文學之路感謝兩位引路人：沈從文和巴金。前者在藝術上帶了路，但巴金則要更全面；寫作及人生。（1993 年 7 月 29 日致沈吉慶信）

伍

　　蕭乾在回憶錄《未帶地圖的旅人》中說到當年《大公報》的同人時，曾不點名的提到某《大公報》「高層」在 1950 年代以後仍是高高在上的「頭面人物」，也寫到范長江當年離開《大公報》似乎與此人也有關係，當年讀到此處時，雖然猜測是王芸生，但不能確定，從蕭乾的書信中就很容易確知了，他說的此「頭面人物」就是王芸生：「王芸生更是高高在上，頭面人物。解放後基本上不往來了。」（《蕭乾全集》第七卷，397 頁）在蕭乾回憶《大公報》的文字中，對王芸生涉及不多，即便談及，也往往一筆帶過。在蕭乾的回憶中，能感覺到他對自己在抗戰初期在上海《大公報》裁版減人中的「第一次失業」耿耿於懷。也許是受了先入為主的成見，捎帶著也影響了我對王芸生這個名字的印象，直到後來讀到許多關於王芸生與《大公報》的介紹，才知道王芸生是個真正的報人，蕭乾的文字裏夾帶了太多的感情用事。

　　當年讀《蕭乾散文特寫選》的代序〈未帶地圖的旅人〉時，得到一個印象：在二次世界大戰歐洲戰場上，蕭乾是盟軍惟一的中國隨軍記者，在一些介紹他的文字中，也是如此描寫他，這也增加了他的傳奇色彩。這印象是如此清晰，一直到多年後，才從一些文章中讀到其實當時還有別的中國記者。從蕭乾 1986 年 4 月 24 日回覆香港老記者陸大聲（他們相識於 1938 年滇西小鎮上）的信裏，可知當時像陸大聲這樣的親歷者已寫信給蕭乾指出此說不確，蕭乾為此解釋：

> 確如你在信中所說，二次大戰的隨軍記者不止我一人，還有余
> 堤元、李樹清、丁垂達、徐兆墉兄以及老兄。還想加上一位：

任玲遜兄。弟決無意以歐戰場上惟一的中國記者自居；況且弟一生旨趣主要在文學方面，新聞對弟僅是個職業而已。這一點兄是瞭解的。

然而何以會出現這一情況呢？弟又何以不立即更正？接信後，弟做了點分析和回憶——或者說反省吧。

弟確曾在一篇回憶文中寫過一件往事。1943 年我正在劍橋王家學院攻英國心理派小說並準備於次年攻取碩士學位時，《大公報》老闆胡霖先生隨訪英代表團到劍橋，竭力勸我放棄學位，離開劍橋，去當正式記者。他當時對我說：「這可是你一生最大的機會。上次大戰，我（胡）是歐戰場上惟一的中國記者，這回輪到你了。」

那麼別人那樣說，我為什麼不列舉一下當年歐戰場中央社記者諸兄呢？這就涉及一種心理、一種觀點、一種對歷史的態度——涉及對待臺灣的許多方面。

在大陸，我確實是惟一的，而過去三十年，我們看什麼對只限於大陸——眼界也只敢限於大陸。……

陸

在蕭乾給友人的書信裏，能讀到他對同時代一些朋友很坦率的議論，從中也流露了許多人和事的細節。

蕭乾 1976 年 12 月 14 日寫給巴金弟弟李濟生的回信裏（他們已二十年未通音信了），有如此一段話：「為什麼請你代問候 X？是因為前年他託人給我捎來個問候。讀你信，自是十分氣憤。而更見芾甘之為人。……X 從『良友』被趕出來，成立『晨光』時，對他的支持即很

感人，我的《珍珠米》、《英國版畫》就都是芾甘要我給『晨光』的。在運動中誣陷任何人（還不要說好友）都是政治品格問題。不但害個人，也害組織，這種人最該死。……1967～1968 年，上海『作協』來過一個人，向我及雪峰『調查』芾甘，最後他向我大拍桌子，說我美化了巴金，並出示一本《死敵》、《黑老 K》小冊子，要我按他們指定的寫，我寫不出──正如另一外調要我揭發沈從文是『國民黨』，我編不出來。當時也有些外調人員很客觀，但有些實際上是逼供信。不知 X 是在酷刑下誣陷的，還是另外一種人：為了討好『造反派』，主動去捏造！」根據從「良友」被趕出來成立「晨光」等句，不難猜測「X」即是趙家璧。

　　在蕭乾 1982 年 4 月 10 日寫給李濟生的信裏，涉及沈從文在其談自己寫作與水的關係的長文〈水雲〉中的一位女子：「關於《紫》的文章，兄如果需要的急，可否即請找沈從文先生。此文以及青子其他文章，均是沈向我推薦的。青子本人姓高。她這個筆名也還是沈給起的。沈對她，比我熟悉多了。如能找沈，一定比我更適當。萬一兄在沈處碰了壁，弟當然還會寫的，只是不能限日子，因弟目前有一大堆事……」此信的注釋說：《紫》指發表在《大公報·文藝》上的文章，作者為青子。蕭乾在信裏還介紹了青子的去向：「青子嫁了一個國民黨的大官還是軍官，1948 年她去美前曾到『復旦』看過我，從那以後一直不知她在何地做些什麼。」

　　許定銘在《沈從文與高青子》的短札中曾說：沈從文與張兆和自1933 年結婚，到 1988 年沈從文去世，共同生活了五十五年。婚姻生活能維繫超過半個世紀相當難得，何況他們一直恩愛甜蜜，給人才子佳人、神仙眷屬之感；其實，在他們漫長的甜美歲月中，沈從文曾有段淡淡的婚外情，可幸他能及時抽身，才不至陷入悲劇。而這段愛戀中的第三者，就是小說集《虹霓集》（上海商務印書館，1937）的作者青子，「據說青子是長相非常漂亮的文藝青年，福建人，原名高韻秀，所以又叫高青子。她 1934 年間在熊希齡家當家庭教師，邂逅她仰慕的

小說家沈從文，便利用沈從文某些小說中的人物、情節及服飾，寫了短篇小說《紫》，發表在沈從文主編的《國聞週報》上，兩人便默默地生了情愫。」此處許定銘說的不符事實，《紫》其實是沈從文推薦給了蕭乾發表在《大公報‧文藝》上。（許定銘如此介紹青子的小說集：《虹霓集》包含《紫》、《黃》、《黑》、《灰》、《白》和《畢業與就業》六個短篇，寫的多是愛情故事。她用不同的顏色敘說了不同女性的悲劇遭遇，確實用過一番心思。論者認為「顏色是心境的直接反映，高青子愛上才華橫溢的小說家沈從文是一種痛苦，因為他是有家室的。」從《虹霓集》看，高青子是很有才華的，《紫》寫得尤其感情豐富，情節感人。）

　　蕭乾在 1991 年 5 月 22 日給陳學勇的信裏涉及到林徽因和金岳霖的關係：「至於林與金的關係，此事較為微妙。徽因子女對此諱莫如深，然而三十年代不但在清華，即使文藝界也有此傳聞。我自己對於他們這種柏拉圖式的感情關係，對思成的胸襟以及梁與金之間深厚的友誼，既敬重又羨慕。這是八十年代的青年也許難以理解的。人間還能有更美的關係嗎？兩個男人同時愛慕一位才女。誰也不佔有她，但兩人都愛護她，鼓勵她的每一作品，關心她的健康福利。梁林在世時，金自任他們子女的義務——也是最好的家庭教師。他們去世後，又把他們的遺孤撫養成人。我認為對於這種最純潔而高尚的關係加以臆斷，是不公正的。」「這三位都是了不起的人；有才能，有學問，品格高尚。他們之間是人與人關係臻於最美最崇高的境界。」其實，林徽因去世時，梁林的子女已經成人，並非是金岳霖「撫養成人」。

柒

　　蕭乾晚年另一重要的成果就是和夫人合譯了《尤利西斯》。為翻譯此書，蕭乾和夫人費盡心血。但在蕭譯面世之前，書店裏先有了人民文學出版社金隄的譯本上卷，我當時買到的就是金譯的上卷，但很不

習慣金的譯文，尤其是他的直譯，讀起來太澀，不順暢。稍後譯林出版社出版了蕭乾和夫人的譯本，也不是全部，對比之下，小說開頭幾頁讀起來就沒有金譯的障礙，立即買了回來。並在該譯本出齊後配成了全套。我有買書後在扉頁上寫字的習慣，查閱當時的記錄，看到在蕭譯上卷的扉頁上，我寫到：「1994 年 7 月 31 日午於島城前海大地書屋，為此書第二種，讀來習慣。」在蕭譯中卷的扉頁上，我寫到：「1994年 10 月 18 日於青島大地書屋。」蕭譯下卷的扉頁上：「1995 年元月25 日於青島大地書屋。」也就是說，蕭譯本是分三次出版的，這在我買書的記憶中三次買齊同一種書也是難得的故事。後來儘管也看到了金譯的下卷，但並沒有再買。一部書只買了上卷而沒再買下卷，在我也是絕無僅有的，但金譯實在不可能再讀，所以也就沒有配齊。當時雖然有兩個譯本的比較，但並不知道蕭乾對此比較的看法，從蕭乾的信裏，能看出蕭乾對此問題非常理智，也不失長者或說君子風度。譬如他在收到當時在《中華讀書報》供職的趙武平給他的讀書報，讓他看關於《尤》書兩個譯本的相關報導，蕭乾於 1995 年 8 月 27 日回信趙武平，對趙的文章非常認可，感覺趙在行文時「力求公正客觀，不偏不倚，而且廣泛徵求了多方意見」。並進而說明：他從開始對金隄君就十分敬重，第一，絕未擺老資格，雖然他是 1940 年開始讀該書的。第二，在蕭的中譯本中，把金於 1987 年在天津出的譯本作為一件大事列入喬伊絲生平年表。第三是他們絕沒有如金所說，託人去臺灣搶購金的譯本。並說明：他們有的三部金譯本（上卷）都是臺灣朋友林海音等人主動送的，而且拿到金譯本時他們的第一卷已交了稿。接下來說到：「我從不認為同行非是冤家不可。所以『讀書報』第一次訪問，問及對金的態度時，我記得我的表示就是友好──甚至熱情的。我原希望兩個本子同時出，並駕齊驅。他不幸於下半部遲了一年半。你要相信，即便他的譯文與我們的有多少相同之處，我也不會認為誰抄了誰的。文學工作不同於交易市場，文人也非商人（我們的稿酬已捐出）。我們都在為文化積累盡著綿力，這裏沒什麼個人的東西。」蕭乾強調

了自己的譯本雖然不敢說在追求神似，但從他以往的翻譯經驗，他努力做的是在不走樣、不離譜的原則下儘量翻譯的流暢，以使讀者容易讀懂。最後，他寫道：「如果金譯本出在我們前頭，我肯定會在序中大大向他感激一番。不幸，中間還差了一年半，我們無從感激起。但把他的節譯本列入喬伊絲的大事記中，難道不意味著一種acknowledgement（承認）嗎？」

為了翻譯《尤利西斯》的出版事宜，蕭乾和時任譯林出版社的社長李景端當時書信往來頗多，從中也能看出面對同一本經典小說不同譯者和出版者之間的競爭，尤其是作為蕭乾所採取的策略，如 1993 年 3 月 9 日，蕭乾致信李景端：「謝謝您在來示中對潔若及我所表示的信任。前者曾寄上西方通訊社及報紙有關《尤》譯的報導，諒已收覽。自從聽說臺灣九歌出版社登出金隄譯本的廣告後，我們確實有些著急。接大示後，我們二人心情上安定下來了。」在信中，蕭乾還提出，是否把他們已經翻譯好的先出個上卷？因為臺灣中國時報出版社在建議先出他們譯稿的上卷。在稍後的 3 月 18 日，蕭乾又回信李：「謝謝你迅速而明確（極有說服力）的答覆。下月臺北有人來，我即明確告知：臺灣版不能出在大陸版前頭，因此，也就不考慮今年先出一卷的問題了。」在本月底，蕭乾再次回信李，介紹自己的譯文進展情況：「潔若和我大約過於守舊，對電腦總不大信任，尤其我們二人之稿，校來校去，而且往往越接越長，實在不適用電腦操作。眼下第十一章已請人在抄，潔若在開譯第十三章，我則在看第十二章，並通讀已謄清之稿。這樣流水作業，十分通暢。反正已大致搞了一半，餘稿擬照舊了。此外，我們雖從國外託兩個兒子買了些參考書，也付了一些抄稿費，但由於個別章已在刊物上發表，所有這些開銷我們願自己負擔，不向出版社報銷了。」在 1993 年 4 月 6 日的信裏，蕭乾主要談了關於《尤》的第十八章要不要單獨拿給新聞出版署看的問題：蕭認為，「那麼孤零零地讓他們去讀那麼一章，非把他們嚇壞不可，反而會對全書印象十分不利。」應先為《尤》製造些輿論，他已寫了幾篇，還將繼續寫，

他就是要讓人們瞭解《尤》書在世界小說史上的獨特地位和意義……
「最重要的是，關於《尤》是不是本淫書，1933～1935 年間，大西洋
兩岸法院多次開庭辯論，西方許多大作家都出庭或書面支持《尤》書。
法院的判決書，對《尤》作了重要肯定。那麼，中國要不要在幾十年
後板出鐵面孔，把它打入十八層地獄呢？」蕭乾相信，若瞭解了這些，
「出版管理部門為國家榮譽設想，就不能不開綠燈了。」在接下來的
半年中，這樣的工作通信一直在蕭李之間往復著，在 1993 年 11 月 28
日，蕭乾針對金隄譯本進展情況提出了自己的應對建議：「你原建議《尤
利西斯》先出第一卷，是我們主張兩卷同時出的，現在情況有了變化。
聽說金隄在第一卷中宣佈，該書簡體版將由人民文學出版社出版。顯
然是要搶先，而此書一旦先買了金版，很少人還會去買另一個譯本。
為此之故，我們建議還是先把咱們的第一卷搶出來為宜。」稍後的通
信中都是為「搶印」而談的具體事宜，如 1994 年 2 月 21 日的信，蕭
乾說：「現送上《尤利西斯》書稿 9～15 章。我們二人連年三十及初一
都在忙此稿……希望責編同志多辛苦一下，務必爭取上半年出版。」
「我們將馬上轉入 16～18 章譯事的戰鬥中，希望 6 月下旬可竣事。我
們希望無論如何這 1～2 卷務必能在上半年搶印出來，以確保走在『人
文』前頭。我相信你會全力以赴的。看到臺灣的版子（即還只是平裝
本，我們還有精裝本），我們相信也不會太差。」

　　若對照蕭乾在上邊給趙武平的信，所談到的對金譯本的態度，不
能不說，蕭乾 1994 年 4 月 6 日及 7 日連續兩封信裏，其所談所思是有
先見之明的：蕭乾在看清樣時發現附錄在《喬伊絲大事記》中的「金
隄的節譯本在中國問世」一項被刪掉了，認為這樣反而會有損蕭譯本
的價值，因為：其一，「中國最早出現的一個節譯本（不論其篇幅多麼
少，甚至質量如何）竟然不在大事記上出現，要麼表明我們無知，要
麼（更可能）表示我們沒有氣度，不尊重歷史，有『老子天下第一』
的思想。」其二，「我們既宣稱這個譯本不但供一般讀書界欣賞，而且
還要供研究者之用，那麼，連這麼一件人盡皆知而又十分重要的史實

我們都忽略，還配為研究者參考嗎？實是自我貶低。我現在不但主張恢復『1987 年 4 月《尤利西斯》節譯本在中國出版，（譯者金隄）由天津百花文藝出版社出版』，並且希望在這項之前補上一條：『1981 年《外國現代派作品選》（兩卷，袁可嘉編）由上海文藝出版社出版，內選有金隄所譯《尤利西斯》第二章。」蕭乾還說，在此問題上他第一次和夫人發生了爭論，因為夫人對此刪節並沒有反對。「事情雖小，但這裏涉及我們的氣度和認真的程度。」並在第二天的信裏，再次說明此問題。

　　蕭譯上卷出版後，蕭乾 1994 年 6 月 10 日給李景端的回信裏說：「書印得都說好，好在大方雅致。人文社哪個封面搞得像『法宮秘史』，歪曲了原作，甚至不如臺灣的。」還告訴李，嚴文井等人都肯定了蕭譯的版本，「我們共同作戰四年餘，沒白出汗。」第二天又寫信告訴李：九旬老作家、中國最早談並且寫意識流小說的施蟄存老人也很想為蕭譯本寫一評論。在 1996 年 7 月 11 日，蕭乾給李的信裏最後談了對金隄的態度：「三年前，我在對《光明日報》記者談金隄時，曾表示十分友善，甚至說，如他進來我會擁抱他。但我錯了。我未料到他是如此倨傲，以喬伊絲為他一人的專利。書比他出得早就如此仇視。我不會去擁抱這樣一個人。」到了 1997 年 1 月 13 日，蕭乾回覆李：「我意《尤》事可以畫個句號了。金以前不服輸，所以兇相畢露。我們是明顯的勝利者（十四萬冊擺在那裏），所以，更宜適可而止。」蕭還說，關於《尤》或喬伊絲在學術上的討論，當然適合繼續討論下去，至於蕭譯和金譯兩個版本問題，以擱置為合適。

　　現在蕭譯的《尤》，各種版本坊間還能見到，而金譯本，則無法相提並論了。

捌

　　蕭乾晚年與小兒子的通信可以看做是他的人生經驗談，也是在《傅雷家書》之後我看到的另一部父親寫給兒子的珍貴的家書，當然兩者

書信的寫作年代不同，蕭乾這些寫給兒子的書信大多是 1980 年代，一直到 1990 年代末他去世。也就更顯示了他的真實，一切從自己的經驗出發來給兒子現身說法，從求學、藝術、人生到婚姻，等等。在兒子去美國留學藝術後，他在給兒子的信裏談到了他對藝術的觀點，告訴兒子這是他的看法，並無限制兒子的思想的意思，譬如他在 1981 年 11 月 6 日的信裏，說到當時國內還傾向於保守，但他自己對於《尤利西斯》沃爾夫的《到燈塔去》等意識流作品還是很喜歡的，並特意說明他說的意識流陷入「死胡同」的說法是指《芬尼根守靈夜》那樣的寫法，「這種東西，由大手筆寫一部也非不可。」但他認為那不是道路。並以小兒子曾跟隨學畫的老師黃永玉為例：「黃永玉的特點還是尊重 classic（經典）。你記得他往幹校給我寫的那封信嗎？說甘在古典名作面前下跪。他的荷花等，我認為受宋人畫的影響多於西洋東西。」他建議兒子涉獵小流派，但切勿追求時髦，而要認真鑽研古典。尤其要好好利用假期去那些大的藝術館和美術館。在對待兒子的婚姻上，他更是以身說法，在信裏對兒子講自己的兩次失敗的婚姻，如 1982 年 4 月 10 日的信，這些信寫的都很長，囑兒子，「切不可以貌取人。」他談到自己當年和「論長相完全夠得上東方美女」的 G 結婚時，「G 的一雙修長的腿，在美腿比賽中獲得冠軍。然而在日常生活中，這有什麼用？」即便是兒子已經「立業」了，仍叮囑兒子如何讀書，如 1990 年 7 月 14 日：「至於讀書，不要太追求時髦。貝克特值得讀，可許多十九世紀的大師如福樓拜、陀思妥耶夫思基、果戈里也要讀。」「讀書，有時是為了解悶，但更多時應為了提高。」

相關書目

《蕭乾全集》(七卷本),湖北人民出版社 2005 年版。

《巴金書信集》,人民文學出版社 1991 年版。

《沈從文家書》,江蘇教育出版社 2005 年版。

常玉

到巴黎討口也不回來

在一本畫冊上曾見到一幅旅法畫家常玉的油畫，題目是《穿白點藍洋裝的少女》，畫面上一個坐姿拉長變形的女人，線條單純流動，淡雅的調子裏流露著濃郁的憂傷，最觸目的是兩條誇張的腿，彷彿整個身體都融化在這兩條腿上。關於常玉，我所知不多，從一些零碎的敘述裏，知道他和徐悲鴻等人屬於同一代的旅法畫家，後來一直待在巴黎，晚景孤獨淒涼，死於瓦斯中毒。當時看了這幅畫，對常玉晚年的貧窮寂寞耿耿於懷，似乎也印證了中國畫家在海外要打入主流是如何的艱難。常玉留給我的是一個不幸的失敗者印象。若在網路上搜常玉的名字，很奇怪的是，有些帖子的題目很是刺激，說什麼常玉是徐悲鴻的情敵，但又沒指出具體的事例來。

在讀了龐薰琹的回憶錄《就是這樣一路走過來的》後，從龐先生記錄的關於常玉的印象中，對常玉有了新認識。龐薰琹在他的回憶錄中有一節專寫常玉。

當龐薰琹於 1920 年代在巴黎學畫陷入彷徨時，他去拜訪了已在巴黎多年的常玉。常玉在巴黎郊區有個工作室，寬敞明亮，環境幽靜，鐵製的樓梯通向一個閣樓，常玉就睡在閣樓上。其時常玉的作品雖已在秋季沙龍展出過，但仍默默無聞。有意思的是卜面的描述：在龐薰琹的一再要求下，常玉拿出一小幅油畫風景給他看，這幅小小的風景

畫打動了龐薰琹，他讓常玉再拿出幾幅看看，常玉說：沒有了。龐很奇怪，問他為什麼不畫？常玉說，他連燒菜的油都買不起，哪有錢來買油畫材料。龐再問：你不是多次參加秋季沙龍展嗎？常玉仍毫不在意地回答：他就是在幾塊布上畫了又塗，塗了又畫。

常玉是 1921 年前往巴黎勤工儉學的，當時徐悲鴻、林風眠、梁宗岱、傅雷等也先後來到巴黎。當年與常玉一同留學的友人王季岡在談到常玉留學時的心態說：「他（常玉）在滬每見華捕隨意毆打江北佬黃包車夫，就忿忿不平，而又無可奈何，曾言到巴黎討口也不回來……」常玉後來長期旅居巴黎直到離開這個世界，應驗了他當年「討口也不回來」的「誓言」。

龐薰琹記憶中的巴黎藝術生活，像是一幕現代派的街頭劇，在小咖啡館裏，窮得丁當響的年青畫家要一杯咖啡，兩個小麵包，或者買一瓶廉價的紅葡萄酒，在杯子裏倒上一半酒加一半冷水，用它來吃麵包，都是一頓不錯的午餐。藝術圈裏流行的話是：三十歲前餓不死。咖啡館裏有著形形色色的畫家和准畫家，即便是後來贏得大名的莫迪里阿尼，當年在咖啡館裏最拿手的就是，飛快地畫完一幅肖像，然後遞到肖像主人面前，要價五個法郎……

與徐悲鴻、林風眠等人進入正規的學院不同，常玉所進的是與正規學院派教育完全不同的「大茅屋畫院」。徐悲鴻進的是國立巴黎美術學校（進入該校的達仰的工作室學習），林風眠進入的是法國迪戎美術學院，後來轉入巴黎美術學校柯羅蒙工作室學習。（雖然徐悲鴻和林風眠所受的都是正規學院派教育，但他們倆的作品風格和藝術觀念都大相徑庭。）常玉在大茅屋畫院認識了剛到巴黎的賈柯梅蒂和馬蒂斯的兒子皮埃爾‧馬蒂斯，他們都在這兒學習雕塑，賈柯梅蒂的註冊直到 1927 年止。常玉在大茅屋畫院學習作畫的情景在龐薰琹筆下有生動的描述：常玉一來很多人都圍著他，坐在他周圍，因為常玉往往不畫模特兒卻畫他周圍的人，他用毛筆劃速寫，專畫全身女像，最多也只用十分鐘左右。有趣的是他把周圍的人，不管男女，年青年老，都畫成女人裸體。但沒有人提抗議，相反受到極大歡迎。

在王季岡的筆下，常玉在巴黎的生活呈現著不同的色彩：

> 此後在法，常常同遊，得觀其作畫。有次告我以劉海粟、王濟
> 遠（上海美專校長、教員）組織天馬會自吹自擂。乃與徐悲鴻
> （公費帶眷留法）、邵洵美（留英習文學、盛宣懷孫女婿）組
> 天狗會以嘲之……外出隨帶白紙簿及鉛筆。坐咖啡館，總愛觀
> 察鄰桌男女，認有突出形象者，立即素描；亦課外作業自修
> 也。……有時家款未到，無多餘錢，轉啃乾麵包，喝自來水度
> 日。唯一值錢的照相機，時常存入當鋪，或向我告借幾十萬。
> 待家款到，再贖再還。……其人美豐儀，且衣著考究，拉小提
> 琴，打網球，更擅撞球。除此之外，煙酒無緣，不跳舞，也不
> 賭。一生愛好是天然，翩翩佳公子也。……

從蔣碧薇的回憶裏也能看出常玉的「翩翩佳公子」性格特點──蔣碧薇在《我與悲鴻》裏寫道：常玉、孫佩蒼、謝壽康、徐先生合夥在柏林組織小型伙食團。做飯燒菜由謝先生跟我四個人負責，徐先生洗碗打雜，只有常玉袖手旁觀，什麼事也不做，每天十一點多鐘才來，談談笑笑等吃飯，吃飽飯拍拍肚皮就走，有時更彈奏幾曲曼陀林，這伙食團沒有維持多久也就解散了……

常玉因有家庭的資助（主要是他兄長的經營），在巴黎求學時，並無經濟負擔，所以能做到我行我素。完全過著一種波西米亞式的生活，他富裕的家庭背景，1920 年代正是歐洲藝術上的瘋狂時代，他充分享受著巴黎提供的自由和藝術氣氛，他的個性也使其迅速融入到巴黎的現代藝術運動中，在這一點上，他與徐悲鴻顯然走了兩條完全不同的道路。

貳

常玉有過異國情緣，他青年時與一位法國的貴族小姐同居，王季岡說，有一年他到巴黎，常玉把他的 Bonne Amie 介紹給他，是一過氣

男爵家的女兒，文靜又端莊，是在學院習畫時認識的。他們三人曾一同出遊。後來他聽說常玉和此小姐結婚了，但又離婚了。什麼原因，常玉沒有說。關於他的這段異國婚姻，2000年2月24日，衣淑凡於法國葛蘭堡採訪到了常玉的這位叫瑪素‧哥格的前妻。瑪素1904年7月2日出生在法國，20歲時因生下一個私生子而被家人趕出家門。她同時做著多份工以維持生活，如秘書、珠寶和時裝設計、繪圖員等，把孩子託付給托兒所。1925年，她在大茅屋畫院學習素描時認識了常玉。很快，她就被常玉嫻熟、獨特的技巧折服。一次她因為盲腸炎開刀住進了醫院，常玉帶了一束玫瑰花來醫院探視她，從此兩人墜入情網。稍後她搬進了常玉的公寓。（他們共同生活了三年才正式結婚──1928年4月10日他們在巴黎第五區結婚。）1926年底，常玉曾短暫回國。再回到巴黎時，常玉從家中帶來一些翡翠、珠寶，還有一件豹皮斗篷……直到晚年，瑪素還保存著當年常玉送給她的翡翠首飾。

　　富家子弟出身的常玉，似乎從未為金錢擔心。也不知道如何積攢和安排生活，一收到家中匯款便揮霍一空；偶爾賣掉一張畫作時，便立即宴請朋友或送禮給他們。瑪素說，有一次常玉竟然把她母親送給她的珠寶拿去典當，瑪素非常生氣。當時他們的生活並不富足，瑪素只好在電信局工作，賺取微薄的工資來維持兩人的生活開銷。後來，當她懷疑常玉對她不忠時便堅持離婚。1931年7月他們結束了這段情緣，但他們並未斷絕關係，持續往來直到1936年。1940年二戰爆發後，瑪素帶著兒子前往摩洛哥，於1943年再嫁。常玉到老再未結婚。

叁

　　儘管三十年代初，常玉就以其獨特的畫風屢次參加巴黎的沙龍和畫廊展覽，也與畫商、藝術評論家和收藏家交往，但常玉並沒依靠藝術給他帶來名聲和金錢。常玉拒絕與畫商合作，他的「我行我素」的風格也令人望而卻步。1931年，隨著常玉老家裏家族企業的破產（他兄長去世了），

他失去了家庭的資助。幸運的是，常玉認識了當時活躍的藝術活動家 H.P. 侯謝，並得到了他的賞識。侯謝交遊廣泛，更是位眼光獨具的收藏家，曾經是畢卡索、勃拉克、杜尚等藝術家的經紀人。在常玉陷入困境時，侯謝購買了若干常玉的畫作，從 1930 年到 1932 年的三年間，侯謝共收藏過常玉的一百一十一幅油畫和六百幅素描。通過侯謝，常玉結識了畢卡索，龐薰琹在回憶裏說：常玉和畢卡索等人是老朋友，畢卡索還為他畫過油畫像。常玉和侯謝的合作關係僅僅維持了三年多，關係惡化源於常玉「大少爺」的脾氣：「富貴人家的身份在突然面臨生存壓力、經濟陷入困境時缺乏心理準備以及自由的個性，同時過度依靠侯謝的經濟支持增加了朋友的壓力，從而產生信任的危機。」常玉在給侯謝的信中說：現在他的口袋裏只剩下不到十塊法郎。而侯謝則回應道：「好像我們彼此都要多占對方一點便宜。」1932 年，侯謝斷絕了與常玉的合作關係。

　　荷蘭的一位作曲家約翰・法蘭寇取代了侯謝的位置，他以常玉好友兼經紀人的雙重身分在常玉藝術和生活中扮演了重要的角色。在他的推動下，常玉的畫得到了沙龍和評論家的認可，譬如有荷蘭評論家說：常玉的畫作佈局淡雅高貴，色彩運用細緻，形成一種令人難以抗拒的氣質。他一方面繼承了祖先所秉賦的藝術特質，一方面又從歐洲思想中獲得一些新的靈感。法蘭寇在 1932 年所立的遺囑中甚至說：他無條件的每三個月給常玉一筆五百法郎的年金。儘管如此，常玉仍沒能過上衣食無憂的生活，這不能不歸結於他的個性。可以拿來對比的是，與此同時，同樣來自東方的日本畫家藤田嗣治（比常玉早到巴黎），也是以東方式線條描摹裸女，但風格更寫實，也更得到了市場的歡迎，更主要的是，藤田與畫商的關係是常玉無法相比的，這位四川才子拒絕與畫商合作，我行我素。藤田如此描述巴黎畫家與畫商的交往：對於以畫為業的畫家，畫商是最重要不過的了。對於畫商來說，多數是一些口蜜腹劍，始終以斗大的眼睛來專心物色人家的作品的猶太人。他們一旦發現一個有前途的畫家時，便立即將其作品全部收買下來。當然買的時候，是從五角錢或一元錢的最底價開始的，但當他掛在店

面出售時，卻馬上就定上一百元或二白元的高價了。畫商對畫家有合同要求：當他人從畫家處購買時，亦應百元價格售出，若有違反，畫商有可能把原來購存的畫家的畫原價五角或一元的售出，讓畫家永遠無法起來。如果畫家想要成功，必須與畫商合作。一般畫家對於自己的畫被高價賣掉或被批評家高度認可，一樣視為同等重要的事。從藤田對畫商的認識，可以看出他的人情世故和交際靈活，最後的成功是可想而知的。反觀常玉，就完全不同了。就像龐薰琹在回憶裏所說：是不是常玉沒有辦法改善自己的生活呢，在龐看來，完全不是，因為龐親眼多次看到常玉被人包圍，要買他畫的線描人物，他把畫送給了人，卻拒絕了人們送給他的錢。有畫商找上門來要他的畫，他都一一拒絕。他還告誡龐，「千萬不要上畫商的當。」人家請他畫像，他約法三章：一先付錢，二畫的時候不要看，三畫完後拿了畫就走，不提這樣那樣的意見。答應這些條件的就畫，否則堅決不畫。時常有人請他吃飯，吃飯他並不拒絕……不難看出，常玉是位個性很強的人，在他身上體現了藝術就是生活，絕非沽名釣譽牟取錢財的工具。

席德進在談及常玉時談到一則流傳在旅法華人藝術圈的軼事：常玉早年在巴黎幾乎已經成名了，當時有位畫商打算捧一位東方畫家，那時日本的畫家藤田嗣治也未出名，畫商決定要捧常玉，買他的畫，並且先付錢要他畫畫，為他開畫展。然而時間到了，畫商來向常玉討畫，結果他交不出畫來，錢早已被他花天酒地的用光了。這位畫商一氣之下，轉而捧藤田，結果藤田大享盛名。（對此說法，顧躍在《常玉》書中給予了不同說法：其實藤田的成名和常玉去巴黎有一定的時間差，因為藤田早於常玉七年前就來到巴黎，成名也更早。）

對於常玉後來的落魄，吳冠中的說法比較客觀：

> 二三十年代在巴黎引起美術界矚目的東方畫家中似乎只有日本的藤田嗣治和中國的常玉。我在四十年代在巴黎看藤田嗣治的畫，覺得近乎製作性強的版畫，缺乏意境，缺乏真情，不動人。是巴

黎對東方的膚淺認識，還是畫商利用對東方的獵奇而操作吹捧，結果畫家揚名了，走紅一時。常玉與藤田正相反，他敏感，極端任性，品位高雅。由於他的放任和不善利用時機，落得終生潦倒。

肆

關於常玉在巴黎的生活和藝術，徐志摩在他的〈巴黎的鱗爪〉一文中第二節〈先生，你見過豔麗的肉沒有？〉的相關描繪，是我讀到的有關常玉的生活和藝術最詳細和形象的敘述：

> 我在巴黎時常去看一個朋友，他是一個畫家，住在一條老聞著魚腥的小街底頭一所老屋子的頂上一個 A 字式的尖閣裏，光線暗慘得怕人，白天就靠兩塊日光胰子大小的玻璃窗給裝裝幌，反正住的人不嫌就得，他是照例不過正午不起身，不近天亮不上床的一位先生，下午他也不居家，起碼總得上燈的時候他才脫下了他的外褂露出兩條破爛的臂膀埋身在他那豔麗的垃圾窩裏開始他的工作。

> 豔麗的垃圾窩　　它本身就是一幅妙畫！我說給你聽聽。貼牆有精窄的一條上面蓋著黑毛甎的算是他的床，在這上面就准你規規矩矩的躺著，不說起坐一定扎腦袋，就連翻身也不免冒犯斜著下來永遠不退讓的屋頂先生的身分！承著頂尖全屋子頂寬舒的部分放著他的書桌——我捏著一把汗叫它書桌，其實還用提嗎，上邊什麼法寶都有，畫冊子，稿本，黑炭，顏色盤子，爛襪子，領結，軟領子，熱水瓶子壓癟了的，燒乾了的酒精燈，電筒，各色的藥瓶，彩油瓶，髒手絹，斷頭的筆桿，沒有蓋的墨水瓶子。一柄手槍，那是瞞不過我花七法郎在密歇耳大街路旁舊貨攤上換來的。照相鏡子、小手鏡、斷齒的梳子、蜜膏、

晚上喝不完的咖啡杯、詳夢的小書，還有——還有可疑的小紙
盒兒，凡士林一類的油膏，……一隻破木板箱一頭漆著名字上
面蒙著一塊灰色布的是他的梳妝檯兼書架，一個洋瓷面盆半盆
的胰子水似乎都叫一部舊版的盧騷集子給饕了去，一頂便帽套
在洋瓷長提壺的耳柄上，從袋底裏倒出來的小銅錢錯落的散著
像是土耳其人的符咒，幾隻稀小的爛蘋果圍著一條破香蕉像是
一群大學教授們圍著一個教育次長索薪……

壁上看得更斑斕了……

該文寫於 1935 年 12 月，徐志摩所描繪的就是他眼裏的常玉。在文
中他還轉換角度，讓常玉直接現身說法，以說明藝術家何以選擇巴黎：

你看像我這樣子，頭髮像刺蝟，八九天不刮的破鬍子，半年不
收拾的髒衣服，鞋帶扣不上的皮鞋——要在中國，誰不叫我外
國叫化子，哪配進北京飯店一類的勢利場；可是在巴黎，我就
這樣兒隨便問那一個衣服頂漂亮脖子搭得頂香的娘們跳舞，十
回就有九回成，你信不信？至於模特兒，那更不成話，哪有在
巴黎學美術的，不論多窮，一年裏不換十來個眼珠亮亮的來坐
樣兒？屋子破更算什麼？波希米亞人的生活就是這樣，按你說
模特兒就不該坐壞沙發，你得準備杏黃貢緞繡丹鳳朝陽做墊的
太師椅請她坐你才安心對不對？再說……

常玉並不隱瞞自己學畫的動機：「對人體美的欣賞在我已經成了一
種生理的要求，必要的奢侈，不可擺脫的嗜好」——

我學畫畫原來的動機也就是這點子對人體秘密的好奇。你說我
窮相，不錯，我真是窮，飯都吃不出，衣都穿不全，可是模特
兒——我怎麼也省不了。這對人體美的欣賞在我已經成了一種
生理的要求，必要的奢侈，不可擺脫的嗜好；我寧可少吃儉穿，

省下幾個法郎來多雇幾個模特兒。你簡直可以說我是著了迷，成了病，發了瘋，愛說什麼就什麼，我都承認——我就不能一天沒有一個精光的女人耽在我的面前供養，安慰，餵飽我的「眼淫」。當初羅丹我猜也一定與我一樣的狼狽，據說他那房子裏老是有剝光了的女人，也不為坐樣兒，單看她們日常生活「實際的」多變化的姿態——他是一個牧羊人，成天看著一群剝了毛皮的馴羊！……美的分配在人體上是極神秘的一個現象，我不信有理想的全材，不論男女我想幾乎是不可能的；上帝拿著一把顏色望地面上撒，玫瑰、羅蘭、石榴、玉簪、剪秋羅，各樣都沾到了一種或幾種的彩澤，但決沒有一種花包涵所有可能的色調的，那如其有，按理論講，豈不是又得回覆了沒顏色的本相？人體美也是這樣的，有的美在胸部，有的腰部，有的下部，有的頭髮，有的手，有的腳踝，那不可理解的骨骼，筋肉，肌理的會合，形成各各不同的線條，色調的變化，皮面的漲度，毛管的分配，天然的姿態，不可制止的表情——也得你不怕麻煩細心體會發見去，上帝沒有這樣便宜你的事情，他決不給你一個具體的絕對美，如果有我們所有藝術的努力就沒了意義；巧妙就在你明知這山裏有金子，可是在哪一點你得自己下工夫去找。……

回頭我給你看我那張破床底下有一本寶貝，我這十年血汗辛苦的成績——千把張的人體臨摹，而且十分之九是在這間破雞棚裏勾下的，別看低我這張彈簧早經追悼了的沙發，這上面落坐過至少一二百個當得起美字的女人！別提專門做模特兒的，巴黎哪一個不知道俺家黃臉什麼，那不算希奇，我自負的是我獨到的發見：一半因為看多了緣故，女人肉的引誘在我差不多完全消滅在美的欣賞裏面，結果在我這雙「淫眼」看來，一絲不掛的女人就同紫霞宮裏翻出來的屍首穿得重重密密的搖不動我的性慾，反面說當真穿著得極整齊的女人，不論她在人堆裏

站著，在路上走著，只要我的眼到，她的衣服的障礙就無形的
消滅，正如老練的礦師一瞥就認出礦苗，我這美術本能也是一
瞥就認出「美苗」，一百次裏錯不了一次；每回發見了可能的時
候，我就非想法找到她剝光了她叫我看個滿意不成，上帝保佑
這文明的巴黎，我失望的時候真難得有！我記得有一次在戲院
子看著了一個貴婦人，實在沒法想（我當然試來）我那難受就
不用提了，比發瘧疾還難受──她那特長分明是在小腹與……

伍

在巴黎時的常玉和徐悲鴻的關係比較微妙，譬如 1933 年，由徐悲
鴻策劃的在法國國立外國美術展覽館舉辦的「巴黎中國美術展覽會」，
常玉是八十二位參展人之一，但「不知為何他的圖錄被徐悲鴻從策劃
的目錄中略去」了。

後來，隨著常玉的畫作銷售不佳，家庭和朋友的資助也相繼斷絕，
常玉開始在一家中國餐館打工，每月不多的工錢維持生活。1960 年代
初，他對同樣滯留在法國沒再回國的女畫家潘玉良說：唉，年輕時有
錢，卻未能善加支配使用；到現在需要用錢，它又不見了……

常玉有一幅畫作也透露出他的感情生活的一面：這幅油畫的正面
是兩匹馬，一匹白馬，一匹黑馬。畫的反面，是一幅躍動的豹，在豹
子的前蹄處，寫有一行題字：

> 此畫經兩個時代方成，起畫在 1930 年黑馬當成白馬未就全。
> 成就在 1945 年，在這個時代我愛戀一少婦，因她而成此畫，
> 這幅畫已屬於她後絕離。此畫仍為此，玉記。

對於自己的畫，常玉是懷有信心的，常玉曾說：歐洲繪畫好比一
席豐盛的菜肴，當中包含了許多燒烤、煎炸的食品以及各式肉類。而

他的作品則是蔬菜、水果及沙拉，能幫助人們轉換及改變對於欣賞繪畫藝術的品位。當代畫家們總帶點欺騙地以多種顏色作畫。他不欺騙，故此他不被歸納為這些為人所接受的畫家之一。從常玉的這種夫子自道中，可以看出他對自己作品的自信，但也看出他的「任性」。

為了改善生活，常玉做過多種嘗試，但無以例外，都失敗了。這不能不說是他的性格悲劇。1940 年代留學法國的吳冠中，在回憶裏寫了常玉留給他的印象並勾勒了常玉在法國的結局：

> 1948 年或 1949 年的夏季前後，我在巴黎友人家見到常玉，他身材壯實，看來年近五十，穿一件紅色襯衣。當時在巴黎男人很少穿紅襯衣。他顯得很自在，不拘禮節，隨隨便便。談話中似乎沒有涉及多少藝術問題，倒是談對生活的態度，他說哪兒舒適就待在哪兒，其時他大概要去美國或從美國臨時返回巴黎，給我的印象是居無定處的浪子。我早聽說過常玉，又聽說他潦倒落魄了。因此我到巴黎後凡能見到他作品的場合便特別留意觀察。他的油畫近乎水墨寫意，但形與色的構成方面仍基於西方現代造型觀念。我見過他幾幅作品是將鏡子塗黑，再在其上刮出明麗的線條造型……

> 二三十年代他的作品多次參展秋季沙龍，獨立沙龍，已頗令美術界注目，著名詩人梵勒罕為其所繪插圖的陶潛詩集撰寫引言，收藏家侯榭開始收藏其作品，常玉之名列入 1910～1930 年當代藝術家詞典第三冊。然而這些難得的良好機緣並未為常玉所珍惜、利用、發揮。據資料，他 1901 年生於四川一富裕家庭，1921 年勤工儉學到巴黎後，由其兄長匯款供養，衣食無憂，不思生財，游心於藝，安於逸樂。及兄長亡故，經濟來源斷絕，猶如千千萬萬流落巴黎的異國藝人，他在貧窮中苦度歲月，1966 年 8 月 3 日因瓦斯中毒在寓所逝世。

陸

　　龐薰琹說當年常玉的畫給了他很大的影響，這從他作於 1930 年代的油畫《籐椅上的人體》很容易看出，與常玉筆下的女人如同一個模子刻出來的。無疑，常玉的藝術態度也給了龐薰琹深刻的影響，在巴黎時曾有畫商找到龐，許諾每月給他兩千法郎，暑假還可以去海邊避暑，但是必須履行幾個條件：每月要交上兩幅油畫和五十幅用中國毛筆劃的速寫……十年內要想改變作風，必須事前商量。龐當即拒絕了，他想起了常玉的告誡，也想起了一個故事：有人為了謀求生活享受，把靈魂賣給了魔鬼，後來雖然享盡了人間的榮華富貴，但是他成了一個沒有靈魂的人。

　　常玉生前雖然以落魄離世，但近年來他的作品卻不斷在藝術品拍賣市場上引起轟動，僅以最近的一次為例：2009 年 10 月 8 日在香港落幕的蘇富比秋拍中，常玉的畫作《荷花與金魚》以三千六百五十萬港元創下了最新記錄。

　　「這個作品一亮相便吸引了三名電話投標者和在場的數名競投者的角逐。」蘇富比二十世紀中國藝術部主管李亞俐描述當日的拍賣情景，說常玉的這幅畫作掀起了整個專場的高潮，「在最後的三分鐘裏，一名電話投標者及兩名現場競投者展開『拉鋸戰』。畫作最終由電話競標的中國私人藏家以三千六百五十萬港元高價落槌。這刷新了常玉的意境畫拍賣紀錄……」在五個月前的佳士得春拍中，常玉的《貓與雀》猶如一匹黑馬，創下四千二百一十萬港元高價，也成為他個人成交價最高的作品。

　　「二十世紀中國留洋藝術家中的許多人都受巴黎畫派的影響，常玉也是如此。」李亞俐說，「花卉是其中常見題材，《荷花與金魚》便誕生於這個時期。常玉共創作過四幅荷花題材的作品，其中《荷花與金魚》尺幅最大。」

相關書目

《就是這樣走過來的》，龐薰琹著，三聯書店 2005 年版。

《常玉》，顧躍編著，河北教育出版社 2007 年版。

《徐志摩選集》，人民文學出版社 1983 年版。

蔣兆和

知我者不多

壹

　　周思聰在懷念老師蔣兆和的〈沒有墓碑，沒有悼文……〉裏有一句關於老師的話：「您為人如同您的畫一樣，一但為人所知，就永遠留在記憶中。」蔣先生的為人姑且不提，但他的一幅畫，的確可以驗證周思聰的話——一但為人所知，就永遠留在記憶中。譬如他的《流民圖》。此畫是蔣兆和的代表作，代表了他一生藝術的最高峰。《流民圖》的故事，也就是蔣兆和的人生故事。

　　陳傳席曾把蔣兆和與徐悲鴻、林風眠並列為二十世紀中國畫改革三大家，在他的《畫壇點將錄：評現當代名家與大家》一書中，對蔣兆和也是褒揚有加，說蔣兆和的人物畫之所以好是因為有天賦。在褒揚他的人物畫的藝術特點之外，陳傳席不得不提到一個「棘手的問題」，這就是《流民圖》。因為如果沒有《流民圖》，蔣兆和在畫史上的地位便會大大降低：

> 《流民圖》給他帶來了榮譽，也給他帶來了煩惱。當年，北京城的名門閨秀、才貌雙絕的蕭瓊願意嫁給這位四十歲的窮光棍，是因為《流民圖》；當他走投無路、徐悲鴻解釋前嫌，重新聘用他為兼職教授，也是緣於《流民圖》；後來，他受到國外的邀請，而且成為東方國家唯一的代表畫家，也是得益於《流

民圖》；「文革」期間，他多次被審查、批鬥，幾乎要自殺，還
是因為《流民圖》……

從這段敘述中，不難看出，《流民圖》之於蔣兆和的意義了。

1998 年 2 月 18 日，蔣兆和的夫人蕭瓊將收藏了五十餘年的《流
民圖》捐獻給了中國美術館，在捐贈儀式上，八十二歲的蕭瓊說，她
認識蔣兆和就是從《流民圖》開始，1943 年《流民圖》在淪陷區北平
太廟展出時，就深深地打動了她，從那以後這幅畫陪伴著她，度過了
五十餘年的風風雨雨，《流民圖》在她身邊時她細心照顧，遠離她時日
夜縈懷……

陳傳席之所以說《流民圖》是個棘手的問題，係因為 1943 年蔣兆
和在北京（當時還叫北平）創作此畫受到漢奸頭子殷同的提議和經濟
上的支持。殷同死後，又得到「某君」的金錢幫助，這個「某君」據
說是日本特務川島芳子和她妹妹金默玉和哥哥金定之。而且《流民圖》
的展出是為了紀念漢奸頭子殷同。蔣兆和在當年的畫展前言中也談到
了此畫的創作動機和經過——陳傳席在舊報紙上找到了當年蔣兆和發
表在 1943 年 7 月 30 日《實報》上的〈我的畫展略述〉，陳傳席複印了
此文，「但不想公開，只披露他談自己畫《流民圖》時的動機和經過」：

> 至於製作此大幅國畫之動機，以及經過的情形，乘此機會略向
> 諸公作簡單的報告，數年以前，在某一畫展裏，鄙人參加一幅
> 作品，題曰「日暮途窮」，而得殷同先生的賞識，因此對於鄙
> 人有了相當的印象，之後殷同先生在別府養病，適鄙人由東京
> 畫展歸來，便中蒙殷同先生邀至別府小聚，所以有充裕的時間
> 議論到藝術上的問題，而殷先生對於藝術不但只能理解，而且
> 有所主張，尤為對鄙人甚是器重，北京歸來，於某日殷先生與
> 儲小石先生商議擬請北京之文藝界諸公一聚，所以在席間殷先
> 生對藝術有所鼓勵，並且囑鄙人擬繪一當代之流民圖，以表示
> 在現在中國民眾生活之痛苦，而企望早日的和平，更希望重慶

的蔣先生有所瞭解，此種用心之深沉，可見殷先生是為有心人乎……

得殷先生經濟上之幫助，只好勉為努力，自從受命以來，工作尚未一半，而殷先生已作故人，當時鄙人之心境可知……現在拙作雖不敢說是完成，只能說暫告一段落，茲逢殷先生於十月三十一日國葬之前，展開於大眾，以稍少補我於殷先生之一點遺憾，而同時以感答某君的感情與期待……

陳傳席說蔣先生此文「全文千字」，他摘錄的是關於此畫的創作和經過，字數有四百餘字，也就是說大約一半的篇幅，另外一半的篇幅又是說什麼內容呢？陳先生說不想公開，估計應該是蔣先生為「時政」所說的「客氣」話吧，否則陳先生何以不想公開呢？因為陳先生查閱此份《實報》發現：《實報》是公開漢奸汪精衛一夥辦的報紙，內容是媚佞日本帝國主義的，全是漢奸言論。陳先生說，「他這一次翻閱《實報》，才明白汪精衛一夥真是十惡不赦的賣國賊。正當中國人民奮起抗擊日本侵略時，他們卻在報紙上連篇累牘地宣傳所謂『大日本皇軍』，報導日本的『戰績』，並且誣衊抗日的軍民，真令人切齒痛恨。蔣兆和在這種報紙上發表文章，當然不太好。像齊白石這樣不問政治的『糊塗』老頭都知道將日本人配給的烤火煤退回，絕不和日本人打交道；黃賓虹也堅決拒絕日本人為他祝壽，更不和漢奸打交道。但我們也不必對每一位畫家做政治上的深究。蔣兆和的文化水平不高，對大是大非問題也很難弄清，我們頂多指摘他是一位缺乏政治頭腦的畫家，而不能指摘他是漢奸。」

陳傳席所要強調的是，蔣兆和當時儘管是依附於漢奸的，但他不是漢奸，他只為了畫畫，儘管他也承認蔣先生接受漢奸的贊助是其一生中的一個污點。之所以諒解蔣先生，是因為蔣兆和是一位只知道畫畫的畫家，沒有政治上的目的。「如果他是政治家，我們就不能諒解他了。」他只是一位畫家，他為了生存、為了畫畫，他依附漢奸，接

受漢奸的助款，但他不是漢奸。陳傳席如此「諒解」蔣先生是可以理解的，也是我們能夠接受的觀點，記得張中行在他的晚年回憶中談到1945 年抗戰勝利後當年的北京高校中的教授們大多因為在日占時期出任偽職而遭到解聘，其中在談到日本人佔領時期之所以出任教授是為了生存，並非做了漢奸。對歷史上的人物要有理解的同情，或許用到這兒是可以的，但不能不說，周作人之所以被稱為漢奸，他的出任偽職──而且是高高在上的偽職，即便是他為了生存也是不能給予諒解的。在民族大義上，還是有基本的道德底線的。蔣兆和當年依附於漢奸，不管從哪個角度，都是其一生的污點。但吊詭的是，他卻因此創作出了流芳百世的《流民圖》。其實，《流民圖》雖然是蔣兆和畫於北京，但並非描繪北京的情景，畫面上的百姓流離失所，飛機轟炸，其中一老者還雙手捂耳，以減弱震耳的轟炸聲，所反映的是國民黨統治區的情況，而不是日本人佔領區之狀況。當初殷同囑託蔣兆和創作《流民圖》，目的是「企望早日的和平，更希望重慶的蔣先生有所瞭解」。「重慶的蔣先生」即抗日領袖蔣介石，「他們希望蔣介石通過《流民圖》瞭解老百姓的苦難，不要再抗日，也是要投降日本。當然，這只是殷同等漢奸們的思想，而不是蔣兆和先生的真正思想。」蔣兆和在自述中一開始便說「鄙人作畫素以老弱貧病、孤苦無依者為對象」，而目的是「能達到大眾的同情」而已。實際上，此畫的效果的確反映了日本帝國主義侵略下中國人民流離失所的目的。

在陳傳席看來，「作者當時依附於漢奸，《流民圖》又是為了紀念大漢奸殷同而展出，很多人為此產生誤解，以為作者就是漢奸。不僅當時地下黨的負責人這樣認為，就連不在北京並曾經幫助和支持蔣兆和的徐悲鴻先生也誤解過。」其實，今天看來，不能說是造成這一後果僅僅是因為誤解。記得以前讀關於唐弢對抗戰時期處於淪陷區的文人為生存而依附於日本人或在漢奸控制的文化出版單位擔任職務的「落水文人」的不能諒解，作者感慨因為唐先生在當年的上海生活艱難，且有喪妻之痛，即便如此，也堅持了民族大義，絕不出任偽職。

從此一端，即可理解那一時期的民意如何看待文人的民族立場。陳傳席的意見是：「對於一個畫家，主要還是看他的作品，他的作品《流民圖》還是好的。至於為什麼畫，受誰支持而畫，都不必深究；至於作者一度依附於漢奸，當然和作者政治思想不十分清醒有關，但作者不是那種玩世不恭的人，不是那種為了個人目的而出賣國家的人，他只是一位迷於畫、只想創作的人，又迫於生計。我們應能悲其境，諒其心，哀其志，他畢竟創作出中國畫史上不朽的作品──《流民圖》。」

「我們應當悲其境，諒其心，哀其志，」這是可以理解的，但不能說「至於為什麼畫，受誰支持而畫，都不必深究」，不能因為《流民圖》是中國畫史上不朽的作品，就可以不去置疑當初畫家是「為什麼畫，受誰支持而畫」，這是不同的兩個方面。儘管此畫是不朽的傑作，但當時蔣兆和依附於漢奸的行為的確是他一生難以抹掉的污點。他是一個為謀生存的畫家，在那個時代，苟且偷生，如同大多數淪陷區的民眾，這是值得同情和理解的，但不能因為《流民圖》而僅僅把他當年的行為歸結為「政治思想不十分清醒」。如此以來，周作人、錢稻孫等文化漢奸當年的行為都可以得到合理的贏得諒解的解釋。當時的北京大學從西南復員北京也就不必解聘那些日占時期在偽北大出任教職的教授們了。

陳傳席對蔣兆和的為人是正面肯定的，也因此，他才諒解這樣一個老實的畫家在日占時期依附漢奸的行為，他尤其強調蔣兆和的行為和「那些為了炫耀自己、為了抬高自己、為了得到個人地位上的好處而去向日本侵略者獻媚，宴請侵略者等等的作為，有質的區別。」這種對比，顯然是矛頭有明確指向，譬如他對劉海粟當年在上海的行為就直斥為漢奸行為（《江蘇畫刊》1996 第 5 期）。陳傳席提出劉海粟是漢奸的證據主要有兩條。：

> 一是 1945 年 8 月 23 日出版的《新華日報》，刊有「文化漢奸名錄」，第一名文化漢奸是周作人，第二名文化漢奸是管翼賢，

　　第六名文化漢奸就是劉海粟，名字旁邊還打了三個黑點，下面有一段文字說明：「這位有名的畫家在太平洋事變後由南洋到上海，受敵偽的利慾的誘引，下了水，公然對偽新聞記者發表談話，稱頌「大日本」的「王道」了。

　　二是 1943 年 11 月 30 日的上海《申報》上刊登消息《劉海粟書展，昨預展盛況》，舉辦者是劉的友人張一鵬（汪偽司法部長）、林康侯、陳彬龢，都是當時著名大漢奸，而且與會的有「盟邦方面東亞同文會副會長津田中將、海軍武官府長近藤少將、鹽田上尉、陸軍川本大佐、華中振興公司高島總裁、岡部顧問……劉海粟親自招待，巡迴觀摩，風趣橫生……」，而在此之前，劉海粟與夏伊喬結婚大典，也是由陳彬龢做主持人，參與者多為日本軍政大員和一些大漢奸。據說，如果有好事者願去翻閱當時報紙，此類筆墨當不止於此，還會有與「盟邦」友人握手言歡的照片為證。

　　坦率說，如果以上述兩點判定劉海粟為漢奸，那麼，當時在《實報》上發表《我的畫展略述》和應漢奸之邀和贊助而創作了《流民圖》的蔣兆和也應被判定為漢奸，因為劉海粟同樣可以歸結為他當時是為了生存，他只是為了畫畫，他沒有做過出賣國家和違背民族大義的事情，不能因為劉海粟喜歡「吹牛皮」「太虛假」「自己說的話都不可信」「以和大官兒廝混為榮」等等人品問題，其依附漢奸和日本人的行為就和蔣兆和同樣依附漢奸和在日本人統治下做順民的行為就有本質上的區別，其實，從生存的意義上說，一在上海，一在北京，性質上是一樣的。只是個人生存的方式、態度和行為做派上有所區別罷了。假設一下，如果劉海粟創作出了《流民圖》，是否他的上述行為就可以諒解了呢？

　　順便一說，對陳傳席關於劉海粟漢奸行為的說法，當時為劉海粟辯護的也是有理有據：譬如他們提出當年《新華日報》刊載的「漢奸

名錄」是靠不住的，理由是此名錄乃是「讀者來信性質」。該報在登載〈文化漢奸名錄〉（二）之後，附有一句：「待續，歡迎讀者供給材料。」另有報紙發行人潘梓年所寫〈致讀者〉：「我們希望知道各方面漢奸情形的朋友，都把他們提出來。」更有人說，八年抗戰，形勢很複雜，加之內地和淪陷區實際上溝通有相當困難，這種群眾揭發，絕不能作為論人的依據。同時，抗日戰爭期間，劉海粟曾經到南洋展覽籌賑，並被日軍威脅、軟禁，最後被日軍押回上海，到上海後，又曾拒絕日本人的各種邀請。至於他為甚麼要與日本人言笑晏晏，那是因為當時情形很複雜。劉海粟為了夾縫中求生存，不得已而為之。而報上的文字，「正是日方要劉海粟為其服務，故意渲染親和氣氛，迫其就範的輿論和舉措」。

貳

　　關於劉海粟是否是漢奸的問題不是我所要討論的，我想說的是，為劉海粟辯護的理由「為了夾縫中求生存，不得已而為之」恰恰與陳傳席為蔣兆和為畫畫而不得不依附漢奸的理由是一樣的。陳傳席對於說劉海粟「不得已」之說，更是不以為然，他說：「那個時候，大多數畫家、作家、學者、作曲家等都直接參加抗日的鬥爭，作抗日宣傳，有的直接奔赴戰爭的第一線，有的甚至犧牲在戰場上——即使是落入日寇手中的藝術家，也決不向日寇屈服，更能拒絕日寇的拉攏，齊白石在北京堅決拒絕日本人的教授聘請，並退回日本人送來的烤火煤……」如果以此標準來置疑蔣兆和當時的行為，蔣先生和劉海粟又有啥本質上的區別呢？

　　說到這裏，又不能不提到兩封徐悲鴻在1950年代寫給時任文化部副部長的周揚的兩封揭發劉海粟是漢奸的信，一封寫於 1953 年 6 月 5 日：

周揚先生：

白石翁為答謝做壽，特贈先生畫一幅，囑為轉至，茲遣人送上，請查收。

前幾日，我為抗議漢奸劉海粟出任華東美專校長，曾與先生面談，並致長函備忘（又附覽劉國畫兩冊）。今覺意猶有未盡，再述如下：

劉海粟充當漢奸，其罪行輕重如何，吾人姑不置論，其喪失民族氣節，則是事實。此乃吾人最蔑視者，所謂「雖孝子慈孫，百世不能改」之污點。再則，劉海粟抄襲他人作品蒙蔽人民，鐵證如山，為清除文藝界之惡劣作風，此乃典型事件，我當堅持抗議到底！願知先生意見。又劉畫兩冊乃借自院中，請即見還，以示同人。

第二封寫於同年的 7 月 8 日：

周揚部長：

今日先生談擬開座談會，令劉海粟檢討，我回來思量，以為不必要，原因是：這可能成為像劉海粟在上海時自吹自捧的「檢討會」，不解決問題。我以為應叫他坦白下列各點：

(1) 上海淪陷時間與日本人有哪些勾結？參加過哪些媚敵活動？擔任過何種職務？

(2) 共盜竊過哪些作品？（如果寫明仿某作品不算盜竊）一一舉出來。

(3) 誰販賣形式主義？誰毒害了青年？是我還是他？誰是誰非？應嚴格檢討。

以上各點，須在一星期內交出材料與文化部，如果他能忠誠老實交代，我同意寬大處理。如果他還隱瞞或辯護，足證問題嚴重，文化部應嚴加追究查辦，我想先生當能同意。我當繼續收集有關材料，在他坦白期間暫不發表。

從這兩信可以看出，徐悲鴻對劉海粟當年的行為義憤填膺，且不說他倆之間的恩怨，僅從這兩信來看，徐悲鴻對劉海粟是希望政府能對其「追究查辦」的。當然，這是題外話了。

即使在徐悲鴻身後，徐的夫人還在此問題上堅持著徐悲鴻的觀點——柯靈 1979 年 6 月 20 日在寫給阿英長女錢璎（時任蘇州市文化局局長）的信裏曾如此說：「我來北京參加政協會議……劉海粟補選為本屆全國政協委員。聽說劉在京開畫展一事，徐悲鴻夫人寫信控告，但文化部認為控告過火，有些言詞與實情不符。」（《柯靈文集》第6 卷，文匯出版社 2001 年版，361 頁）

叁

晚年的蔣兆和曾寫過一篇〈我和《流民圖》〉，可以看做是蔣兆和自己一生的回顧。對於當年創作《流民圖》做了詳細的敘述和辯解——《流民圖》的創作不是殷同的提議，而是在 1942 年初，他就起草了《流民圖》的小稿，在起稿的過程中，很自然地反映出他所看到的每一椿觸目驚心的悲慘情景，一幕又一幕的人間地獄。開始製作《流民圖》時，他的生活仍是非常窮困的，經常沒有錢吃飯，依靠朋友為他推薦為人畫像得到一點微薄的報酬藉以糊口。「但是如何籌措製作這幅長卷的經費呢，卻使我躊躇良久不知怎麼辦。即使能創作出來這樣的畫，如何在淪陷區展出它也是很大的難題甚至要擔極大的政治風險。」在此前提下，才有了殷同其人及其與《流民圖》之間的關聯：

> 最早我和殷同並不認識，據聞其人頗喜好美術，在我被迫赴日本開展覽之前，他肯定是見過我的畫，並給我以相當的注意的，因為那時我已經有了一些小小的名氣了。我自日本歸國，途經別府，殷同也在那裏休養，即邀我為他畫像。這樣，我才第一次結識了他。在畫像過程中，殷同問我生活如何，我說在

藝專兼任講師，報酬很少，還得為人畫像方勉強維持生活而
已；他又問及我今後還想搞什麼創作，我本早有《流民圖》的
構思和作畫的想法，即答曰計畫畫大一些的畫，主要是描繪窮
苦人，他表示「你以後有什麼困難可到北京去找我解決。」到
了北平，我借此機會做了個計畫，把作畫所需的材料，外出的
路費和生活費用估算出來，就去找殷同。他表現得很慷慨，拿
出來一筆錢，大概相當於現在一千餘元人民幣。我當即設法去
上海、蘇州一帶城鎮農村，親自瞭解觀察南方淪陷區人民的生
活情況，搜集各方面的素材，耗時兩月有餘，回來後錢已全部
用光。

從南方返北平後即著手起畫稿，也沒有再去找殷同。當時我很
猶豫了一陣子，到底畫稿給不給他看呢；若是給他看的話，當
然可以名正言順地開口向他再要錢，因為繼續完成這幅巨作還
需要很多錢，而他以前資助我的錢早已全部花光；若是他看了
畫稿後表示不同意此畫的主題，那就更不好辦，不用說錢的問
題，恐怕連繼續繪下去的可能性也沒有了。我在這種猶豫不決
的心境中度過了三個月，在這期間殷同卻突然患急病死了。

殷同由別府回平時，曾請我吃了一次飯，當時有北平「藝專」
圖案系主任儲小石先生也在座，殷在問及我進一步的創作計畫
時，我說正要畫一大幅表現窮苦人的畫，於是此事就在美術界
傳開了，以訛傳訛，竟說「殷同親自委託蔣兆和畫《流民圖》」。
殷同在那次宴會上確實說過「你好好畫，畫好了可以給蔣介石
先生看看」這樣的話。說老實話，他說這番話的真正含義，當
時我也弄不懂是什麼意思。但是，我對社會上流傳的輿論也不
敢公開否認，因為確實是殷同拿了一筆錢給我，我確實也用了
這筆資助去準備創作《流民圖》這幅畫的。如果當時我要解釋
是我自己要畫《流民圖》，而不是殷同所委託，漢奸特務們必

然要追究我畫《流民圖》的目的何在。所以當時即使在我周圍的學生中，我也不能透露畫《流民圖》的含義，這種難言之隱，直到解放後我才敢於把全部真相披露出來。

在製作《流民圖》的過程中，我的經濟狀況極其困難，曾從多方面籌款（其中也有漢奸之流，至於該畫的含義他們是並不知道的）；當然對這種種的贊助，我是有自己的分析的，有的友人給我介紹畫像是為了收些報酬。也有的是想借花獻佛，走走門路，我本人則是以畫像來賺些錢，把《流民圖》的創作較順利地畫下去，否則沒有錢，不要說畫畫，甚至還要餓肚皮。這樣拖拖拉拉有一年多時間。

那時我還沒有成家，單身住在東城竹竿巷三十四號一個沒有南屋的三合院裏，這兒也是我的畫室。社會上許多人都曉得我會畫像，所以什麼樣的人都來看看，特別是我畫《流民圖》的消息一經傳出，便經常有些陌生人三天兩頭闖到這裏來，其中當然有不少敵偽便衣、探子和憲兵隊的人。他們問我畫什麼？我回答說素來就喜歡畫窮苦人，因而亦未加追問。在製作的過程中，我把全部構圖分成一節節地畫，畫完一部分就收好一部分，以免讓別人看出真實的內容來。直至全部畫完，準備公開展出之前才一下子拼成一幅，經過託裱成為一長卷完整的大畫。這樣經一年多的努力，終於在 1943 年秋完成了《流民圖》。

展出此圖，以個人的能力和名義是絕對不行的。在舊社會幹藝術這一行都必須要找後臺，甭管它是真後臺還是假後臺，是實質上的還是掛名的，反正你都得想方設法通過官方檢查機關，中外藝術史上是不乏其例的。我當時通過一個朋友去求管翼賢幫忙（小《實報》社長），並把一份《流民圖》的照片轉交給他審查。主管《實報》的管翼賢我並不認識，管那時有個日本

顧問，他看了照片以後說，必須滿足兩個條件，才可以考慮展出，第一此畫不要叫《流民圖》，改為《群像圖》，以免刺激輿論；第二是以什麼理由展出，他提出既然殷同贊助過，殷病故已屆一年，展出此畫正是他國葬之際，用以表示對他的感謝；同時還有一個「文化生活委員會」也出面支持。他們還要求我寫一篇稱之為《啟事》的短文，公諸報刊以示謝意。我親自起草的這篇短文，他們在發表時給修改了，儘管我不同意，但也毫無辦法，日偽當局是以展覽為手段宣傳他們那一套貨色，我的目的則是為了展出《流民圖》，只要艱難地透過嚴密的官方檢查機構，使該畫與社會人士見面，就算實現了我的初衷。《啟事》前段有幾句話很重要，雖經日偽刪改卻還能反映出我展出《流民圖》的意圖。記得頭一段的意思是，希望大家看了我的畫以後，不要誇獎我的技巧，也不要讚揚我的藝術成就，希望諸君在仔細看過之後沉思一下！這才是我展出《流民圖》的真正目的和真正涵意所在。……

經過各種曲折的努力和友人的幫助，這幅高七尺長九丈的《流民圖》終於在北平的「太廟」展出了。展出之前，我已清醒地意識到，這幅包含著一百多個人物的巨構，由於它反映出畫外千百萬被壓抑著的各階層人民的仇恨和憤怒及它所描繪的無聲的吶喊和控訴，必將遭到不幸的後果，它的展出很可能是短命的。因此我作了事先的應變準備，把從原作拍下的照片趕印了五十份。這些照片在展出當日的上午就賣光了。果然不出所料，《流民圖》展出還不到一整天，就立即被日寇勒令停展。雖然如此，看到此畫的人還是不少。最使我難忘的一樁事是，展覽當天的傍晚，《流民圖》已經收了起來，有一個中國員警走到我面前，恭敬地向我敬了一個禮，但什麼話也沒有說。他當時那種沉重的心情給我留下了極其深刻的印象。可見《流民

圖》只要與廣大人民見面，就會激發起愛國的共鳴之感，我至今一回憶到此事，就使我含著滿腔熱淚，不知道是悲哀還是安慰啊！我們中華民族的災難是何等之沉重啊，而發自人民心底深處的憤怒和抗議又是何等強烈呀！我相信正是在這種無聲的控訴之中，將會造就出偉大民族光明的未來的。

肆

蔣兆和因為《流民圖》，當年贏得了名門閨秀蕭瓊的芳心，1944年4月他們結婚時蔣兆和已經四十歲，從此，《流民圖》的故事就和他們兩人聯繫在一起了。用他自己的話說：那時他在淪陷區畫了些畫，已有些小名氣，消息輾轉傳到大後方，便有人說蔣某人可能是親日的……即便是當年在生活和藝術上幫助提攜有恩於他的徐悲鴻於抗戰勝利後從重慶來到北平，一度誤信了這些傳言，對他很冷淡。後來，在友人的勸說下，他才偕蕭瓊同去徐家。「見面時，我如實地將幾年來的經歷面陳，並呈上自己的畫集及《流民圖》。悲鴻先生一看畫冊，頗為驚訝，似乎又很激動，當時什麼也未說。徐先生隨即走進屋裏將當年在南京給我畫的素描肖像送給了我的夫人蕭瓊，以示對我們之間有深厚情誼的紀念。這時我深感悲鴻先生對我有所理解。幾天以後，徐先生就寫了一份正式聘書給我，聘請我到他主持的北平藝專任兼任教授。」

1950年代初在文藝界進行「思想整風」時，圍繞著《流民圖》是「漢奸美術」之類的輿論又複重起來，查來查去，徐悲鴻把蔣兆和找來當面問道：「你的《流民圖》是在赴日本展覽之前，還是赴日之後畫的？」蔣先生答道：「是在去日本之後，回國之後畫的呀！」徐悲鴻「會意地點點頭，以示首肯」。其實，在「文革」以前，蔣兆和作為中央美術學院的教授是受到重用的，他更是積極配合著當時的需要

在創作著作品，譬如 1950 年 10 月志願軍開過了鴨綠江，「抗美援朝，保家衛國」的口號響遍全國，蔣兆和立即畫出了《鴨綠江邊》，並在畫上題詞：「我是農民翻了身，鴨綠江邊和平村。美帝侵朝野心狠，戰火燒到我大門。中朝人民同患難，唇齒相依共存榮。抗美援朝伸正義，並肩作戰保和平。」他 1953 年創作的《給志願軍叔叔寫信》也成為他在新中國的一幅代表作，畫面上是兩個少先隊員在給志願軍寫信（畫面上的兩個小姑娘是他的兩個女兒），畫上題詞：「把學習成績告訴志願軍叔叔。」此畫先是刊載在 1953 年 6 月 1 日的《人民日報》上，後來又由人民美術出版社印成大幅的宣傳畫。1954 年，蔣兆和成為北京市人民代表大會代表。1955 年他畫了《毛主席與少年兒童》，這是他第一次描繪領袖。

伍

　　1958 年《蔣兆和畫冊》由上海人民美術社出版，收入了《流民圖》。第二年，蔣兆和成為全國政協委員。之所以列出這兩點，是想說明，在當時的反右運動等觸及知識份子靈魂的政治運動中，蔣兆和都一一過關，並沒有被打入另冊，相反，還獲得了全國政協委員的榮譽。因為不需要多加說明，全國政協委員對於知識份子來說，更多是組織上給了有代表性的專家學者的信任和榮譽，作為畫家和教授的蔣兆和，無疑因他的謳歌人民性和鮮明的進步性，成為美術界的代表。直到 1966 年的「文革」爆發，蔣兆和才無法倖免劫難。在「文革」中，已經患病的蔣兆和根據《人民日報》上刊載的毛主席照片，創作了領袖像：畫面上毛主席身著綠軍裝，高舉揮動著右手。左下角題詞是毛主席的語錄：「你們要關心國家大事，要把無產階級文化大革命進行到底。」在中共九大召開之後，蔣兆和又畫了一幅毛主席像。最終，蔣兆和還是沒躲避過劫難，在失去自由最悲哀的時候，他甚至想過自殺，他的最大罪證就是當年創作的《流民圖》。與之形成對比的是，1971

年日本造型社出版了日本評論家須山計一的《抵抗的畫家》,該書收錄了世界畫壇上具有批評精神的三十六位畫家,其中中國畫家有徐悲鴻和蔣兆和。關於蔣兆和有如此敘述:「在戰敗的前一年,《流民圖》曾在太廟展覽過。日本當局認為是反戰作品,只展覽一天就被封閉了。可是蔣兆和的好多作品在 1941 年曾在日本高島屋舉辦過展覽,是《流民圖》以前的作品。當時筆者參觀過,看到那種充滿生機而有活力的畫,倍受感動,至今記憶猶新。」(《〈流民圖〉的故事》,212 頁)

「文革」結束後,蔣兆和恢復了身份,包括他的全國政協委員身份,他和吳作人、劉開渠、李可染等一起成為指導研究生的導師。《流民圖》也重新見了天日。1986 年在他生命的最後階段,他對學生說,當年他「之所以沒被打成右派,在文化大革命中,發現了胡喬木和錢俊瑞給江豐的信,講他(蔣兆和)的作品得到群眾的擁護,可以重用」。這也就容易理解何以在反右運動之後,蔣兆和成為了全國政協委員。

陸

1941 年蔣兆和在他的《蔣兆和畫冊》第一集的序言中開頭一段說:「知我者不多,愛我者尤少,識吾畫者皆天下之窮人,惟我所同情者,乃道旁之餓殍。嗟夫,處於荒災混亂之際,窮鄉僻壤之區,兼之家無餘蔭,幼失教養,既無嚴父,又無慈母;幼而不學,長亦無能,至今百事不會,惟性喜美術,時時塗抹,漸漸成技,於今數十年來,靠此糊口,東馳西奔,遍歷江湖,見聞雖寡,而吃苦可當;茫茫的前途,走不盡的沙漠,給於我漂泊的生活中,借此一枝頹筆描寫心靈中一點感慨;不管它是怎樣,事實與環境均能告訴我些真實的情感,則喜,則悲,聽其自然,觀其形色,體其衷曲,從不掩飾,蓋吾之所以為作畫而作畫也。」

因為有了《流民圖》,對蔣兆和而言,「知我者不多」成為過去。

相關書目

《蔣兆和論藝術》，劉曦林編，人民美術出版社 2002 年版。

《中國名畫家全集・蔣兆和》，劉曦林著，河北教育出版社 2002 年版。

《〈流民圖〉的故事》，欣平著，中國文聯出版社 2004 年版。

《畫壇點將錄：評現代名家與大家》，陳傳席著，三聯書店 2005 年版。

《盧沉周思聰文集》，朱乃正主編，人民美術出版社 2006 年版。

《徐悲鴻書信集》，王震編，大象出版社 2010 年版。

馬衡

挑盡孤燈夢不成

壹

　　讀《馬衡日記──一九四九年前後的故宮》有幾則馬衡的日記引我興趣，譬如 1951 年 5 月 2 日的日記，先是有朋友來為一家書店託他寫市招，也就是寫店匾，他讓兒子代筆。接著又寫：「下午訪吳作人，請其作函介紹於齊白石，擬為季明索畫。」季明是他的弟弟，時在香港大學任教。這則日記之所以引我興趣，是因為它說明作為故宮博物院院長的馬衡特意到吳作人家託他寫介紹信以便到齊白石家為他在香港的弟弟「索畫」。這讓我想起《知堂回想錄》中關於馬衡對齊白石態度的描繪。在周作人寫的〈二馬之餘〉一文中，主要寫了當年同為北大名人的馬幼漁的弟弟馬四先生馬衡，其中有一則軼事寫道：有一次錢玄同和周作人轉託朋友去找齊白石刻印，刻印可以便宜，只要一塊半錢一個字，馬衡聽見了這個消息，便特地坐汽車到孔德學校宿舍裏去找玄同，鄭重的對他說：「你有錢儘管有可花的地方，為什麼要去送給齊白石？」

　　知堂所憶當是「五四」時期故事，在知堂的一班朋友中馬衡有兩點特殊之處，一是他的闊氣，二是他於刻印及鑒賞古物都很有工夫。馬衡當年在北大講授金石學，他之所以闊氣是因為他娶的夫人是鉅賈家裏的小姐，不過在這位闊小姐的眼裏卻十分看不起大學教授的地位，曾對別人說：好久沒回娘家去了，因為不好意思，家裏要是問起

馬衡幹些什麼，要是在銀行什麼地方，那還說得過去，但是一個大學的破教授，教她怎麼說呢？但是在那些破教授中間，用知堂的話說，馬衡卻是十分闊氣的，他平常總是西服，出入有一輛自用的小汽車，就連胡適買到一輛舊福特車還要在他之後。馬衡的鑒賞眼光很高，其時的齊白石儘管得到了陳師曾的激賞並有了大名，但仍入不了馬衡的眼裏。知堂說，在北京的印人，經馬衡認可的只有王福庵和壽石工。馬衡自己也會刻印，「但似乎是仿漢的一派。」這也看出，馬衡的鑒賞追求的是傳統一路，齊木匠的野氣是他所不屑的。

有一年正月知堂、馬衡和錢玄同逛廠甸時彙聚在一起，又遇到了另外的朋友，一位手裏拿出新得來的「醬油青田」的印章，十分得意的給馬衡看。馬衡將石頭拿得很遠的一看（因為有點眼花了），不客氣的說道：「西貝，西貝！」意思是說「假」的。這也看出他的性格。1924年溥儀離開故宮後，馬衡就參與了故宮文物的清點，故宮博物院成立後，在知堂看來，馬衡遂有了適當的工作。後來，馬衡還擔任故宮博物院院長。從 1925 年故宮博物院成立直到 1952 年被調離，馬衡在故宮博物館供職了二十七年，其中十九年是擔任院長一職。

事過境遷，當年馬衡特意坐著小車去阻攔錢玄同把錢送給齊白石，分明表現了他對齊白石藝術的態度，但到了 1951 年的 5 月，作為故宮博物院的馬院長也要通過朋友的介紹來給自己的弟弟「索畫」了。不過，這個「索畫」卻不是今天我們理解的不花錢「索要」，在本月五日的日記裏，馬衡寫道：「持吳作人函往訪齊白石，為五弟買畫三幀，價三十五萬元。」從馬衡的日記裏，能看出當時身在香港的馬五先生託兄長馬衡買齊白石老人的畫，馬衡很快就滿足了弟弟的願望。

《馬衡日記》收入的是 1948 年 12 月 13 日至 1951 年 12 月底的日記。也就是從當年解放軍圍城開始，到新中國成立後最初幾年故宮博物院的院長日誌。

貳

馬衡與他同時代的文人相比，就是在青壯年時代沒有養家之慮，他可以無憂無慮地沉浸在自己的嗜好中，原因無它，自然是因為他的岳家是上海灘上有名的「五金大王」。他的婚姻屬於官商聯姻門當戶對的娃娃親，在他十二歲時被「五金大王」選中，當時「許配」給他的「新娘」只有九歲。這段姻緣幾乎奠定了他一生的命運，「使他半生生計無憂，使他免去養育子女之辛勞，使他能夠在他所追求、所熱愛的事業中奉獻自己全部的智慧和精力。」這是馬思猛對自己的祖父馬衡的婚姻的看法。

馬衡沒有受過完整的學校教育，他在上海南洋公學只待了三個學期就輟學了，中途輟學的原因，馬思猛歸結為三：其一，馬衡自幼所受的是私塾教育，癡迷於金石學，喜愛的是書法篆刻，而南洋公學培養的是政治經濟人才；其二，當時學生要求教育革新的學潮風起雲湧，學校正常教學秩序常常受到破壞，而馬衡似乎對政治活動毫無興趣；其三，則是最重要的原因，就是馬衡因岳父去世需完婚以繼承岳家分給他夫人的家業。1902 年春，馬衡結婚。婚後，馬衡在葉氏企業董事會擔任了董事，在上海葉家的花園洋房裏，開始了他十五年的「寓公」生活（對這段生活，馬衡後來始終閉口不提）。葉氏企業給馬衡的年俸是六千銀元外加紅利，很是優厚。這為他廣集文物古籍、碑帖、拓本、印譜，專心鑽研金石學和結交師友提供了財力支援和物力保障。

1904 年，吳昌碩等在杭州籌創西泠印社，馬衡聞訊後攜自刻印章數枚去杭州拜訪，並成為西泠印社的早期社員之一。他還請吳昌碩為他題寫了齋匾「凡將齋」三個篆體字，匾後又以草書題跋：「《凡將篇》，漢司馬相如作，七言無複字，與史遊《急就篇》同。《藝文類聚》、《蜀都賦》注並引之。叔平仁兄以名其齋，其篤學嗜古深矣。書竟，為贅數語，乙巳秋季吳俊卿昌碩。」其時馬衡二十四歲，吳昌碩年長他三

十七歲。年青的馬衡如果沒有財力，僅憑自己的篆刻，要和已經名聲顯赫海上的吳昌碩交往恐非易事，更別說還給予如此厚譽的題跋了。《凡將篇》和《急就篇》均為以前少兒識字的閱讀正本，以「凡將」為齋名，也看出儘管身為大家族企業裏的董事，但興趣志向還是在古文字和金石上。此匾係用楠木鐫刻，本色為底，吳氏題字漆墨綠色，伴隨馬衡從南到北，直至終生。對於篆刻，馬衡屬於傳統觀念：「堅持篆刻必須字字有來歷，印章既為古製，又為憑信之物，所用文字，豈可標新立異、率而操觚。」（馬思猛）1949 年，新中國成立前夕，全國政協向馬衡徵詢「中華人民共和國中央人民政府」印璽刻製意見時，他仍堅持使用篆書的傳統觀點（他不喜歡齊白石的篆刻風格也就不難理解）。

　　在上海做「寓公」的日子裏，馬衡除與友人交往和參加葉家必要的應酬外，或偶爾陪太太玩幾圈麻將，大部分時間都是獨自待在凡將齋裏。在葉家生活的十五年，他與夫人共生育了十個子女，除此之外，馬衡打下了金石學的底子，還被于右任讚譽為「金石第一人」。他還繼吳昌碩之後，成為西泠印社的第二任社長。另外，身為葉氏企業的董事，他還需要到葉家在外地的五金雜貨行分號巡視。馬衡岳父葉澄衷一生節儉，雖身為大商人，卻自奉甚儉，臨終前還捐出二十五畝地，拿出十萬兩白銀創辦了「澄衷蒙學堂」（後改名為「澄衷中學」）。但是他積累的財富在他的身後卻讓他的兒女們生活在燈紅酒綠之中，他的幾個兒子個個都是三房四妾，抽大煙、搓麻將是葉家的生活時尚，葉家的產業其實在第二代手裏已經開始衰落。馬衡的夫人葉薇卿是葉家的么女，自幼嬌生慣養，脾氣暴躁任性，十幾歲就開始與大煙、麻將結緣，這些習慣幾乎伴隨了她的一生。馬衡和夫人一生的婚姻生活，在其孫馬思猛的眼裏，並不幸福。馬衡自 1917 年從上海到北京之後，他們夫妻離多聚少，抗日戰爭爆發後，馬衡隨故宮文物西遷到了重慶，馬夫人留在上海，那個時候葉家已經敗落，作為癮君子的馬夫人生活窘迫，於 1940 年 9 月在孤獨淒涼中病逝，年僅五十六歲。馬衡寫了題

為《秋雨》的詩，寄託哀思：「連宵秋雨太無情，挑盡孤燈夢不成。倚枕靜聽群動息，泉聲幽咽到天明。」抗戰勝利回到北京後，馬衡的臥室裏沒有任何裝飾，只是在牆壁上懸掛著一幅夫人少女時代的像片，還有一幅上海江灣跑馬廳的全景照（當年在葉家時，馬衡經常與他的一位妻兄一起到跑馬廳騎馬）。葉家和夫人的經濟支持成就了馬衡的金石嗜好，但夫人的劣習是馬衡很無奈的，後來馬衡保存夫人的唯一的念物就是她的煙具。直到 1950 年代初的「禁毒」運動中，才把此煙具「上繳政府」。馬衡的朋友評價馬衡的為人寬容大度「既衡且平」，馬思猛說這是他被夫人磨煉出來的「忍」字功夫。

馬衡之所以離開上海到了北京，得益於其兄馬裕藻的推薦。1917 年 6 月，北洋政府將國史館併入北京大學，在文科內設國史編纂處，新任北大校長蔡元培兼任國史編纂處主任，劉申叔、周作人、沈兼士等人為編纂員，還需要增加工作人員，馬裕藻時任北京大學國文系主任，便向蔡元培推薦了自己的弟弟。馬衡得知消息後，毫不遲疑，便放棄了葉家給他的豐厚待遇，辭去了葉氏企業的董事職務，於 8 月份攜兒子馬彥祥北上任職。這次離滬北上，是馬衡人生的一個重要轉折，也開始了他的職業學術生活。1918 年在沙灘的北大紅樓竣工後，馬衡就隨北大文學院遷入，在這兒一直工作到 1933 年出任故宮博物院代院長時，才辭去北大的職務。馬衡最初在北大拿的月薪是一百二十元，收入無法和在葉家相比。但這是他真正獨立的一份工作。四年後，馬衡在北大已經成為教授，才把全家從上海接到北京。不過在馬衡夫人眼裏，馬衡的教授工資沒有絲毫吸引力。其時，雖然馬衡辭去了葉家董事之職，但葉氏企業仍給馬衡的夫人薪資，直到抗戰爆發後，葉家的企業越來越敗落，再沒能力給她薪金。

張中行晚年寫的回憶老北大的文章裏有一篇〈金針度人的馬衡先生〉，回憶了關於馬衡在老北大講授金石學時期的軼事：1933 年暑後，馬先生帶著聽金石學的十幾個同學，步行到故宮去看青銅器，有同學發問：怎麼知道是真的呢？馬先生停住，沉思了一會兒，答：你要知

道什麼是真的，先要知道什麼是假的。另一個同學再問：那麼怎麼知道是假的呢？馬先生又陷入沉思，好一會兒，答：你要知道什麼是假的嘛，先要知道什麼是真的。同學們都笑了。張中行感慨說：「其實笑，都有輕微的看不起黔驢的意思，心裏想，既然是專家，通曉，為什麼不能說說呢？」其後過去許多年，張中行也開始親近古物了，也難於躲開真假的辨別，只選擇自己「略有所知」的說說，總結經驗，「竟仍是馬先生那兩句話，其精髓是多看，對比，可意會難於言傳。能意會是有所得，每逢這樣的時候我就不由得想到馬先生，原來那兩句看似可笑的話是金針度人。」

叁

　　在馬衡日記裏，尤其是 1948 年底解放軍開始圍困北平時期，他屬於堅決不跟隨國民黨去臺灣的民主人士之一，但卻非常關心著他的好朋友胡適能否順利南飛，如 1948 年 12 月 14 日的日記：「……東單廣場有小型飛機低飛欲行降落，蓋昨夜西郊機場已被破壞矣。因思適之不能不走，擬通電話，又恐不便，乃往訪之。閽者言不在家，詢以何往，則言不知，乃往北大訪毅生。座客甚多，農學院之入城者紛紛接洽安頓之所，因辭出，毅生送出門外，私語全云：『胡先生已走矣。』乃稍慰……」毅生即北大歷史教授鄭天挺。15 日日記：「聞適之昨未成行，今始南飛機……下午聞石景山已為共軍所據，電流中斷。炮聲至傍晚更密，八時後始漸息。是夜月明如晝，萬籟無聲。」對於國民黨「搶救教授」，在馬衡日記裏是如此看法：「下午至北大，聞教育部專機此後將不來。南下教授可免費搭運粉機至青島轉京。據毅生言，此次做旅行社工作，非為搶救教授。實不啻為台大當差，誠慨乎其言之也。蓋中央派機來接，實發動於傅孟真。孟真榮膺台大校長，意欲將北大、清華名教授羅致於台大，名為搶救，實別有企圖。實際上清華南去者僅月涵、寅恪；北大則真如、子水等數人，且未必皆受其羅

致。心勞日拙，何苦何苦。」此話也反映了馬衡當時對傅斯年等人的看法，也容易理解馬衡與留洋學者的心理不同。

　　在解放軍入城以後，馬衡的日記裏記錄了新中國成立前知識份子的微妙變化，譬如1949年3月1日的日記裏，「往北京飯店訪沫若、淺哉。甫下車即為崗兵所阻，並指門前揭示見示。會客時間為下午二至四時。余知不可以口舌爭，幸知沫若房間為二一九號，到院即以電話告之，並訂明日之約。」再看3月2日的日記：「至北京飯店，至第一道崗位即受盤詰，幸洪深、履兒已在門口遙望，亟來解圍，同車回家，夷初已先在，悲鴻夫婦亦同時到門，沫若、田漢、安娥乘履兒車先發而後至，以彼等二時開會，隨即入座。沫若已止酒，田漢、洪深亦加節制，蓋恐醉後失言也……」此日記中的履兒，即馬衡的兒子馬彥祥，此時是以已參加了革命的知識份子的身份入城。一句「蓋恐醉後失言也」道出了在即將到來的新體制下，即便田漢、洪深等這樣左翼文人中的代表人物也知道「亦加節制」，勿使自己醉後失言。在3月10日的日記裏，很簡單的幾句，卻描繪出在新中國即將成立前馬衡的自我要求進步：「咳嗽已止，胃尚不適。繼續休息一日。終日讀《毛選集》。」

　　在稍後的馬衡日記裏，關於傅斯年的記錄也揭示了當時左右陣線的分明和左翼對「文化戰犯」的態度，如1949年3月18日的日記：「沫若電話謂鄭西諦等今晨到平，對文物事有新資料。因赴北京飯店訪沫若，同詣六國飯店。據西諦言，主張遷移文物最力者為王世杰、傅斯年、朱家驊。王並取得蔣之同意而積極進行者。陳叔通為余言，傅於開會時對余反對遷移大加攻擊，並於蔣前大進讒言，果不出余所料也。」在次日的日記裏，又有和郭沫若等開會，將傅斯年定為「文化戰犯」的討論情景，「郭謂傅為主動罪，故不容赦。」

　　馬衡雖不屬於「左翼」文人，但他的思想是追隨時代的，如1949年5月12日的日記：「讀昨日《人民日報》所載陳援庵垣致胡適之公開信，自認從前未認識且不知新民主義，自解放後得讀新書如《中國革命與中國共產黨》、《新民主主義論》、《論聯合政府》等書，始大徹

大悟，自信不離北平之得計，勸適之及早覺悟。句句忠實，語語透徹。此老真不可及。一般頑固分子經此當頭棒喝，當受影響不淺也。散值後訪之，擬與長談，適值其往校中聞會，悵然而返。」

　　從其日記中可看出，還沒到 1949 年 10 月 1 日開國大典，知識份子們已經開始主動檢討過去的思想和歷史了，開始了與時俱進。在新中國建立初期，知識份子非常受重視，而且他們自己也知道自己在領導人眼裏的分量，例如馬衡在 1950 年 8 月 16 日的日記裏記錄：「赴蘇藝術品徐悲鴻之作多不滿人意，故多未入選，徐甚憤，乃致函政務院。今晨文化部書來，謂將重陳以備複選，誠多事也。」儘管馬衡和徐悲鴻是非常好的朋友，但很顯然，馬衡對此不以為然。在次日的日記裏，他寫道，因赴蘇的藝術品中「蓋現代畫為悲鴻所徵集，此次大批落選，並其本人之最得意作品亦與焉，因致書周總理，請求重付審查，以平諸藝術家之憤。下午周總理來，丁西林、洪淺哉皆先來相候。審查結果又於落選中選出數件，悲鴻占二件，皆國畫。周謂國畫較可藏拙，似亦有理」。

肆

　　由紫禁城出版社出版的《馬衡詩抄・佚文卷》中，附有〈馬衡等五人致社會各界傳單〉，係由馬衡、沈兼士、俞同奎、吳瀛、蕭瑜等五人商定，吳瀛執筆。此文背景是：1928 年 6 月國民革命軍第二次北伐成功，南京國民政府任命易培基為接收北平故宮博物館委員，電派在北平的馬衡、沈兼士等五人為代表，接管了故宮博物院。稍後，身為國務委員的經亨頤認為故宮文物為「逆產」，提議「廢除故宮博物院，分別拍賣或移置故宮一切物品」。經亨頤的這一提案居然獲得了通過，針對此事，馬衡等五人寫出了此「傳單」。此傳單回顧了故宮博物院成立的經過和保護的艱難，尤其是「故宮文物為我國數千年歷史所遺」的價值和意義，以反對經亨頤的提案。後面的故事不需多說了，故宮

博物院自然保護下來，我想說的是，在這五人中，馬衡和吳瀛的名字並列其中，而此兩人，在後來的易培基「故宮盜寶案」的故事中還有著扯不斷的故事。吳瀛後來寫過一部《故宮盜寶案真相》，再版時以《故宮塵夢錄》為名。

《故宮塵夢錄》係紫禁城出版社推出的「故宮文叢」書系中的一種，作者吳瀛是吳祖光的父親。吳祖光之子吳歡在《故宮塵夢錄》一書的後記〈數典念祖話先賢〉一文中感歎說：祖父吳瀛先生的這部遺著從民國時到新中國成立，半個多世紀的滄桑塵埋，久成絕響，歷經他家三代人的磨難，幾乎在世界上銷聲斂跡，卻終於有了今天出版的結果。

其實吳瀛的這部回憶錄在 1983 年曾由文史資料出版社以《故宮盜寶案真相》為書名出版過，亦並沒「久成絕響」，在同樣收入「故宮文叢」書系的劉北汜著《故宮滄桑》書末所列的主要參考書目中也列著該書。吳祖光在 1981 年 11 月寫了〈懷念父親〉一文，作為父親遺作《故宮二十五年魅影錄》一書的序文，該書出版變書名為《故宮盜寶案真相》。

吳歡說，1957 年吳祖光被打成「右派」並被發配到北大荒勞動改造，「祖父一氣之下腦溢血中風復發去世……」而在〈懷念父親〉中吳祖光是這樣寫的：「……1955 年，在他（指吳瀛先生）病倒五年之後，我接他從上海來北京同住，那時他雖然行動步履十分艱難，卻仍用左手寫字作畫，吟詠詩詞，表現了十分頑強的精神毅力。他一生富有同情心，忠於友情。1958 年 10 月，在病榻上見報載他的老友鄭振鐸先生因飛機失事遇難，痛苦不能遏止，腦血管再度溢血，病情急劇惡化，臥床不起，於次年 5 月 14 日去世。」

吳瀛先生的回憶錄雖提供了「故宮盜寶案」的第一手資料，但他在回憶中夾雜的過多私人恩怨甚至人身攻擊，反而沖淡了其回憶錄的史料價值。吳歡的「念祖」耿耿於懷的是祖父所受的怨屈，卻沒有超越親情的歷史剖析。

現代史上的故宮盜寶案或說「易培基盜寶案」早已被證明是一椿冤案。關於易培基及其冤案的來龍去脈在《故宮滄桑》和那志良的《典守國寶七十年》（紫禁城出版社 2004 年版）等書中都有不同角度的描述，說來說去，脫不了不同派系之間明爭暗鬥的老套故事。在這些有關「易案」的回憶中，即使提到吳瀛，也只是一筆帶過，畢竟他只是易培基手下的「小人物」。從復活歷史來看，吳瀛的《故宮塵夢錄》體現了「小人物」的回憶能補充「大歷史」的豐滿。

吳瀛的回憶大多與參與籌建故宮博物院的民國元老譬如吳稚暉、李石曾、莊蘊寬、易培基、張繼等人有關。拋開「易案」的是非曲直不談，作為「易案」的三名被告：易培基、李宗侗、吳瀛，是以這樣的關聯呈現在故宮的「塵夢」裏：故宮博物院院長易培基所提攜重用的秘書長李宗侗是自己的女婿，還是民國元老李石曾的侄子。名列秘書長之下但待遇相同的「簡任秘書」吳瀛是大家都清楚的易院長的「助理」——吳瀛之所以能參與到故宮博物院中來，除了他自己醉心於書畫文玩，欲一睹故宮所藏之外，更重要的原因還在於他和易培基是昔日兩湖書院的同窗好友，另外還有一個不可忽視的背景，他是北洋政府審計院院長莊蘊寬的親外甥。

除了這些官員，故宮博物院更有一批北大的學者，如擔任副院長兼古物館副館長的馬衡、文獻館副館長沈兼士等。吳瀛在回憶錄裏對「那些北大先生們」語多不恭，明顯分屬兩個陣營。用他自己的話說，若他真做故宮秘書長，「那些北大先生們或者又要同盟罷工正未可知。」他自認和北大派的矛盾是因他的職責所在，大家都是為了故宮的事業，沒有私欲。他談起這些並無回避，顯示了君子的坦蕩。從今天的角度看，北大派的先生們又怎能輕易認可作為顯宦親屬和易院長私友的吳先生呢。

吳瀛在回憶錄裏攻擊最烈的是張繼。在吳先生看來，「易案」發生的伏筆在建院初始就已埋下——凶易培基的反對，本來內定副院長的張繼只擔任了文獻館館長。吳先生眼裏，「張繼早年追隨孫中山革命固

然有功，但在家懼內至於公然陷害朋友，將易培基活活逼死不算，還要趕盡殺絕不與他為伍的人士。手段惡劣到極點。」張繼也許的確懼內，「易案」的發生也許的確與李宗侗衝撞了張繼夫人崔振華有關，但關於張繼夫婦，吳先生的敘述顯然有些誇張漫畫。譬如為了說明張繼的懼內和張夫人的兇悍，他引別人的話說，張繼在家中曾赤身裸體被母大蟲般的夫人揪住「命根子」責打……

吳瀛對易院長的繼任者馬衡也多有不滿。在吳先生看來，馬衡對「易案」態度曖昧，連易培基含冤去世他都沒有出現，而在故宮創辦時期，易對馬是十分的重用……其實，馬衡對「易案」的態度並不曖昧。在方繼孝著的《舊墨記——世紀學人的墨蹟與往事》（北京圖書館出版社 2005 年版）一書裏，有一篇〈馬衡「附識」談「易案」〉介紹了馬衡的一封手札——馬衡對其《關於鑒別書畫的問題》一文加了一則三百五十字的「附識」，說明此文就是為「易案」辯證。而這則手札。更成了絕佳的翻案文章。文中寫道：「此文為易案而作。時在民國廿五年，南京地方法院傳易寅村不到，因以重金雇用落魄畫家黃賓虹，審查故宮書畫及其他古物……」

先撇開馬衡視黃賓虹為「落魄畫家」不談，馬衡對法院的做法很不以為然：凡黃賓虹認為假，則必定是易院長給掉了包，如此斷定的前提是皇宮裏怎能有贗品呢。馬衡所要強調的恰恰是皇宮裏不僅早有贗品，且數量不少，而黃賓虹的鑒別更有問題……黃賓虹當年應邀鑒別故宮書畫古物時，已七十多歲，在有關黃賓虹生平的年表上，對此大多取其「權威」之意，但在馬衡等人眼裏，一句「落魄畫家」已不言而喻。

「易培基盜寶案」的受害者，除了死不瞑目的易培基之外，吳瀛的遭遇比起那志良《典守國寶七十年》中所回憶的，因「易案」獲罪下獄的另外兩位更小的小人物，顯然要幸運多了，這樣說絕非有菲薄吳老先生之意。吳老先生因寄情於書畫文玩而迷戀於故宮博物院的事業，從起初的「顧問」，到毅然投身，到不能自拔，再到身陷冤案，實在是人生的悲劇。

　　1949 年 10 月後，已在上海定居的吳瀛先生因有陳毅等老朋友的照顧，生活景況不錯。正因了這種知遇之恩，更不辭勞苦奔波於文物的尋訪和保護，終至一病不起……後來吳祖光被打入「右派」另冊，自然要影響老人的心境，但其直接的死因未必就歸結為吳歡說的「一氣之下」，因為在這之外，畢竟還有吳祖光的另一種說法。

　　關於吳瀛，吳祖光在〈懷念父親〉一文裏說，在他的一生當中，他感到最有興趣的莫過於從 1924 年至 1934 年整整十年當中的故宮博物院的職務。從接收清宮文物的開始他就興致勃勃地投入工作，開始是由於他在內務部的職務來兼顧故宮博物院的創辦工作，後來甚至離開了自己的本職，以故宮為主要的職務了，但是，正是在故宮，因為「他的自幼相交的同窗好友易寅村先生——故宮博物院院長——乃是一個薄情負義的朋友」，但是，吳瀛卻是「一往情深，至死不渝」，由於易的含冤棄世，他一刻也沒忘記為易申雪冤枉。1949 年上海解放之後，「父親還為這件事給新的人民政府的領導同志寫信呼籲。我們尊敬的董必武同志還親自登門來拜會過我的父親」。

　　馬衡和吳瀛的結怨恐怕起因於馬衡上任故宮博物院院長一職後的裁員，關於故宮裁員，那志良在《典守故宮國寶七十年》一書中曾說：他對馬先生的人格學問，一向是佩服的，但對於他在裁員中「不考慮個人成績胡亂裁人」（「這次裁人湖南籍也是被裁條件之一」），儘管「不相信出於他的本意」，因為在那先生眼裏馬衡是「一位誠懇待人的學者，不會如此，但是這事的後果由他負責」，對於這件事，他是大不以為然的。就是在這次裁員中，作為故宮文獻館館長的張繼和秘書吳瀛這樣的高級職員也被裁掉了。

　　在馬衡的日記中，也記錄了新舊時代交替時「易案」或者說吳瀛給他的生活帶來的糾纏，如在 1949 年 10 月 24 日的日記裏，馬衡寫道：「聞吳瀛以『易案』經十餘年沉冤莫白，特上書華北人民政府請予昭雪。董老擱置未覆，頃又上書於毛主席，發交董老調查。晨詣冶秋始知吳瀛之請昭雪『易案』，完全對余攻擊。謂張繼、崔振華之控訴易培

基,為余所策動,殊可駭異。因請冶秋轉達董老,請撥冗延見,以便面談,並希望以原書見示,俾可逐條答覆。」在稍後的 10 月 27 日的日記裏,馬衡又記錄:「昨冶秋電話以吳瀛上書,董老不願於此時出以示人,因其足以刺激人之情緒,允俟將來見示。現望余將所知事實,寫一節略。以為對照資料。因於辦公時間抽空寫之。苦於記憶不清,又託席慈為我採訪。」在 1949 年 10 月 28 日的日記裏,馬衡記錄「節略」已經寫成。不過,此事再沒下文,董必武沒有回應馬衡要求面談的請求。到了 1950 年 2 月 4 日,馬衡在日記中再次提到此事:「取舊日張菊生(元濟)先生七十生日論文集中抽印《關於書畫鑑別的問題》一文,加以附識,託冶秋致董必老。」

伍

在馬思猛看來,馬衡 1950 年代初的一些遭遇與吳瀛的上書有直接的關聯,在他的《我心中的爺爺馬衡》一書裏關於此事的來龍去脈也講述了很多。本來只知道吳瀛是吳祖光的父親,從馬思猛的勾沉中醒悟了吳瀛何以「非等待到另一個時代」裏「無論如何要出這口惡氣」的一些背景:1919 年時任北洋政府京都市政督辦署坐辦的吳瀛,接待了他在湖北方言學堂英文系的同班同學易培基,當時易培基係湖南長沙師範學校的教員,他以總代表的身份和學生毛潤之(學界代表)率領「驅逐湖南軍閥張敬堯赴京請願團」來到北京,吳瀛安置了他們的食宿,還把他們介紹給時任北洋政府審計院長的舅舅莊蘊寬,莊蘊寬又去找了大總統徐世昌和國務代總理段雲鵬。後來的結果自然是「驅張」成功,易和毛之所以來找吳,一方面是因為易和吳當年同學,另一個原因是,湖南長沙師範裏另一位器重毛潤之的老師李清崖是吳瀛的姐夫。而毛潤之進京,李青崖和夫人吳琴是重要策劃人。從這個關係上不難看出,何以在中華人民共和國剛一成立,吳瀛關於「易案」的上訴信就遞交給了正繁忙中的毛澤東(也就是昔日的毛潤之)的手

上。其時，張繼已經去世，另外一些當事人大多去了臺灣，只有所謂的「易案」得益者馬衡尚在北京，何況馬衡還被吳瀛看做是背後鼓動張繼等人挑起「易案」的主謀呢。吳瀛先是告到時任華北人民政府主席董必武處，董未予受理，「吳又一紙告到易培基的學生、與其有著深厚淵源的毛澤東主席那裏，毛主席將狀告函批轉董必武處，令其調查……」此事當時不了了之，但之後在「三反」運動中，此事又被重新調查，也成了馬衡被重點追查的心病。

《馬衡日記》1952 年 1 月至日記終結部分沒有公開出版，原因自然是「由於種種原因和不便」。「三反」運動是觸及馬衡身心的一場運動，所謂「三反」即反貪污、反浪費、反官僚主義，並非專門針對知識份子的政治運動。作為故宮博物院院長的馬衡，在這場運動結束後，就離開了故宮，最後抑鬱而終。關於「三反運動」，馬衡生前自己從不提及，若干年後，他當年的兩位親信也成了老人，才在回憶中談及了故宮當年的「三反」，這就是朱家溍和王世襄。他們兩人是當年被審查的重點對象，其中一個內容就是逼問他們馬院長是如何指使他們為他盜寶並設法潛移院外的……

在「三反運動」中，馬衡先後寫了〈我的社會關係〉、〈檢討思想〉、〈五代書畫簡目〉、〈交代歷史問題〉、〈我的用人問題〉等等，最難過關的是「思想檢討」，從 1952 年 3 月初，一直到 5 月中，「反反覆覆根據要求修改不下十遍。」從馬思猛披露的部分日記看，「易案」仍在糾纏著馬衡：1952 年 5 月 18 日，馬衡交上〈我的思想檢討〉，又有話傳來，領導故宮「三反運動」的負責人之一楊時「希望略談易案之經過」，馬衡又於 5 月 19 日、21 日先後寫了〈我所知道的易培基盜寶嫌疑案〉和〈我對三反運動工作之檢討〉……後來，在時任政務院副總理的郭沫若的過問下，馬衡被允許回家靜候公安部的結論和組織安排的。1952 年底，馬衡接受了「故宮三反學習之領導者（公安部），因尚有七人未處理，全案不能結束，以囑余先到文整會工作」，這七人就包括他所信賴的王世襄和朱家溍，後來這七人全都先後獲釋。

　　馬思猛說，「在爺爺的日記中，沒有提到自己被免職，也沒有提到任何領導和組織的談話內容，爺爺對這起發生在新社會的故宮冤案始終守口如瓶直至離開人間……」

　　1955 年 3 月 25 日，馬衡去世。臨終前他囑咐子女，把他一生所集，全部捐獻給故宮博物院。馬思猛說：「父親晚年曾告訴我，為證明你爺爺的清白，我請文化部派人到家裏把爺爺所有遺物，全部封存，隨後又讓故宮博物院運走。」

相關書目

《馬衡日記：一九四九前後的故宮》，紫禁城出版社 2006 年版。

《金石夢故宮情》，馬思猛著，國家圖書館出版社 2009 年版。

《故宮塵夢錄》，吳瀛著，紫禁城出版社 2005 年版。

《典守故宮國寶七十年》，那志良著，紫禁城出版社 2004 年版

常任俠
身為教授

壹

1947 年 7 月，常任俠從印度給他在國內的侄子寫信，談到他何以到印度的大學裏任教和不回國：「吾自抗戰軍興，身列戎行，目睹政府種種貪污腐敗之狀，每為憤慨。在渝有時論列時事，據實指摘，遂為當局所忌，特務偵察，日日追隨吾後，尋隙加以陷害，但吾直言如故，以身為教授，表率群倫，丈夫風骨，故如是也。」

「身為教授」，這是常任俠「表率群倫」的「丈夫風骨」的底氣所在。在他看來，「擁多金而高位者，多無恥之輩也。」

在信中，常任俠談到了自己走過來的路和人生經驗：

> 吾年十二至十八，始學識字，讀詩書而不解其意，二十以後，始漸通文理。三十以後，乃棄文學而治史學，平日惟嗜讀書，得錢即以購書……吾於學無所不窺，而獨不通生財之道，以故屢空。……昔吾曾為詩，頌蔣主席抗戰，於廣眾之前讀之，于公右任為秉燭，而張君道藩來鼓掌稱善，人或謂吾名震公卿間，吾後深恥之。夫貢諛辭則得官，進直言則罹禍，統治之主，多好諛語而惡直言，此歷史所常見也。昔司馬相如善文辭，而漢武以倡優蓄之，惟倡優得主歡者，乃可多金高位，丈夫風骨，於焉盡失，故不願汝輩更為文人也。

　　寫此信時的常任俠四十五歲，人到中年，以自身的人生經歷和態度告誡晚輩，強調「丈夫風骨」，一句不希望「汝輩更為文人也」，道出了既是文人又是教授的常任俠對自身處境的無奈。常任俠終其一生，其文人特點和教授身份的自重始終糾纏著他的內心和生活。他當時說，之所以離開中國到印度，是因「不願立於緊舌之朝，與兇殘無恥者為伍」，對於國內局勢也有清醒判斷：經濟已臨崩潰，社會將有大變，為期已不久矣。

　　從此信不難看出，常任俠在當年屬於「左翼」文人教授之列，但又不是堅定的布爾什維克式的「紅色」戰士。

　　「文革」以後，耄耋之年的常任俠得知自己在家鄉的一個侄輩有可能被「安排」為縣政協人員時，在回信裏再三叮囑侄子：「切記不要亂說話。1.以黨領導；2.無產階級專政；3.走社會主義道路；4.以毛澤東思想為指導。此四條不可更動。反此就將被整肅。」最後還加上一句：「以後來信，可寫小字，不要用公文紙。」

　　寫此信時的常任俠，與當年在信裏談「丈夫風骨」時的態度相比，其精神上的謹小慎微和對「整肅」的戒懼心理判若兩人。此信寫於 1981年 2 月 11 日。

　　晚年的常任俠對自己的處境其實有著很多不滿，在書信中時常發牢騷。不過，他更有著可愛的自信，也時常在給晚輩的信中有所流露，譬如對於家鄉人邀請他回故鄉看看，他在信中說：

> 思想故鄉，人情之常，欲與家鄉親故，一敘契闊，無日或忘，惟腿病所累，不敢就道耳。且自幼生長之地，至今地無一畝，屋無一間，不似魯迅、茅盾等人，都有故居；當代革命名人都有館紀念。我回故鄉，觸目生感，無處棲止，徒累汝輩。不如多多寫作，惜此餘年時光，多寫幾冊著作，留贈社會。魯迅固不敢企望，若今文壇名輩，竊願與之比肩，以爭一得。

　　1982 年 10 月說此話的常任俠七十有九,一句「魯迅固不敢企望,若今文壇名輩,竊願與之比肩,以爭一得。」在他的自信中,也流露著文人的可愛。其實當時的文壇,能知道常任俠大名的又有幾人,更不必說今天的讀者如我輩了。

　　後來他於 1985 年夏天還是回了一趟安徽潁上的故鄉,讀他那幾年與家鄉侄輩的通信,常常在信裏表達他的繁忙和生活上的清貧,而且對家鄉晚輩希望離開農村(或許希望得到他的「幫助」)的話,直接給予批駁:

> 張莊的生活,比我在京的生活好得多,若果法超離開了土地,前途暗淡之至,可把我的話轉告他。現在靠工資生活,逐漸困難。我們連青菜也吃不起,比我低下的講師,常是五六口人,一間小屋十平米,父母、妻子、兒女蜷居一室,有的只有六平米或更小。現在萬元戶都在農村,城市職工收入多在七十元以下,以五口人計,食品不豐,可以推知。若以蔬菜習慣,儘量節儉。但妻子、兒女常以無肉,頗有怨言,吾力不能及也。

　　此話出自常任俠 1985 年 10 月 18 日寫給侄子的回信。但說實話,看到這樣的內容,我覺得常先生有些過於矯情,字裏行間透露著不想讓農村晚輩給他添麻煩之意。1985 年,當時儘管農村因包產到戶等等政策扶持誕生了許多萬元戶,但若說農村的生活就比北京的生活好過,實在有些誇張,要看如何相比,若論生活成本,當然農村生活簡單,但若以生活的實際水平和心理上的滿意度來衡量,城裏人願意和農村人換位生活嗎。當時常任俠是離休的一級教授,工資在知識份子中屬於高工資檔的,他夫人也有工作,儘管有小兒女,但若說生活上比一般城市職工階層的家庭生活還不如,是不能令人信服的。當時我工作於中國科學院駐青島的海洋研究所,整個研究所裏只有一位一級教授,即便是二級和三級教授都是寥寥無幾。一級教授的工資在我們眼裏,負擔兩到三個子女的費用是沒有問題的。當然,不是說常任俠

的生活多麼富裕的問題，而是在此信裏，讀到的是常任俠在家鄉晚輩
面前的一種保護自己的心態。對於家鄉晚輩來說，常任俠的地位和身
份也的確能給他們帶來許多想像的空間：中央美術學院教授，詩人，
藝術史家，書法家。用他自己的話說，是北京市政協連任一至七屆已
三十多年的老常委，當時比他年長者多已辭世或退下，而已八十四歲
的常任俠依然是政協常委，在知識份子中這畢竟是一種榮譽和地位的
象徵。應該說，在常任俠同時代的學者中，常先生的晚年是很幸福的，
其地位也遠在一般的教授之上，他自己也終於加入了黨組織（他八十
三歲時成為中共黨員），在他那一代老學者中，並不是晚年想入黨就能
入黨的。作為「特級終身教授」，在醫療和保健方面，「可以特支經費，
有兩女服侍，諸事如意。」（1995 年常任俠九十二歲寫給侄子的書信，
《常任俠書信集》，28 頁）

　　常任俠晚年在給侄輩和他人的信中，談到他自己的經歷時，常常
提到當年周恩來總理對他的禮遇，譬如：「1956 年奉國務院周總理派
赴印度新德里，主持國際佛教藝術展覽，以國務院顧問名義兼團長，
主管中國部，包括西藏地區，曾手挽班禪與達賴兩代表，繞場一周，
深得總理褒獎。」

　　晚年困擾常任俠生活的問題主要的是房子問題，這在他寫給幾位
與其有交情的「大人物」的信裏有詳細陳述，譬如：1982 年 7 月 16
日致時任國務院古籍整理出版規劃小組組長的李一氓的信裏寫道：

> 我之居室，至今未獲調整，冬日寒冷，常三月不能撰述。且為
> 全國僑聯及民盟中央均做對外聯絡工作，國際友人及台港同
> 胞，多來訪問，來客數人，即無坐處。室無便所，來客須就公
> 共廁所，而又相去頗遠。以此頗致驚訝，以為優遇知識份子，
> 不過如此，對於聯絡統戰工作，深有妨害。近國務院新建木樨
> 地二十四號樓，有友數人，業已遷入，聞尚留有室四十套，以
> 待臺灣來歸之人。其他宿舍，所留聞亦不少，來歸者不知何日，

黃金台，招賢館，何不請自隗始也。擬將此情，寫一函與胡耀
邦同志，不知當否？馮驩彈鋏，非止聊以解嘲，毛遂自薦，無
非為了工作，幸希指教，即祝近祺！

在隨後 23 日又致李一氓的信裏對住房問題再次提到：「……一家
七口，室小不敷用，書籍堆滿床下桌上，不能展讀，書桌兒女都來佔
用，寢室、工作、會客都局促一室之內；冬日室內甚寒，因暖氣、衛
生設備、廁所、電話均在浩劫時期盡遭破壞，不再修復。冬日雙膝受
凍，不能工作，誠有改善必要耳。」

但從 1991 年 9 月 25 日他寫給時任中央美術學院人事處處長毛鳳
德的信中可知，他仍住在原來的房子裏：「……1981 年國務院任命我
為古籍整理出版規劃小組顧問，又擬準備給我一套國務院的住室，後
來沈錫麟秘書又告訴我，美院級別不夠而作罷。」

北京木樨地二十四號樓即所謂的部長樓，錢鍾書、姚雪垠、胡風、
江豐、丁玲等人都被安排住了進去。對比之下，在 1949 年前一直以「左
翼」追求民主在新中國成立前回國參與「建國大業」的常任俠來說，其
心理的失落是可想而知的。此信是和美院人事處長談他的工資及醫療待
遇問題，而引起他對此問題「注意」的正是圍繞住房安排的遭遇：美院
的級別，能影響上級國務院的安排，經過兩次，這才引起他的注意，用
他自己的話說，他已有宿舍，並不爭取較好的住室，所以再未提過，但
在治療方面，卻大受影響，他 1949 年應徐悲鴻院長之聘到美院，原在
北京醫院治療，住北京醫院高幹病房，後來改在協和醫院，一次腿骨折，
一次眼複視，兩次都住的是一般的大病房。一次去急診，醫院說無病
房，在常先生看來，大概又是因為「級別不夠」不安排高幹病房。在
信的最後，常先生寫道：「年已八十八，也不會有多少健康的歲月了。
我現在美院收入的基本工資每月三百六十一元，外加工齡十九元，共
三百八十元，較之 1949 年初到美院所收到的聘書減薪不多，不應削級
很多，據說按工資應是一級。為了老年多病醫療方便，敬希一查。」

在此信開頭，常任俠對自己成為中央美院教授的歷史有簡要說明：他1949年以前，在印度國際大學任教授，聞知祖國北京解放，即繞道南洋返國。在1938年武漢政治部時，他曾任周恩來的秘書。他到達香港時，周恩來即來電召他往北京，並派統戰部長來接民主人士六十人，他被推薦為民主人士的團長，率同人北上。抵京後，先被周恩來派往東北參觀，「後即安排在外交部，諮詢印度東南亞事務。並擬安排出任大使，曾接南洋僑領函詢。我過去長期做教授工作，徐院長因我過去是藝術科的教授，商請周總理，要我來院授課，不過總理要我對印度東南亞有文化使命，仍須前往。以後曾派赴印度、尼泊爾、日本等國，均為部級使命。這是來美院的情況。在美院的工資月薪四百二十元，大概也是同總理商定的。……我歸國是為建設社會主義事業添磚加瓦，並不計較名利地位，所以也未談過。1959年8月，國務院任命我為中華人民共和國華僑事務委員會委員時，要給我國務院部級的住室，後來說是美院的級別不夠作罷。」

晚年常任俠在給友人書信中常常對自己的處境深表不滿，譬如在1989年10月15日給「抗戰」時期一起發起組織中國詩藝社的舊識林詠泉的回信中說：他在中央美術學院教了四十年書，頗得學生的信仰，出版了近三十本著作，也還得到一些好評，足以自慰，「不過生活的情況並不好，**越過越窮**，連賣大餅的也不如……」

貳

對於常任俠來說，對新中國應該說是他一直的期待和追求，「左翼」文人不是後來貼在身上的標籤，而是他當年身體力行的主動選擇。從「抗戰」時期他寫給學生們的信中即可說明此點，譬如1938年1月12日他自長沙寫給原中央大學附屬中學學生夏華傑和許勉文（范瑾）信（當時此兩人已在陝北）：「陝北是新中國的搖籃，在寒冷貧苦中生長，也更加堅實。願你們都健康，為民族解放的鬥爭，盡你們所有的

力量。……歷史告訴我們，社會主義必定成功，所以我們同帝國主義
去鬥爭，很愉快地向著目標去工作，誰也沒有眼淚，只有咬緊牙齒去清
算過去的血債。你看我的詩，不是比從前不一樣了嗎？」當時，常任俠
在長沙為《抗戰日報》編輯副刊，並參與戰鬥演劇隊的編劇和演出等。

　　應該說，從1949新中國成立後，建國前特意歸來的常任俠是有些
懷才不遇的，這在建國前夕的新政協會期間他的日記中可以很清楚地
看出，對於許多同輩文人在新中國成為中共的座上客位置，常任俠的
態度是複雜的，尤其是看到一些當年的反動分子甚至也成了中共的座
上客，常任俠是非常不滿的。正如沈寧在常任俠日記《春城紀事（1949
～1952）》的校訂後記裏所說：新中國即將成立前夕，常任俠歷盡周折
回到北京，眼看著黨政機構的人選大都已為解放區和國統區兩大勢力
的政要和知名人士所佔據，昔日朋輩友人，由於身份和地位的變化，
逐漸拉開了感情的距離，尤其是往昔不同陣營的鬥爭對象，堂而皇之
地登上了政府部門和顯要位置，這對於自詡多年來追求進步光明的常
先生來說，倍感受到了冷落，在心靈上更是一種折磨。

　　譬如在1949年9月21日的日記裏，常任俠寫道：「人民政治協商
會議開幕，此為中華人民共和國開國盛典，儀式甚為隆重，會場設於
中南海，新華門新塗金朱，輝煌耀目。出席代表六百餘人，惟其中分
子，亦有可議者，如符定一曾佐袁世凱稱帝，上勸進表；譚惕吾出塞
與蒙古德王合親，取得偽立法委員，及蔣介石稱偽總統，譚以女代表
獻花祝頌，今皆合一爐而冶之。統一戰線，誠寬大矣。……」對於自
海外特意北上的文人來說，常任俠的朋輩大多都參加了此「開國盛
典」，常先生沒能被邀請參加，實在出乎他自己的意料。但其實在之前
一段日子的日記裏，已能看出端倪。常先生雖為「左翼」文人，但其
政治歸隊是屬於「民盟」，與民盟的那些知名知識份子相比，在中共眼
裏，常任俠自然不能和那些頭牌人物相提並論。

　　常任俠剛回到北京時，對即將成立的新中國是滿懷期待的，對新
政權也是寄予了很大的熱情和期待，如1949年2月2日，他歸國途中，

在從印度開往香港的船上，「與同舟人談話，彼詢蔣介石如何，余告以蔣與美帝國主義相勾結，屠殺中國人民，故失去中國人民之支持，而致失敗。又詢宋美齡，余謂宋氏一家，本為美國人，而非中國人，及刮取掠奪中國人民財富後，貯之美國，仍復歸去，實一劫賊之婦而已。」與胡風、聶紺弩等「左翼」文人類似，常任俠也寫了多首歌頌毛主席的詩，如：1949 年 4 月 12 日日記：「上午抄〈向毛主席致敬〉一詩，寄《進步日報》徐盈。晚間作〈渡長江〉一詩，寄《天津日報》范瑾。」1949 年 4 月 15 日日記：「作〈會合在毛澤東旗幟下〉一詩，寄呂劍。」（4 月 15 日）再如 4 月 22 日在得知解放軍渡過長江後更是作詩一首：「百萬雄師過大江，戰旗指處耀紅光。華南解放歡聲震，主席毛公是太陽。」

　　那一時期，常任俠本人更是躊躇滿志，也頻頻造訪舊友，如 1949 年 3 月 26 日日記所記：「晨赴藝專訪徐悲鴻、孫宗慰、吳作人等。午赴北京飯店訪沈鈞儒、章伯鈞、朱蘊山、沈志遠、辛志超、胡愈之、郭沫若等，並晤茅盾、張西曼、張志讓、王昆侖、吳晗等。至東安市場。至中山公園來今雨軒吃茶。至葉淺予家晚餐。至艾青處未遇，返寓。」在那時期像這樣的訪友聚會隔三差五，尤其是還出席了周恩來等中共領袖的招宴，即 4 月 16 日日記所云：「十一時中南海林伯渠、周恩來主席招宴，到二十餘人。王任叔擬借南洋書籍，已應之。餐後遊瀛台、懷仁堂、居仁堂、萬字廊等處，並參觀和談會場。」再如 4 月 3 日的日記中說：「上午季羨林、金克木、李長之、臧克家來訪，師大擬聘余任教。」關於北師大要聘常先生為教授，在之後的日記裏也提到過，如 4 月 18 日日記云：「收李長之函，雲師人決聘往教書。」在 1949 年 10 月 1 日前，到中央美術學院成立時聘任常先生為教授時，在常先生的日記裏，只提到北師大有過要聘請他去任教的記錄。常任俠很快被安排赴東北解放區參觀，那一階段，常任俠的日記裏是很興奮的，也充滿對毛主席的敬仰，如 4 月 22 日的日記，先記錄了解放軍渡江三十萬人，接著是為去東北參觀而做準備，最後是打油詩「主席毛公是太陽」。等到他從東北參觀回來，在 6 月 9 日，他的日記裏記錄

了他已經被聘為由徐悲鴻任校長的北平藝專的教授:「上午赴長之處,未遇。赴藝專,始知已聘定余為專任教授,貧農又變為雇農矣。」這樣的話裏明顯流露出失望之意,到藝專做教授顯然不是常任俠回國的初衷。

此時期他從家鄉親屬的來信中得到的土改消息也讓他困惑和無奈,儘管他很快被安排去東北參觀。如 1949 年 6 月 14 日的日記:「獲悉家中情況,甚為混亂,土改之前,先以亂打,似與毛主席政策不合。」再如 6 月 18 日:「……自故鄉來,言家鄉鬥爭清算事。老母處危險中,日日思念,為之泫然。」這段時間他抽空回了一趟故鄉,顯然是為了老母親免受危險而回,如 9 月 2 日:「在家。中午來客兩桌,大吃大喝而去。晚間一高姓舊鄰來,自云加入農會,吃得酒氣熏人。本鄉二流子,自以為解放後即是他們的天下,實在是錯誤。工作隊指使二流子,拒貧雇農不許入農會,亦是錯誤。本鄉弄得十室九空,惟有二流子,霸地劫糧,大發其財。過去不事生產,今日已成惡霸地主矣。」

在 10 月 1 日開國大典那天的日記裏,他如此寫道:

> 今日為中華人民共和國開國第一次紀念日,全北京各機關學校及人民,均赴天安門廣場慶祝,滿街五星紅旗飄揚,情況熱烈之至。

> 晨,楊一波來電話,赴東廠胡同太平巷一號民主同盟總部集合前往參加。一波原名李行健,曾留學莫斯科。在昆明時,即為民盟同志,後以政治壓迫甚急,乃赴緬甸工作,甚有開展。此次受緬甸華僑之推舉,返國參加政協,竟不被重視,未能出席。此次政協分子,有殺人屠夫,手血未乾者;有政治投機,朝秦暮楚者,包容過去反革命分子,殆不止一二,如黃紹竑及其姘婦譚惕吾尚能出席;如李健生庸俗貪鄙,亦能列席;儲安平第三路線,亦在候補。一波係緬(甸)華(僑)推舉而來,乃摒之門外,將何以對緬華民主運動乎。……

此話雖係替朋友鳴不平，但又何嘗沒有自己的委屈在內。對於李濟深、黃炎培、張治中、傅作義、譚平山、龍雲等名列中央人民政府委員之列，常任俠也是很不以為然的，甚至有著抵觸情緒，在當天的日記裏他對此寫道：「人民豈亦愛戴此輩乎，亦政治策略，藉以號召乎。惟搞通思想者，方能知之。」

本來能否出席新中國首屆政協會議在常任俠看來應屬不是問題，但恰恰在此問題上顯出他的文人氣。其實，儘管他屬於「左翼」文人，但畢竟屬於民主人士，屬於統戰對象，況且在民盟系統他的地位並不高，如在 10 月 3 日的日記中：「上午九時赴魏家胡同甲四號民盟北京市支部，張瀾、沈鈞儒、章伯鈞、羅隆基等向盟內報告參加政協情況。」與這些民盟內的頭面人物相比，常任俠只能被「擯之門外」。

叁

新中國成立後，常任俠的身份仍只能是藝專的教授而已，並隨著併入 1950 年 4 月 1 日成立的中央美院。在當天的日記裏，他記錄的非常簡單：「下午學校開慶祝中央美術學院成立大會，郭沫若、沈雁冰、周揚、錢俊瑞、田漢等演講。晚間遊藝大會。」

儘管在中央美術學院，常任俠被聘為一級教授，但顯然與他內心的期待和對自己的期許有差距，常任俠在美院裏後來主要講授的是藝術史，在美院剛成立時的這兩年的日記裏，常任俠所教授的多是政治、國文、日語等課程，正如沈寧的話說：「試想在一所強調專業知識的高等藝術院校裏講授不為人看重的公共課程，特別是在新的意識形態領域，擯棄舊文化、倡導新思想的時期，又能得到多少學子的青睞呢？至於為職工講授社會發展史甚或中共黨史，對於一個尚未從思想上真正接受馬列主義、毛澤東思想和歷史唯物主義，從組織上並未接納為同志的學者來說，該是一件勉為其難、頗感滑稽的事情。」

其實，常任俠的藝術眼光很高，其鑒賞力也不隨俗流之論：譬如：「齊白石畫名重一時，但刻印則劍拔弩張，未能渾樸⋯⋯」（《常任俠文集》第五卷，99頁）再如：「啟功寫規矩字，雖不太佳，其畫甚好。以係溥儀親屬，求之者眾。訂下潤例，一條千元，擋駕不少。」（《常任俠書信集》，27頁）但當年在中央美院作為一名講授非藝術專業課程的公共課的教授，他的藝術鑒賞水平未必能得到學生們的認可和崇敬。

在1950年5月的日記裏，不斷有到華僑事務委員會報告印度華僑情況的記錄，如5月3日：「晨上課，約定下午七時赴僑委會報告印度情況。」5月5日：「赴前外解放飯店與袁仲賢談印情，返寓午餐。」5月6日：「上午印使館姚仲康來談，約星期二往報告。」5月9日：「上午赴解放飯店，為駐印使館人員報告印度情況。」從這些日記中不難看出，因為常先生係從印度歸來，所以請他給即將駐印的大使館人員介紹印度情況。從常先生後來的書信中流露出當年有擬派他擔任駐外大使一說，其實從新中國派出的第一批駐外大使來看，這種情況是不太可能的，即便是王任叔（巴人）外派充當外交官，也是因為巴人在1949年已經是中共黨員，而常任俠這樣的「民盟」知識份子，怎麼可能擔任大使呢？這在常任俠只能說是一廂情願。他在1950年5月31日的日記中寫有：「夜夢三事甚奇，一周恩來先生來訪，二被日人逼口供，三獨自策仗旅行甚遠，說是故鄉。」在新中國成立後，常任俠的日記裏再沒有與周恩來交往的記錄，其夢到周恩來來訪，當是一種心情的流露吧。

1951年8月1日的日記中，常任俠寫道：「下年度聘書尚未發，不知何故。」在同一天，他還為友人向「求徐悲鴻畫馬」。儘管他和徐悲鴻是好友，但從日記裏看，儘管有此疑問，但他並沒有向擔任美院院長的徐悲鴻求答案。其實，此時的常任俠已經感受到，隨著新中國的成立，單位和組織的作用開始越來越大了。在8月1日的日記裏，他寫：「學習文件一時半。天晴朗。收美術學院聘書。」從他的日記裏還可看出，當他回到北京後，他對自己的職業其實已沒有多少選擇的餘地，而是被「選擇」，或說安排。

　　那一段時間，他與以前的朋友們過從甚密，譬如艾青、宗白華、吳作人等，時常來往。他也流連文物店和古舊書店，再就是，當時單身一人的他還留意於尋找女友，譬如他寫於 1950 年的《有懷四絕》，不難看出他的情感波瀾，僅從中摘錄兩首：「我已十年忘綺羅，碧池春漲又生波。興來惟盼夭桃放，新燕雕樑築錦巢。」「小小朱櫻吐玉珠，低徊百囀意何如。春顏似醉非關酒，阿誰能知心事無。」但從他的日記裏也看出，當時並沒有成功。常先生的興趣顯然還沒融入「新思想」，從他當時在舊書店搜尋周作人的書即可看出，他買周作人的書興趣非常大，如 1949 年 7 月 1 日和 5 日的日記裏，就列有買《藥味集》、《周作人書信》、《中國新文學的源流》、《過去的生命》、《澤瀉集》、《知堂文集》、《苦雨齋序跋文》、《立春以前》、《永日集》等。在 1949 年 12 月 17 日記中，寫道：上午赴來熏閣，借來《雪堂所藏古器物圖》一冊，此書係周作人物，聞苦雨齋中物，皆付書肆出售矣。到了 1952 年 3 月，經過了「文藝界整風運動」的常任俠在本月 16 日的日記中記有：「上午未出門，整理過去的書籍，取出周作人的書三十二本。下午至東四人民市場，車錢來回三千，紅瑪瑙小杯一千五百，取來精印本《莫里哀全集》一冊……」從這則日記裏看不出常任俠取出周作人的書做何目的，是送到舊書攤上賣掉了？還是如何，從其後的日記裏也沒再提及。在後來的日記中還記錄了收購周作人所藏書籍的經過，但已不寫「周作人」三字，而是以周遐壽或周啟明等代之。如 8 月 14 日的日記裏寫：因今需錢，雖「甚難割捨」，還是賣掉了《西域考古圖冊》（上冊），需錢做甚呢？請看下文：「至八道灣訪周遐壽，此君藏書已散，尚有餘者，將以易米，擬擇其善者購之。」再如 8 月 30 日日記：「寫信寄周啟明。將廢書目錄送北京圖書館。」10 月 21 日日記：「赴周知堂處，擬收買其所藏日本藝術書籍。」11 月 19 日日記：「八時一刻赴館，復周知堂函，收購所藏玩具及版畫書。」常任俠當時還擔任美院圖書館館長，不知他是為圖書館收藏周作人的收藏還是替自己收購。

　　常任俠從青年時期就喜歡周作人的書，關於此段時期他和周作人的交往，晚年的常先生寫過一篇回憶文章，如此寫道：

　　我同啟明先生真正接觸，是在 1949 年由印度到北京後。他仍住在八道灣故居。生活很樸素，有一間日本式的臥室，一間西式的客室，我忘記到他家第一次拜訪的情形，只記得到處都是書，西洋書、中國書、日本書都有，我因愛書，見面就共同談起書來。我自 1951 年擔任中央美術學院的圖書館長，過去錢稻孫、聞一多都曾任過館長，也收入過不少圖書精品。但中央美術學院南遷昆明，又與浙江美院合遷四川，所存之書已不多。我記得重新入庫的書只有 6 千冊，加以分類登記，多是日文書。我就向幾個藏書家討教，周啟明先生為其中之一。

　　周啟明先生確實過了幾年的苦日子。客人上門者少，緊隔壁住的是江紹原，也絕不來往。我有時去分看兩家。周建人先生雖是他的兄弟，也從不通問。

　　知堂處於絕境，還是政府加以援助，他的稿子無處出版，無人要稿，因為定了漢奸的緣故。周揚卻去約稿，每月可以預支稿費四百元，固定下來，等於工資。後來知堂的書也慢慢出版了。

　　不過我知道他仍有困難，每當逢年過節時，他的哲嗣豐一，總是送來圖書一大包讓圖書館議價收下，其中都是知堂的愛物，有他所印的圖記。這樣我們陸續收進了不少書，使鄴架增輝。這便是後來展覽館的一批寶貴財富，知堂贈送的版畫，也在這時得來。

　　知堂和我通過不少箋札，多半是探討書籍的內容。在我出版《佛經文學故事選》時，曾贈送他一本，他對此書非常喜愛，曾為此書寫了一篇評論的文章，因為各出版社不敢登，他把他的原

稿送給了我。在「文革」時，我把這篇文稿和信札，包起來放在一個隱蔽的地方，不料我的室內在「文革」時被洗劫一空，這包珍藏品再也見不到了。

1972 年我從農村回到北京，這是周總理派人去要我回來的。在農村三年我寫了三本書。生活得很好，過慣田野的生活，安靜恬淡，一入都市，就聞到火藥味，林彪已死，到處還在鬥爭。我的朋友們有才華、有學識的人失去了不少。我打聽到啟明先生的情況，他已於 1967 年過世。一代學人，就這樣終結。……

我所保存的啟明先生的紀念品，只有一張條幅，一把摺扇，寫的都是佛經中《大智度論》的中一段：「佛雖功德已滿，更無所須，為教化弟子故語之言，我尚作功德，汝云何不作？如技家百歲老公而舞，有人訶之言：老公年已百歲，何用是舞？公答：我不須舞，但欲教子孫故耳。佛言如是，功德雖滿，為教弟子作功德故而供養。」啟明先生為我反覆寫這一段話，我深切地瞭解他的心情。他一生日日讀書，一生日日寫書，雖老不倦。

　　寫此文時已經是 1991 年的 5 月底，與當年日記裏的寥寥數語簡直不可同日而語，既反映了時代的變化，也能看出晚年常任俠的一點心境。

　　從 1950 年 4 月中央美院成立到 1952 年底，常任俠的日記裏提到教學方面的內容很簡單，他所教的課也大多為政治性內容，也就是公共課，他所講的中共黨史等課程，其實他自己應該說是現學現賣。他的日記裏也比較詳細記錄了他所參與的政治運動和思想改造，如 1952 年 1 月 2 日的日記裏：「在此次文藝界整風運動中，青年藝術劇院金山被停職處分。又此次整風運動中，馬思聰提琴，亦被批判。歐陽予倩、張庚均已自行批判。艾青編《人民文學》，近日頗受批評。光未然所作的戲劇工作、也有很多毛病。本校則徐悲鴻、吳作人、王臨乙等，均受批評。」常先生日記提到的這些在文藝界整風運動中被批評的都是

文藝界的頭面人物，在中央美術學院，徐悲鴻是院長，吳作人和王臨乙屬於教務長級別的人物。先在文藝界整風之後，隨之而來的就是大範圍的知識份子的思想改造運動。這期間還伴隨著並非僅僅是針對知識份子的「反貪污、反浪費、反官僚主義」等「三反」運動等。如1952年1月5日的日記：「下午赴北京劇院開文化部各單位幹部三反動員大會，部長沈雁冰自我檢討官僚主義：貪污一百五十人，七千五百萬。浪費的數更大……」

　　讀常先生那一時期的日記，譬如文藝界整風、三反、知識份子思想改造以及他去「革命大學」進行政治學習等，對他的觸及並不是很大，作為一位左翼文人，尤其是自己也標榜革命的教授，常任俠的生活和地位在那個年代是很不錯的，儘管在美術學院裏他屬於非主流課程的教授。逛文物商店和舊書店，看朋友，看文物，聽戲，聚宴，等等，過的是條件優越的教授日子。當然唯一不美滿的是，他那時期是單身一人，也在注意尋找著合適的女人，但從日記裏不難看出，他滿意對方的，往往沒有實現。有一則關於郭沫若的記錄比較有趣，也顯示了文人性格的複雜，郭沫若在晚年給人留下的印象就是「一隻朝著太陽歌唱的公雞」，可以說缺乏文人的風骨，不過從常任俠的這則日記裏看到一個真實可愛的郭老，至少在1950年代初期，郭沫若還是能在朋友面前有自己的聲音的：

> 與郭談甚暢，論孔墨，郭仍主張孔子代表封建，在當時為進步；墨則代表個人私有財產，極端自私自利。謂時人如顧頡剛、翦伯贊等，皆僅見其皮毛，未究本質。……郭詢及中央美術學院整風情況，是否仍畫國畫？余告以國畫山水花鳥，已無習者，惟人物尚有人畫，但亦只畫小人書連環畫。關於過去，一概歸之封建藝術，對於民族傳統技法，未免鄙棄過甚。郭問何以無人畫花鳥？余告以現以人為社會活動主體，故只畫人不畫花鳥。郭云如此則動物園中，只將人關閉其中足矣。余又告以油

畫亦受批判，同人中謂油畫藝術，未經群眾批准，亦是資產階級之物。郭謂表現大幅，終非油畫不可，如主題正確，則群眾應亦喜愛也。……

　　那一時期的常任俠在政治運動中不屬於被整肅的對象，儘管也一次次寫了各種各樣的自我檢討和思想交代，但每次都是順利過關，其實這不能不說也是與他在美院裏不是主流教授有關，不容易被人當成靶子。不過，常任俠在政治運動也不做落井下石的事情，譬如 1957 年 10 月 16 日寫給劉芝明和田漢的信，此信是關於回答「二流堂」成員的情況的，劉當時擔任文化部副部長，1957 年「整風」運動中他負責審查「二流堂」等問題，在《常任俠書信集》中關於該信的注釋中，編者摘錄了常任俠當天的日記：「下午二時赴文化部開會。劉芝明、田漢召集，座談『二流堂』吳祖光問題。發言者有唐玉、鳳子、金山、高集等人，金山分析棲鳳樓住戶吳祖光、黃苗子、盛家倫、戴豪（浩）等的情況，頗似儒林外史。最後田漢作結語，六時散。」這是此信的背景。應該說，此信是會後晚上所寫，信中所談的是音樂家盛家倫，而且此時，盛家倫已經因病去世，在信裏常任俠明顯回避揭發，更不亂談別人：

關於盛家倫，我前次已在座談會上談過，我同他個人有交誼……我所認識他的為人，是好研究、好讀書、好買書和研究的範圍很寬（不僅是音樂書），甚至節衣縮食去買書，已經成為嗜好。因為有此同嗜，所以有時會面，頗能談得來……有時他得到一部難得的書，便津津樂道，為之忘倦。我常在書攤上遇到他。他死了頗使人惋惜。他在醫院中，我聽說他患病，曾去看過他一次……他已不能說話。幾個月未見，竟然一病不起了。我所認識的盛家倫是這樣的人。從這方面看，他的生活是嚴肅的，他自奉很儉，小近女色，終身未結婚，也無浮誇的習氣……

　　至於吳祖光，我同他素無往還，他的住處我從未去過，因此不
知他所交往的是哪些人。他的「二流堂」是什麼性質，也提不
出意見。盛家倫生時，他的桌上確有一印，云為馬彥祥的弟兄
所刻，文字好像是「二流堂主人」，已記不清。當時曾看過，
不過覺得他是自開玩笑而已。至於吳祖光的「二流堂」，內容
既無所知，也提不出意見。

　　從此信不難看出，常任俠所秉持的是傳統文人的風骨，絕不落井
下石，更不賣友求榮。實際上他和「二流堂」的絕大部分成員都有來
往，譬如1951年9月1日吳祖光和新鳳霞結婚時，常任俠寫了賀詩：
「步障新寒花氣濃，朱霞鳳輦降吳宮。夜靜瑣窗聞密語，宵來銀漢聚
雙星。卿須憐我我憐卿，長升殿裏祝長生。」

肆

　　如果說五十年代的政治運動沒給常任俠帶來多少麻煩的話，而且
在1963年已到六十歲的常任俠還與小他三十歲的郭淑芬結婚，築起了
「錦巢」，他的生活平淡而溫馨，也反映在那一時期的詩裏，譬如寫給
自己愛人：「生命如春花，春雨常相注，結成同心蟲，永在絲中住。」
（〈贈淑芬〉，1963）再如：「小滿逢初度，芬芳正及時。新巢孵乳燕，
夜露潤花枝。試寫洛神賦，能歌白紵詞。春來且慢舞，珍重細腰肢。」
（〈小滿淑芬三十初度，寄自泰安〉，1964）即便過了將近二十年後，
常任俠的情感依然是濃烈的，例如：「自汝為新婦，流光二十年。鬢邊
生華髮，鏡裏改朱顏。莫忘四幫劫，難得一世緣。新婦常在抱，枕上
夢魂安。」（〈慰淑芬〉，1983）
　　到了「文革」，歷史和身份複雜的常任俠自然在劫難逃，與中央美
院的其他老教授一起，自然也受到了衝擊和迫害，但相對來說，他並
非風口浪尖上的人物，其遭遇相對美院裏的當權派和主流畫家教授要

平穩一些，其心境也能隨遇而安，譬如他寫於 1970 年代在「五七幹校」時的詩：「六十八齡一老兵，值班守夜立荒坪。妻兒已向羌村去，兩地相思共明月。」(〈五七幹校雜詠〉之一，1970)「四天寒天夜正中，老翁披絮去巡更。嚴宵寂靜風如刃，惟聽奔車轆轆聲。」(〈巡更〉，1971)到了 1980 年代，他在一些詩作中對「文革」時期的遭遇做了回顧，從中也能看到他當時承受的侮辱，譬如在《憶李苦禪》(1983)詩後寫道：「吾兩人在 1966 年浩劫初起時，每日共挽一車，運煤千斤，朝夕輾轉不停。常被人侮⋯⋯」

　　不過，即便在「被人侮」的年代，常任俠也是積極向上的，也驗證了個人在歷史面前往往無法超越自己的時代，譬如《一九七四年生日》：

　　　今年生日為人日，生而為人意志剛。
　　　呼馬呼牛皆放達，暴風暴雨任翱翔。
　　　讀書午夜神愈健，奮筆千言力尚強。
　　　七十白頭老教授，躬逢盛世著文章。

　　「文革」結束後，常任俠恢復了正常的生活，其心態和精神面貌也都有了明顯的改變，譬如 1978 年他給自己寫的生日詩：

　　　生了七十四春秋，百煉鋼成繞指柔。
　　　萬卷書城囚一老，四廂花氣滌千愁。
　　　履霜始見松柏節，依枕輒為汗漫遊。
　　　嚼雪飲冰吾已慣，經天涼月照心頭。

　　常任俠晚年寫過一篇〈冰廬失寶記〉(《常任俠文集》第二卷，176頁)，記述他一生收藏藝術品的得與失，尤其是「文革」時的損失：他不僅失去了許多的收藏品，也失去了住家的暖氣設備，本來他的家中有鍋爐的，但鍋爐也被搬走了，電話線和浴盤，也供應了別人的需要。在「文革」前，作為一級教授，常任俠的生活條件還是很可觀的。但之後，常任俠把自己的家稱之為「冰廬」。

　　晚年的常任俠雖然因為住房、工資級別和醫療待遇等問題有諸多不滿，甚至在給友人的信中也頗多牢騷，但總體來說，作為一名知名的退休教授，其生活狀況還是說得過去的，他的心態也一直在「進步」著，譬如他在 1986 年 5 月 21 日寫給友人的信裏，在最後結尾處，還要添上一筆：「我已於八十三歲入黨。」（《常任俠書信集》，169 頁）再如他在 1987 年 12 月 16 日致友人的信（《常任俠書信集》，293 頁）裏寫道：

> 「金剛成就」是我的佛教法名。1939 年在重慶歌樂山，與陳銘樞同受貢珈活佛的大圓勝會灌頂戒，為西藏佛教最高典禮。活佛賜名「金剛成就」大喇嘛。藏語為「多爾濟敦珠」，多爾濟意云金剛，敦珠意云成就，當時的國府印鑄局長唐醉石，為治一印，至今保存。我也可稱活佛，位在班禪、達賴之上。因為他們尚未誕生。貢珈學行也在藏族首屈一指，曾為民族學院教授。

> 1956 年我受國務院委任，以顧問名義，率領代表團赴印度，參加國際佛教藝術展覽，代表中國，在開幕時，手挽達賴與班禪兩位小活佛，繞場一周。印度總理尼赫魯的秘書長說，活佛不宜手挽，我說我是大活佛應帶小活佛，因此，我在印度國際大學為教授時，也有梵文名「波吉羅（金剛）悉諦（成就）」……

伍

　　常任俠直到晚年仍著述不斷，精力過人，既有學術上的自尊和自信，也有對當下出版景況的不滿，譬如 1991 年 1 月 24 日在給友人的信中（《常任俠書信集》，294 頁）寫道：「近來國內少數出版商，動輒向著作人要錢，又請其包銷，方予出版，而暗中卻大批出版淫穢書，

污染社會，以圖謀利……去年曾出版兩種書，尚能滿意，一為《漢代的石刻畫與磚刻畫》（《中國美術全集》第十八卷），僅贈樣書一冊，稿費加獎金不夠買兩冊書，可說非常刻薄……國家不會蝕本，對作者知識份子未免太薄。我又一本是《櫻花集》，中國友誼出版公司出版。該社只印海外僑胞，港、澳、台作者作品，或者因為我是該社名譽董事長，特別通融吧。」

　　在與友人的通信中，也能見出常任俠的性情和對世態人情的把握，譬如 1993 年 1 月友人信中提到有來約稿翻譯《性心理研究》，常任俠回信：「這書可收大利。」並告訴對方他可為友人鑑定書畫，「近來有兩位送畫來看，請我寫鑑定書，我是國家文物鑑定委員，有一人曾送我五千元鑑定費（他可賣二十餘萬元），熟朋友我可不收費。」（《常任俠書信集》，298 頁）再接下來的通信中，還就相關話題做了介紹，譬如：「關於藹理思的《性心理》英文四大卷，聞友人相告，清華大學圖書館有藏書，過去借閱者只有一人，即錢鍾書，可見知者甚少。近來性生活之書，成為熱門貨，有人寫一書，發財三百萬元，亦可見下層社會的心理。」關於此書借閱者只有錢鍾書一人，在隨後給同一位友人的信中又做了補充：「關於藹理思《性心理》一書，係聞文懷沙所說清華有此書，全書十六開本，精裝六巨冊，借者過去只有錢鍾書一人，文與錢常父遊，所語當有據。」

陸

　　1986 年，常任俠在八十二歲生日時寫過一首〈述懷〉詩：「中天月色照華顛，自喜精強比少年。每憶壯遊通絕域。常懷舊侶阻蓬山。身無媚骨難阿世，胸有豪情可駐顏。虎虎年光生氣足，今朝梁灝敢爭先。」有著這樣的諸多浪漫記憶和書生心態的晚年是幸福的。

　　再過十年，常任俠歸了道山。

相關書目

《常任俠文集》（六卷本），安徽教育出版社 2002 年版。

《常任俠書信集》，大象出版社 2008 年版。

《春城記事 1949～1952》，常任俠著，大象出版社 2006 年版。

聶紺弩

身經百煉意舒平

壹

黃埔軍校二期畢業的聶紺弩，其人其文都有著獨一無二的傳奇色彩，1955 年因「胡風反革命集團」牽連，受了處分之後，1957 年又成為「右派」分子，遂被發配到北大荒勞動改造。「文革」時聶紺弩再次罹難。他所寫的舊體詩和與朋友的私下談話，成了「現行反革命」的罪證。晚年恢復自由後，更以「聶體」《散宜生詩》為人稱頌。

一則聶紺弩的軼事讀後至今難忘：1982 年《散宜生詩》出版後，頌揚之聲很多，某知名度頗高的作家讀了詩集後，登門拜訪。寒喧幾句後，話題便談起了詩，對聶的詩集很是羨慕，並問他何以能請動胡喬木動筆寫序呢？結果聶公勃然大怒，說：「媽的個 B，我的書本來是好好的，就叫那篇序搞壞了！」此段描寫出自章詒和女士的《往事並不如煙》一書中關於「聶紺弩晚年片段」的文章《斯人寂寞》。其實，胡喬木的序寫的很客氣，對聶紺弩的評價也很高，說他是當代不可多得的雜文家，他的舊體詩也許是詩史上獨一無二的。

說聶紺弩因胡喬木給其詩集寫序而憤怒，我相信是真的，這符合聶公的個性和風骨，不過，若求證於聶公自己的文字，卻不盡然，這有他自己 1982 年 7 月 21 日寫給胡喬木的書信為證：「頃聞人民文學出版社人言，您要為拙詩寫一序，該集止候尊序排印，想係真事，不圖暮年打油，竟逢此殊遇，真放翁所謂『丈夫不死誰能料』也。惟年事

既高，且復多病，朝不保夕，深以能見此序為快耳。」此信至少兩層含義：一是感謝，二是催促。因為有了胡喬木要寫序，本來已經要印刷的詩集停下來等著胡序，聶公寫此信當在情理之中，即便是不情願胡公做序，但這由不得他，至少字面上的客氣還是要寫足的。而且為了朋友「落實政策」事，聶紺弩還「拜託」過胡喬木，如在聶公 1982年 8 月 2 日寫給友人高旅的信中有此一段描寫：「兄之落實政策事，近已向胡喬木同志提出，請他向有關方面瞭解，並促成之。此公做事負責，近對我頗好感，曾見訪一次，並自動為《三草》作序，謂其特色也許為過去現在將來詩史上獨一無二的。溢美不論，對我有此興趣，故趁其詢我有無問題要解決時，專函提兄一筆，想會有下落也。」過了沒幾天（2010 年 8 月 10 日），聶公給友人的信中就有了回音：胡公回信給聶，說「高旅同志事，已在辦，頗多周折，難期速成，一有結果，即當奉告」。舉此例是想說明，僅僅根據「片段」是不能輕易下結論的。

　　還記得初讀章詒和的〈斯人寂寞──聶紺弩晚年片斷〉一文時，給我很深印象的，是她的敘述裏透露了聶紺弩晚年直至人生最後，與夫人周穎的相處並不融洽，其中也牽扯到了朱學範。（在章文之後，姚錫佩寫了〈為周穎辯正〉。姚文指出章文的描述有不真實之處。關於聶與周穎晚年相伴的情形，姚文寫道：「這對個性都相當強的老夫老妻，平時也會因誤解而發生相爭相譏的事，但就像不少人間夫妻一樣，並無隔夜仇。不料這些一經旁人渲染和章文的擴大，竟成了紺弩『斯人寂寞』的本質。」）另外，寓真先生寫有從監獄檔案裏發現關於聶紺弩離婚和婚外情的文章，其文裏公佈了一封聶紺弩寫給朱學範的信，此信沒有日期，用「人民文學出版社」的信箋寫的，信的內容是關於聶與周穎離婚問題。全文如下：

　　　　學範先生：去年底由先生您證明，我與周穎同志離婚，並有您
　　　和我們的雙方簽字。簽字之前，您曾單對我談，離婚以後可以
　　　維持一種友誼，覺得有復合必要，可以復合，您並願請客促成

其事。我曾表示同意。因為您說的本來是一種極自然的道理。但您這意思不應被誤解為維持友誼是一種條件，或某一方有要求另一方維持友誼的權利，尤其不能認為只要一方覺得有必要就可要求復合之類。我不願說周穎同志近來有什麼企圖，我只想向您和她聲明，我這一方不想維持什麼友誼，尤其不願復合。請您將此意轉告知周穎同志。並請將她近來給我的一封信退給她，我未看信的內容。又，那張離婚書上，您和周穎同志都只簽了名，而未蓋章，是否不蓋章也無深意，請您告訴我一下，並請詢問她的意見了之後告訴我一下。瑣事麻煩您，極為抱歉！聶紺弩謹上。

1955 年 7 月開始的「肅反」運動中，聶紺弩因牽涉與胡風的交往，曾被隔離審查，反省了三個月。他在反省時所寫的「歷史交代」材料中，也談到了婚外戀問題：「從四五年下半年起，我和重慶一個女同志談戀愛。彼此都有愛人，夫婦關係都不好，對方又都不肯離婚。這事糾纏了很久⋯⋯四七年九十月間，我真在重慶待不下去了，一方面特務報紙《新華時報》造了許多謠，另一方面西南學院也被迫停辦，我沒有職業了。但是還捨不得分手，幻想找一個沒有什麼熟人、沒有人干涉的地方去過一些時。分手的時候，約定如有法在什麼地方生活，她就會來。」

聶在「歷史交代」中寫到與胡風的交往時還說：「五三年下半年他（胡風）搬到北京來住了許久以後，我因為離婚之後矛盾很多，想找人談談周穎，才到他家裏去。」

「肅反」運動中聶紺弩雖然沒有被定為「胡風分子」，但仍被認為「有嚴重的政治歷史問題」，支部一致通過開除其黨籍（後改為留黨察看）並撤職。支部大會對聶紺弩做出處理決定後，聶寫了「對支部大會決定的意見」，其中對於定他「解放前一貫玩弄女性⋯⋯在解放後仍未有所改變」一條，自己辯白說：

解放前，沒有離婚和另外女性發生了某種關係，甚至同居，無論具體情況如何，結果總是玩弄女性了。但解放後，我絕未和任何女性發生那種關係，甚至離婚幾年後也沒有。這不能說「仍未有所改變」，剛剛相反，是很有所改變。我承認我還沒有改變到毫不動心，甚至離婚後也不和任何人觸及婚姻之類的問題；但也未達到「仍未有所改變」即玩弄女性的程度。

據寓真的敘述，在重慶這一段婚外情之前，聶紺弩在桂林時還和「新中國劇社」一個女演員有過羅曼史，後來在北京聶還和這個女演員見過面。

在 1957 年的「反右」運動中，聶紺弩夫妻二人同時被打成「右派分子」。聶在北大荒因失火事故被拘押，周穎不遠千里親往探視。「文革」中聶被以「現行反革命罪」判刑勞改，周穎又奔赴山西監獄看望並設法營救其出獄。對於周穎的苦心關愛，聶是不能不心懷感激的，他在〈贈周婆〉詩中寫道：「五十年今超蜜月，願君越老越年輕。」

貳

在牛漢的口述回憶錄《我仍在苦苦跋涉》裏，提到聶公詩集出版時的情景：《聶紺弩詩集》由胡喬木主動作序。一天聶公夫人打電話給牛漢，讓他趕緊到他們家去，聶夫人說：「不好了，大禍臨頭了。」牛漢匆匆趕到聶家，只見聶公仰面朝天躺床上，抽煙，頭都不轉過來，說：「胡喬木作序，對我的詩全看了，這就壞了，他知道我內心想什麼了。」聶公舉例說，抗日戰爭前夕，胡是由雪峰派人護送到延安去的。「左聯」時期雪峰是「文委」書記，胡喬木是幹事。五十年代初，胡向雪峰要了三四本以前出的雜文集，選出幾篇送給了毛主席，後來，毛讓政治局傳閱。雪峰的「右派」是由中央作出的決定。聶公認為胡看了自己的詩並主動寫序，遲早會處理他。

　　後來的結果是，並沒人來「處理」聶先生，但有幾首詩在出版時被撤了下來，當然是因為涉及「敏感」犯忌字句，譬如「自由平等遮羞布，民主集中打劫棋」等。如果不是因為胡喬木喜歡聶詩並要寫序，也許這些「敏感」的詩在當時就不會刪節吧？或許聶公說胡序搞壞了他的詩集緣由在此。這些刪掉的舊體詩後來也都收入了再版的集子中，這在 1992 年 12 月初版的《聶紺弩詩全編》（學林出版社）中不難看出。更不用說 2009 年推出的由侯井天詳細注釋的全三冊《聶紺弩舊體詩全編注解集評》了。在 1992 年學林版的《聶紺弩詩全編》中，正文前有幾頁銅版紙插頁，印的是聶公的畫像、老照片和手跡等，第一頁是丁聰畫的晚年聶紺弩，線條透著滄桑，第二頁是丁聰 1986 年重畫的描繪聶紺弩在北大荒勞動的《老頭上工圖》，丁聰在畫上題道：此畫原稿於動亂年間丟失，現憑記憶重作。我想說的是第三頁，印有聶公的舊體詩手跡，從手跡上看到，有一首是《贈周大姐》，但在這首詩的兩個地方都塗了墨蹟，起初我以為是聶公因錯字而改正，仔細一看，不是，是有意識地塗黑，所塗之處，分別是「遮羞布」和「打劫棋」。奇怪的是，此詩該書中已經收入，是〈贈周婆〉中的兩首詩之一。在 1977 年 3 月 1 日聶紺弩寫給詩友陳邇冬的信裏談到此詩：「近日作贈周詩二首，亦頗自得。」在此信最後抄錄了此兩詩，題目還是〈贈周大姐〉，其中之一為：

> 添煤打水汗乾時，人進青梅酒一巵。
> 今世曹劉君與妾，古之梁孟案齊眉。
> 自由平等遮羞布，民主集中打劫棋。
> 歲暮郊山逢此樂，早當騰手助妻炊。

　　此詩在《散宜生詩》人文社初版本中未收，只收了第二首。刪節原因自然是因「遮羞布」之句。為《散宜生詩》作「箋」題的郭雋傑，對此兩首〈贈周婆〉作了說明：此二首作於 1976 年底紺弩出獄返京不久，連同另一首〈驚聞海燕之變後又贈〉，為聶公最寶愛之作，請尹瘦

石書成條幅裝裱，懸於床頭。當知道《散宜生詩》初版本將不收第一首時，聶公極為惱火，曾對郭說：「自認為這是我最好的詩，這樣的詩抽走，還出我的詩集做什麼！『自由平等遮羞布，民主集中打劫棋』是言我夫妻之事，難道家庭裏就不許言自由平等、民主集中？」（《聶紺弩詩全編》，96 頁）

叁

　　聶紺弩晚年自述其寫舊體詩經歷，是自 1959 年在北大荒農場據「上級指示」開始的，後來從北大荒回到北京後，更以舊體詩抒發情懷。不過從他在 1961 年 11 月 21 日寫給在香港《文匯報》擔任主筆的友人高旅的信裏也不難看出，聶公晚年醉心於寫舊體詩是多種因素促成的——

> ……我的詩，是我有一部分時間，想瞭解一點我國古典詩的內容和方法的副產品。過去作國家出版社古典負責人，作協古典部長，由於自己無知，也給人製造了一些口實。因之，趁有機會涉獵時，想做點準備，以免以後再度尷尬。此外，我也真想在技術上多少學點本領，萬一有需用時，不止去抱技術上的佛腳。再，這幾年來，感情上也不可能完全正常，不免要發抒發抒，不管如何發抒都好……

　　當時聶公的舊體詩主要是在朋友中流傳，在互相的酬答和給朋友的信中抄錄。「舊詩是個背時貨，不經過憂患之類，不有和社會肉搏之處，很難可人意。」（《聶紺弩全集》第九卷，228 頁）這是聶公的切身體會。他對自己的舊體詩雖自嘲打油體，但又是自信的，這在他寫給錢鍾書的詩〈答鍾書〉可見：「我以我詩行我法，不為人弟不為師。」現在來看，聶公寫於 1960 年代初期直到「文革」爆發前的那些詩，有許多也同時被他的朋友呈交給了「有關部門」。

　　關於胡喬木給他的詩集作序事，當時他得知胡喬木因為聶的詩好，要去看望他時，他於 1982 年 6 月 8 日回信給胡：「綸音霄降，非想所及，人情所榮，我何能外？惡詩臆造，不堪寓目，竟遭青賞，自是異數。至云欲覓暇下顧，聞之甚駭，豈中有非所宜言，欲加面戒乎？然近來腦力大減，不奈思索，知所止矣。」從他當時給友人的書信中，可以看到一個狷介但又智慧的真實的人。當然，胡喬木還是去看望了他——給他的詩集寫序是在看望他之後。

　　1976 年底，聶紺弩幾經周折，終於出獄，回到北京後，同夫人去理髮館，見到鏡中的自己，寫下了一組詩〈對鏡〉，題記：「出獄初，同周婆上理髮館，覽鏡大駭，不識鏡中為誰。亦不識周婆何以未如葉生之妻，棄箕帚而遁也。倉卒成詩若干首，此其憶得者。」其之一曰：「人有至憂心鬱結，身經百煉意舒平。十年睽隔先生面，千里重逢異物驚。最是風雲龍虎日，不勝天地古今情。手提肝膽輪囷血，互對宵窗望到明。」開頭的兩句：「人有至憂心鬱結，身經百煉意舒平。」幾乎可以看作聶紺弩晚年文字的「起點」。他晚年的舊體詩也讓他的文學作品達到了一個高峰，如果僅僅是寫雜文隨筆和散文小說的聶紺弩，是無法成就其獨特人生的。他去世時，鍾敬文寫輓聯：「晚年竟以舊詩稱，自問恐非初意；老友漸同秋葉盡，竭忠敢惜餘生。」作為有六十年交誼的朋友，鍾敬文是深知聶紺弩的文學抱負的。彭燕郊在回憶聶紺弩的《千古文章未盡才》裏如此評價：他的志願首先是寫小說，其次是新詩，散文。中年以雜文傾動一時，晚年以舊體詩聲震文壇，其成就且達到罕見的高度。

肆

　　1949 年 10 月 1 日，聶紺弩作為左翼文人，在天安門廣場見證了中華人民共和國的開國大典，並寫下了激情洋溢充滿自豪感的一萬多字篇幅的記敘散文〈天安門〉，其激情與同為左翼文人的常任俠可以說

有著差別很大的不同，在常任俠當天的日記裏，明顯流露著委屈的情緒（為自己從海外歸來沒能受到「重視」），但在聶紺弩的筆下看不到任何為個人身份和地位的考慮，充滿著對新中國誕生的歡呼和對毛主席的熱愛：

……我沉醉在紅色的詩裏，紅色的寓言裏，紅色的童話裏。

我像被這整體的紅色提高、擢升，舉起到一種仙境、奇境、幻境，而又是實境裏面，我的眼光遠大了，胸襟開闊了，志氣恢宏了，情緒高昂了。我要歌唱，要為這紅色而歌唱，為紅色的人民，紅色的國家而歌唱，永遠永遠地歌唱。

天安門，紅的頂點，紅的尖端，紅的高峰，紅的集中地！

紅，至美的顏色。太陽的顏色，火的顏色，血的顏色，花的顏色，心的顏色！

紅，色中之王。青春的顏色，新年的顏色，戀愛的顏色，詩的顏色，人民的顏色，集體的顏色，意志的顏色，力的顏色，勝利的顏色，熱烈的顏色，笑的顏色，喜慶的顏色，狂歡的顏色，希望的顏色，祝福的顏色！

紅，是我們民族從古崇尚的顏色。

我不知道我們的祖先何以如此智慧，以紅為美中美，色中王？我深幸我是這酷愛紅色的祖先的子孫，深幸我是這酷愛紅色的民族的人民，深幸我是這紅色隊伍裏的一個小卒，更深幸我是這紅色會場的一個參加者！

……

毛主席到會場

二時剛過，會場裏一陣熱烈的掌聲，抬頭一望，一群穿政協代表的制服的人在天安門城樓上出現了。接著，那些人的模樣更為清晰，有人說：「那個是周恩來，」「那個是沈鈞儒，」「那個是丁玲」……「少奇同志現在是思想家了吧，嗯？」一個女青年在徵求一個什麼人的同意，她大概看見劉少奇了。

城樓上許多人站在欄邊俯瞰著我們，我們中間也有人仰著跟他們搭話，跟他們揮手，我也仰望了一會兒，想在熟人中找到C.Y.，但沒有找到，事後，她說她不巧站在右邊，低下頭找我，也沒有找到。

「毛主席到會場！」播音機說：

久久的掌聲。

「毛主席萬歲！」

「中國共產黨萬歲！」

歡呼聲真可以把天都弄翻。

毛主席穿著黃色的或草綠色的制服，在前排的正中間出現。手裏拿著帽子向底下的多方面揮動答禮，掌聲，歡呼聲，此起彼伏，彼起此伏，你遮過我，我壓倒你，就像要永遠這樣響下去似的。

我看不清毛主席的面孔，但那姿態是很熟悉的，還是那樣，像一個敦厚的長者，甚至像一個鄉下的呵寒問暖的老太婆。他的動作和語言都似乎是迂緩的，但每一個迂緩的動作和聲音裏都含著無限仁慈。想他的臉上還是那樣帶著一種輕微的笑意，帶著一種對於別人永遠的關心，好像無論什麼時候，只要你願意，他都可以向你訴盡他的衷曲，如果真和你傾談，你會發現

他的談話裏竟那麼多的幽默，乃至那麼多的詼諧，有時使你微笑，有時使你大笑。在笑聲中，你會融解一切心裏的鬱結，你會頓開茅塞，恍然大悟，你會發覺他竟知道你這麼多，這麼深，他不是和你初次見面，而是你的幾十年的知心老友。他好像從來不會呵斥人，從來不憎恨人，從來不會把什麼人當作他的敵人。然而誰都知道，他就是打倒了在中國的封建主義，帝國主義，官僚資本主義，即將把它們根絕，而且建立了中華人民共和國的中國共產黨，中國無產階級，中國農民，中國全體人民的領袖！

……

毛主席，我看見過，也談過話，握過手，聽過他幾次講演，更讀過他的許多著作，但一向，思想搞不通，腦筋總在個人的偉大和平凡之間兜圈子，覺得像他那麼一個偉大的人和我這樣一個平凡的人，距離是頗不短的。「天之蒼蒼，其正色耶，其遠而無所至極耶？其視下也，亦若是焉已矣！」自己把自己擺在和毛主席隔得很遠的地方。加以許多年來，都在國民黨反動政權之下生存，看的是反動政權的滅亡的現象，作的是脫離群眾的文字工作，雖說作為一個知識份子，曾經自發地給人民的敵人以不斷的打擊，但沒有感染到群眾的高昂的情緒和強烈的革命氣氛，並沒有把毛澤東思想變成和自己的血肉相連的東西，更覺得毛主席和自己之間，隔著整個舊政權，舊世界！毛主席，是不可理解的、領導人民走向新中國去的領袖；自己，一個舊世界的，始終在舊世界討生活的，說得誇妄一點，進步的，知識份子而已！因此，就在面臨迫害時，在迫害中，心裏也不敢喊一聲：「毛主席救我！」我怕他聽不見。這回到北京來，看見了廣大的群眾，看見了毛主席，看見了毛主席在群眾中的地位，而自己又正是群眾中的一員，覺得過去把自己放得和毛

主席隔得那麼遠，其實就是把自己放得和群眾隔得那麼遠，就是事實上置身於群眾之外。到了我站在群眾之中了，雖然還只是形式上的，就覺得他和自己竟是這麼近，簡直沒有距離，正像他和群眾沒有距離，和群眾是一體的一樣。這感覺，今天特別強烈，雖說他站在城樓上，我站在地上，他不知有我在這會場中，我也沒有看清他的面容。──唉！唉！真是知識份子的痼疾，站在群眾當中，還是這麼我呀我的！

……

「自蔣介石國民黨反動政府背叛祖國，勾結帝國主義，發動反革命戰爭以來，全國人民處於水深火熱的情況之中。幸賴我人民解放軍在全國人民援助之下，為保衛祖國的領土主權，為保衛人民的生命財產，為解除人民的痛苦和爭取人民的權利，奮不顧身，英勇作戰，得以消滅反動軍隊，推翻國民政府的反動統治。……」

毛主席讀這文告的時候，全場肅靜，鴉雀無聲，好像沒有一個人一樣，只有毛主席一個人的聲音，通過擴音器的擴大，經過遠遠近近，掛得很高的播音機的播送，從高處，從遠處，從城樓上，從四方八面，從不知什麼地方傳來，宏大，雄渾，在空際迴旋排宕，使人不能不聽，而聽起來，那聲音就像從天上傳下來的一樣。

「現在人民解放戰爭業已取得基本的勝利，全國大多數人民業已獲得解放，在此基礎之上，由全國各民主黨派，各人民團體，人民解放軍，各地區，各民族，國外華僑及其他愛國民主分子的代表們所組成的中國人民政治協商會議第一屆全體會議業已集會，代表全國人民的意志，制定了中華人民共和國中央人民政府組織法，選舉了毛澤東為中央人民政府主席，朱德……

為副主席，陳毅……為委員，組成中央人民政府委員會，宣告中華人民共和國的成立……。」

「像做夢一樣！」一個人低聲說。

……無論什麼，出之於毛主席的口，還會錯麼？而且，有我們，有全國人民站在毛主席跟前，站在毛主席後面，毛主席喲，你說吧，講吧，儘量地說，大膽地講，隨說什麼都是對的。你是我們的代言人，你是我們的發言人，你是我們這時代的金口御言！

……

天安門，自然是封建魔王所建造，用人民的血汗在人民的血海屍山中建立起來，用為鎮壓人民的象徵的。不知多少年來，都是人民憎恨詛咒的對象。只有今天，只有從偉大的 1949 年 10 月 1 日起，才回覆到人民自己手裏，成為人民的權力的象徵，成為使封建主義、帝國主義、官僚資本主義的殘餘望之發抖的對象。天安門是舊世界所留的一切物質遺產中最豐美的遺產！

寫下〈天安門〉的聶紺弩自 1950 年代至 1976 年從監獄出來，這中間他的遭遇可以說一波三折，比起身為中央美術學院教授的常任俠，聶紺弩的命運可以說與他寫下的〈天安門〉裏的豪情滿懷相比有天地之別。

伍

在 1950 年代的政治運動中，聶紺弩寫下了種種歷史和思想交代，現在他的這些交代都已經作為他文學作品之外的「作品」收錄在《聶紺弩全集》中，晚年的聶紺弩沒有寫回憶錄，這些「歷史交代」就成了他被迫的回憶錄了。在他當年寫下的交代中，最主要的問題就是他

一遍遍交代他與國民黨一方的朋友之間的關係，看他的交代，也能看出他的文人性格和複雜的交往，胡風、周恩來、陳毅、馮雪峰、康澤、谷正綱、張道藩……稍微熟悉現代中國史的讀者，對這些名字不會陌生，這些人的名字並列在一起同時和聶紺弩聯繫著，也就看到了聶紺弩獨特的一面。他和國民黨大特務康澤（康澤是黃埔三期畢業，國民黨的復興社和三青團這兩個名字都出自他之手）的交往，也給那個年代的政治鬥爭留下了一個超越黨派的注角。在國共內戰的 1948 年夏天，當得知康澤被解放軍俘虜時，他在香港寫下了〈記康澤〉，記敘了他與黃浦同學也是留蘇同學康澤的友誼，而且自信沒有把康的畫像「畫歪」。但正是這種關係，在 1950 年代他寫的歷史交代中，與康澤的關係成了無法拋掉的歷史負擔。與他寫下的散文〈記康澤〉相比，他的「歷史交代」沒有任何文采，只是非常詳細的敘述，卻比文學化的〈記康澤〉有著更真實的可讀性：

> ……三五年二三月間，他（吳奚如──筆者注）介紹我入黨。入黨式是在一個不知什麼人家裏舉行的。除吳外，在場的有一個「老李」，另外一個胖子。老李不知名字，胖子連姓也不知道。這兩個人，後來又在別處碰頭過兩三次。胖子後來在西安八路軍辦事處還碰見過。老李瘦、黑、不高，口音像下江人，似乎是軍委什麼的，除在上海外，未在別處碰見過。入黨時，老李給我很多指示，現在只記得一種，要多看理論書。
>
> 入黨後不到一個月，老李說要派我到四川康澤那裏去做工作。康澤那時作偽參謀團的政訓處長。康澤也是留蘇同學，在莫斯科時也不熟，在回國的船上才開始談話。回南京後，同在偽中央黨務學校做訓育員。我調偽中央通訊社後，不久，康澤也調偽中央訓練部了，兩人同住一個宿舍有幾個月之久。這關係，我對吳奚如談起過，所以老李要派我到康那裏去。說是「要儘量利用國民黨關係，要打入他們內部去。」我的任務是關於「軍

事情報方面的」，等我打進去了，再派人和我聯繫。我告訴老
李，我和康澤確有較一般關係為深的關係，但那時因為我們在
一塊兒的時候，經常接觸到思想問題，我知道他要走法西斯的
路，他知道我要走革命的路的。我剛從日本回來的時候，康澤
曾寫信給《十日文學》轉給我，叫我到他那裏去，他那時在江
西。我非常露骨和堅決地回絕了他，我說，我還讀不懂《我的
奮鬥》，完全不理解這樣的人，叫我怎能和那作者之類的人共
事呢？因此，打進他那裏去希望不大。老李說，不要緊，只要
你覺得他不會把你押起來，不妨去試試，不成功就回來。這樣，
我就到四川去了。事先當然用電報和康取得了聯繫。

見著他是在成都。頭一天，請我到館子裏吃飯，有一個姓張的
什麼人（當時介紹過，現在記不起了，反正是穿軍裝的）在座，
談了一些不相干的話。分手時，他叫副官招呼我到他家裏去住
幾天。他說他很忙，在家裏比較容易抽時間和我暢談。但在他
家裏他也沒什麼時間，早晨五六點，客廳裏的人就滿了，晚上
一兩點才回來或者不回來，白天不在家吃飯。住了四五天吧，
談過兩次話。

一次晚上一兩點，他回來，問我的來意。我說我想做點事，在
上海混不出什麼名堂來。他問，做什麼事。我說既然下決心做
事，就一切從頭來起，過去的什麼都丟掉，你叫我做什麼就做
什麼。他說連那些年輕時的幻想也丟掉？我說當然，否則也不
下決心來了。他說到我下面做事？我說最好。他說我們現在是
朋友，一做事就公事公辦。這裏是軍事機關，要求嚴格，性質
嚴重，決不能想，某人是我的朋友，出點小事不要緊。我說我
知道。他說這是跟你說得好玩的，我這邊的工作於你太不合
適。我說我說過，什麼都可以。他說應該想到我不是不關心你
的，你寫的文章和編的報，不是完全不知道；兩年前你給我的

信也還記得，沒有人那樣寫信給我的。我說那是過去的事。他說我也以為是這樣，這樣才可以談。既然來了，應該想辦法，不過也不是馬上就可想好。休息幾天，我從各方面考慮考慮。他說這些話的時候，是不帶什麼感情的，跟從前在南京時的談話情況很不相同。使我感到，一，他對我已有一定看法；二，似乎完全知道來意；三，門禁森嚴；四，打得進去也不能施展；五，隨時可以變臉。我甚至疑是已經變臉了，把我軟禁著的。但另一方面也想到，他也只能這樣。

在南京時，特別是在同一個宿舍時，半年多時間，差不多每晚都談很久，他有什麼事都和我商量。就當時的現狀說，兩個都是不滿分子。他說我將來一定會當共產黨的。他說他也贊成共產主義，但要有真正的共產黨，現在這些殺人放火的共匪都是應該消滅的。他說現在沒有出路的人多，不必共產主義，隨便插個什麼旗子都會有人來，都可以反蔣。他等有點政治資本了是要插旗子的。對我個人，他時時表示敬佩，認為沒有碰到過我「這」支筆，約定無論什麼情況之下都做朋友。後來他到蔣介石那裏當侍從什麼了，每次蔣來開會總是他提皮包。蔣進會場之後，他就來找我聊天。我笑他提皮包，他也笑說，當識英雄於未遇時。我是以這樣一種關係來找他的。

第二次是在他家裏的最後一天，吃午飯的時候，也是他唯一的一次在家吃午飯。他說，那天晚上疲倦得很，沒有對你說什麼不該說的話吧。我說沒有。他說那就好。你的事，我們不能隨便解決，先來個步驟，作個長遠打算。把老婆接來，住在我家裏，專門用一兩年功，讀書，做學問，要看什麼書就看什麼，絕對自由，只要可以找到的書我都替你找。不過看了，有時跟我談談，讓我也跟著學點。經過這一個時期，一方面你成為學問家了，不會再想找什麼小事做，自己會飛掉；二方面要做什

麼，只要我能出力，都跟你找。你不知道，我想有這樣一個人
能跟我講點學問上的事，不知想了好久。不管裏面的某些話有
沒有真實性，我想，這樣的意思一定有：一，試探；二，關門。
說不定還想長期軟禁。我說，你把問題看得這麼大，叫人一下
子難以回答。這需要考慮考慮，因為既然如此，何必累你，我
來找你並不一定是為了生活。他說這是我想留你的如意算盤，
你當然可以考慮。住在這裏很不便吧……既然熟了一點，就不
必住在這裏，我給你在青年會找了間房，搬去那裏隨便些。考
慮好了給我個通知。這樣我又搬到青年會。

第一次談話已報告上海方面，回信來說，相機撤退。我通知他，
問可不可以介紹到什麼大學去教書。我沒有直接說不接受他
的提議，怕他翻臉。幾天沒有回信。一天他派人來叫我去，說
大學事要費周折，問我是不是想回上海。沒有等我回答又說，
回上海吧。我明天飛重慶以後又到武漢去，恰好一路。我叫我
的小車子明天送你到重慶，我在重慶給你準備到武漢的事。到
了重慶，他叫坐他們的差船到萬縣，叫他的一個大隊長給我在
萬縣買船票到武漢，到了武漢，再找他拿到上海的旅費。——
照他所佈置的做了，也無法不這樣。後來分析，他為什麼用這
種遮解似的辦法呢？怕我出事，一出事就與他有關。

……

「八一三」之後，我參加「上海救亡演劇隊」第一隊到武漢。
和宋之的、馬彥祥、賀綠汀、塞克「他」們一道。先到南京，
隊長馬彥祥原以為在南京很有辦法弄路費的，誰知不行，和平
時不同了。只中山文化教育館捐了一百元，一二十個人望著走
不動。隊委會、馬、宋、我，商量叫我去找康澤。一打聽，他
在南京，找著了，他一面搖頭，一面還是寫了兩百元捐款。

……

在武漢，孟十還來找我，說康澤找我有話說。孟十還自上海分手後就未見了，不知怎麼找著我的。在上海時，他還以進步姿態出現，到武漢後，大概和康澤接上關係了吧，開始變壞，以後就和我沒有來往了。他引我去見到康澤之後，他就走了。康澤請我到一家館子裏去喝酒，看樣子像有什麼事，很沉悶。說，他也許要去帶兵，如果當了民族英雄，希望我寫篇文章紀念他。這次較詳的談話，在香港時，康澤被俘之後，曾寫在一篇〈記康澤〉的文章裏，發表在《野草》上。

一天，在商務印書館看見陳列臺上有《說文詁林》。在上海時，討論大眾語之後，我曾對文字學一度有很高的興趣，久想有這一部書，可是要百把塊，買不起。這時想起，看康澤前幾天談話的那情況，要是敲他一點小竹杠，不會不答應。我去找他，他果然答應了，叫他的什麼秘書用什麼圖書館的名義去買。這時是夜晚，決定第二天去辦。第二天我沒去，過了好幾天才去他那裏把書拿回來。

這一段來往，當時跟吳奚如談起過，那時他是周總理的秘書，但也並非正式談。他不是正式領導我，我也沒有別的領導，這情況繼續到周總理介紹我到新四軍去為止。

最後是在重慶。老婆從北溫泉來，為她們慈幼院有事要找康澤，大概是為慈幼院的廟產之類的問題，想侵佔廟產的人是康澤吃得住的。老婆是偽黨校學生，和康澤也很熟。她認為我一路去，效果要大些。我就同她去了。一去，他正準備出門，在門口談了幾句話，約我們第二天去吃午飯。第二天去了，還有另一個姓吳的失業軍官在座。那是他找來陪我們的，那個人和我同鄉。主要的是他們談話，他和老婆談，和吳談。和老婆談

173

的不記得了，和吳談的，和我單獨談的幾句，都寫在〈記康澤〉裏。

以後沒有來往。這一段，現在只有老婆能證明。

在武漢和重慶的這兩段，完全沒有必要，無論是他或別人找我去，也完全可以謝絕。但當時認為既在抗戰期間，既要公開存在，只要不涉及政治，來往一下也不要緊。不用說，事先未向黨請示，事後也未彙報，至少未正式彙報。但也沒有故意隱瞞過這關係。周總理、徐冰同志及其他搞文藝的黨內同志知道的人也很多。我還公開發過兩篇文章，在桂林時的〈時間的啟示〉（《沉吟》）；在香港的〈記康澤〉（《野草》），前者是記在成都的那一段的，後者是記整個交往。

上述文字出自聶紺弩 1955 年受胡風集團牽連而在「反省」時寫的「歷史交代」，儘管是寫與康澤的關係，但也從側面留下了他們年青時代的交往和各自的命運。在當年〈記康澤〉一文的結尾，聶紺弩寫道：

現在，康澤已被人民解放軍活捉了，被活捉之前，還使用過毒氣，是解放軍俘虜的第一號不折不扣的戰犯。那麼，他就要成為「戡亂英雄」或「剿匪英雄」的吧？但我希望他還來得及讀到我這篇文章。不但表示我沒有負約，也只有他自己能對這裏面所寫的感到親切，而且認為我沒有把他的相畫歪！雖然他沒有真的死在民族戰場上。

嘲諷的是，當時的聶紺弩也許以為康澤作為「第一號不折不扣的戰犯」會被槍斃的吧？事實是，儘管他們的選擇不同，他們進入新中國的身份更不同：康澤作為解放軍的俘虜進入了新中國，聶紺弩作為革命的「左翼」文人（他是中共黨員，聶紺弩 1955 年「歷史交代」中關於他個人在 1949 年前從事「左翼」文學活動的回憶，是很有意味的，

他的「交代」勾勒出當年一個年青的左翼「大自由分子」追求進步和從事革命的經歷）進入了新中國，但後來有一點他們是相似的——從共產黨的監獄裏走出來時的出獄條件「相同」：康澤1963年以國民黨戰犯身份被特釋出獄（康澤出獄後，被安排為全國政協文史專員，1967年死於秦城監獄）；聶紺弩因友人的俠意幫助，按照對在押的原國民黨縣團級以上黨政軍特人員一律寬大釋放的條件，以其黃浦二期畢業的資格也「蒙混」出獄。

陸

聶紺弩於1967年1月以「現行反革命罪」被判無期徒刑的，其罪行主要是辱罵林彪和江青，而其辱罵的場合往往是與朋友的聚餐和聊天中。隨著寓真的《聶紺弩刑事檔案》的面世，聶紺弩入獄的真相已經大白於天下。他的言行被他的朋友們譬如黃苗子、吳祖光等人彙報給了「專政機關」。寓真在他的《聶紺弩刑事檔案》裏探尋了聶紺弩何以被打成「現行反革命」的過程，他通過檔案材料的佐證，發現「這一問題大體可以水落石出」。尤其是「至少是從1962年9月起，聶紺弩就成了專政機關監視的對象」，譬如：

> 有一份1962年9月12日遞給公安機關的報告。報告提供人可能是一個國家機關的幹部，此人經常在聶紺弩家中走動，他積極配合了公安機關的工作。這份報告開始是這樣寫的：
>
> 我昨天去找了聶，與他「暢談」了一陣。
>
> 下午，我帶了一瓶酒先去找向思賡，向看到有好酒，欣然同往聶處。我打算約聶外出，如果他不願外出，那就去他家裏喝。去時，聶一人在家寫詩。我提出了邀請，聶很乾脆地答應了。傍晚時，到西苑餐所後，聽聶的安排，在露天座裏喝酒，等到

晚8點吃夜宵。於是第一次買了火燒、炸蝦、豬肝、蛋捲、腐竹等喝酒。我一直沒有主動提出什麼。等到酒乾了半瓶之後，聶已酒酣耳熱，他單刀直入地展開了一場反動的談話。向思慶在旁邊不時幫腔。興致非常好。再加叫了兩樣冷菜，聶更要吃熱菜，又叫了。直談到夜宵上市以後。

吃完夜宵後，步行到動物園附近，聶叫了人力車，同往他家，在那裏又聊了一陣。

一個晚上我得到了一點東西，破去不少鈔，總算起來在二十元以上了。

茲將他的談話，盡最大可能真實地記錄下來。

……

這份報告中關於聶紺弩那天晚間的談話內容，共寫了十頁，主要是針對毛澤東主席的不滿言論。其中談到 1957 年的「反右」鬥爭問題，聶如是說：

現在問題已經提到日程上來了，非解決不可。究竟是我們不對，還是他們不對，這問題非解決不可（敲桌子）。不解決呀，什麼革命，什麼民主，什麼馬克思主義，什麼邏輯，形式邏輯都講不通，都要破產！批評一個人事處長的小幹部，你就說他反對共產黨，反對社會主義，這說得通嗎？「反」字，這麼容易扣呀！這樣被搞成「右派」的，就不知道有多少。他們是想推翻你這個政權嗎？就根據他們自己的說法，也不是說他們想（與共產黨）平起平坐。想當副總理，可是人家想當的副總理還是你這個政權的副總理呀，他們並沒有要推翻你這個政權。你要殺人，你就殺吧，但是殺了以後怎麼辦？章伯鈞一開始的時候就說：「只要對國家、對大局有好處，你們要借我的頭，

我也很願意。」要借我（聶紺弩）的頭，我也願意，可是我話還是要說的。（著重，聲激憤）現在搞成什麼樣子，他們要負責，全國都要負責，只有我們不負責，只有我們！（手指連敲桌子）我們什麼都說了，我們不負任何責任。要是照我們的意見，哪會弄到今天這種樣子！

他們不認錯，行不行？不行！現在的問題，歸根到底，還是民主與科學的問題。你不解決這個問題（指「反右」），民主與科學的問題就解決不了。什麼辦法也沒有。

他們當然不想解決，也不願意解決，但是形勢逼得他們非解決不可。對個別的人，他們還是要解決的。聽說高汾（《大公報》社）的老婆已經恢復了黨籍，先前還不是讓她和我們一起勞動改造？問題總是要解決的。當然我不好說是今年，還是明年，還是後年。這不是幾個人的事嘛，這是四十五萬人的事，四十五萬！這一定要有一個交代。是他們錯了，還是我們錯了，這非搞清楚不可，非根本解決不可。一個一個解決，絕對不能解決問題。你就把馮雪峰、我聶某人的黨籍恢復了，恢復原來的職位，還讓馮雪峰當「人民文學出版社」社長，我當副總編輯，並且賠償我這幾年來的工資，也不能解決問題。就算他們讓我當文化部部長吧，這總算滿足了我最高的願望了吧？我也不能幹了，我也不幹了。我們去幹了，那一班現在爬上去的人怎麼辦？他們本身沒有什麼錯，他們因為執行你的方針政策上升了，你叫他怎麼下來？這就是現在的根本問題。把一些老的科學家，老的幹部都打下來了，讓一般幹不了的人上去，他們什麼也搞不好。一切事情就是這個樣子，把馬寅初打垮了，你替馬寅初寫墓誌銘，只要寫「公諱寅初」這幾個字，就比那些不知名的來得響亮。人家可以把學校辦好，他們那一般混蛋就沒辦法，你要不要科學？這個問題一步一步地逼來了，非根本解決不可。

我們這些讀書、寫文章的人，過去都有一個錯誤的看法，以為我們
不懂得政治。其實現在懂得政治的只有我們……（聲音激越）瞧吧！
我們懂得辯證法，我們相信辯證法，封建主義總是要進棺材的。

報告後面的落款為「1962 年 9 月 12 日下午」。

寫真說，大約從 1962 年 9 月以後，聶紺弩的寫作和他的言論就被
公安機關通過不同渠道頻頻搜集上來，而且多次被摘編報送高層領
導。1964 年 12 月專政機關的簡報上就以「聶紺弩反對文藝界整風，
惡毒攻擊毛主席」為題，編報了聶的言論。有關負責人曾先後對聶的
問題作過批示：「這個姓聶的王八蛋！在適當時候給他一點厲害嚐嚐。」

從章詒和的〈誰把聶紺弩送進了監獄〉（載《南方週末》2009 年
3 月 19 日）一文裏，不難看出，把聶紺弩送進監獄的，正是聶紺弩身
邊的一批朋友扮演了告密者的角色，尤其是他的朋友黃苗子等人。而
在批示上寫下「這個姓聶的王八蛋！在適當時候給他一點厲害嚐嚐」
的「有關負責人」是被授予大將軍銜的羅瑞卿。黃苗子與聶紺弩一樣，
同為「右派」，也是一同發配到北大荒的「同年」。因充當了有關部門
的「線人」，黃苗子屬於表現好的「右派」分子，而聶紺弩因這些在朋
友面前說的牢騷話，就成了「王八蛋」，「適當的時候」終於來了，這
就是「文革」。告密者和被監視者都逃不過這一關，都落入被批鬥和關
押的災難中。不過，給聶紺弩「一點厲害嚐嚐」的已經不是毛澤東曾
信任有加的羅瑞卿了，其時，身為人民解放軍總參謀長的羅瑞卿已經
為了表明其對毛主席和黨的忠心而從辦公樓的窗口跳下摔斷了腿，在
其後造反派對他進行批鬥時，他是被人用筐抬進批鬥會場的。

<h1 style="text-align:center">柒</h1>

聶紺弩的思想一直是「左翼」，儘管他是一個自由散漫的人，他出
獄後寫給朋友的信裏依然是很符合主流價值觀的，如 1977 年 10 月 10

日寫給黃苗子的信，談到黃苗子要送他韓羽的畫，說「實獲我心」，並談及尹瘦公「說韓公畫戲文極佳，曾見其虹霓關云云」，然後筆鋒一轉，「忽然想到：韓畫固神，若問，何以不以之畫社會主義革建反而畫封建落後之物，其將何以為經濟基礎服務乎？此事極關重要，甚至是文藝界的致命問題，未見人談及，自亦覺極難談，固廣大艱深，難以開口也。我嘗覺公，我，祖光，瘦，邇乃至永玉，固均屬落後分子，但實皆高知，並不反社，有時抑且歌社而並不違心，且今之我國孰為歌社標本，而歌社之作（不僅美術）似很少如韓畫之動人者。又，韓畫似不大眾化，而此欣賞之小眾，所見非錯。想來想去，不知道如何是好。何時枉顧，願一傾之。以求大教。」

信中所提友人，黃苗子、吳祖光、尹瘦石、陳邇冬和黃永玉，皆是自 1950 年代以來與他時從交往的好友，也是他的舊體詩的最初的讀者。在黃永玉的文字裏，是如此描繪聶紺弩的：「茂盛的頭髮，魁梧而微斂的身材，醬紫色的臉上滿是皺紋，行動算不上矯健，缺乏一點節奏，但有一對狡猾的小眼睛，天生嘲弄的嘴角。我相信他那對眼睛和嘴巴，即使是在正常狀態，也會在與人正常相處中給自己帶來負擔和麻煩。」黃永玉描繪的入木三分，聶紺弩的確即使是在「正常狀態」下，他的觀察和言論也給自己帶來負擔和麻煩。

對於朋友之間的告密，聶紺弩有著自己的理解，譬如在對「胡風反革命集團」一案中起到決定作用的舒蕪「出賣」胡風一事，聶紺弩儘管也身受此案牽扯，但並不像多數「集團」成員對舒蕪痛恨有加終了不予諒解，而是一直朋友相待，並成為晚年舊體詩唱和的主要詩友，何以如此？在他 1982 年 9 月 3 日寫給舒蕪的信中可以找到答案：

> 我看見過忘記了名字的人寫的文章，說舒蕪這猶大，以出賣耶穌為進身之階。我非常憤恨。為什麼舒蕪是猶大，為什麼是胡風的門徒呢？這比喻是不對的。一個卅來歲的青年，面前擺著一架天平，一邊是中共和毛公，一邊是胡風，會看不出誰輕誰

重？我那時已五十多了，我是以為胡風為輕的。至於後果，胡風上了十字架。幾千幾萬，幾十萬，各以不同的程度上了十字架，你是否預見到，不得而知，我是一點未想到的。正如當了幾十年黨員，根本沒想到十年浩劫一樣。我說兩小不忍亂大謀，也是胡說。然而人們恨猶大，不恨送人上十字架的總督之類，真是怪事。我以猶大故事是某種人捏造的，使人轉移目標，恨猶大而輕恕某種人。

　　自此也可理解聶紺弩出獄後與老朋友們仍保持著友誼，而沒有去探究是誰把他的話和詩呈交給了有關部門，相信他在獄中回答審問時是能夠想到某些話是那幾位或誰密告上去的，畢竟，有些話只是幾個好朋友的酒後談。

捌

　　聶紺弩晚年多次寫詩給胡風，共留下二十餘首題贈胡風的詩，如〈贈胡風〉（五首）、〈胡風八十〉等，也互相酬答。1954 年，胡風向中共中央提交《關於解放以來的文藝實踐情況的報告》，約三十萬言，時稱「三十萬言書」。胡風為此付出了慘痛的政治代價和人生代價。在聶紺弩贈胡風的二十餘首詩裏，有許多首都寫到了「三十萬言書」。如〈雪壓（三首）〉，其一：「三十萬言書大笑，一行一句一天刑。」其二：「三十萬言書好在，豈真吾道遂全非？」其三：「爾身雖在爾頭亡，老作刑天夢一場。……三十萬言書說甚？如何力疾又周揚？」〈風懷（十首）〉之三：「爾為遷客往成都，吾愛小莊屋上烏。今日密雲風習紀，幾人三十萬言書？」聶紺弩在詩中反覆為「三十萬言書」鳴不平，還反覆地把胡風比作古代神話英雄刑天：刑天在與天帝的爭鬥中被砍了頭顱，但他依然不改反抗的初衷，「以乳為目，以臍為口，操干戚以舞。」在聶紺弩寫給胡風的詩裏，「不解垂綸渭水邊，頭亡身在老刑天。無端

狂笑無端哭，三十萬言三十年。便住華居醫啥病，但招明月伴無眠。
奇詩僅止三千首，定不隨君到九泉。」(〈胡風八十〉)此詩中的「無端
狂笑無端哭，三十萬言三十年」實在是寫胡風命運的最沉痛之句。胡
風去世後，聶又寫了《悼胡風》：「精神界人非驕子，淪落坎坷以憂死。
千萬字文萬首詩，得問世者能有幾！死無青蠅為弔客，屍藏太平冰箱
裏。心胸肝膽齊堅冰，從此天風呼不起。昨夢君立海邊山，蒼蒼者天
茫茫水。」張頤武說，聶紺弩舊體詩的巔峰之作正是贈給「比他的命
運更加淒慘的戰友胡風的詩和胡風死後的悼詩。這些詩是他和這位同
樣是左翼的文化人，但命運比他更慘烈的人物的精神契合的最好的寫
照，也是現代中國的痛苦和艱難的命運的最好的寫照。」

　　如果僅僅從聶紺弩寫給胡風的詩中看，聶對胡風的精神是「契合」
的，但從他 1982 年 9 月 3 日寫給舒蕪的同一封信裏還有他談對胡風的
印象，就與這種「精神契合」有了距離：

> 我很不喜胡風。自以為高人一等，自以為萬物皆備於我，以氣
> 勢凌人，以為青年某某等是門徒，是口袋中物，薄某些工作而
> 不為，時窮勢蹙，又沒口子呼思想界的巨人不止！他的全部思
> 想除了精神奴役一點以外，無甚可取。與題材搏鬥說尤謬，不
> 過要人寫非生活經驗的東西而已。他現在不能寫、說了，於他
> 有利，就此成為默默的偶像。

　　在 1982 年 10 月 25 日寫給舒蕪的信裏再次談到對胡風的看法，尤
其是抗戰時期在桂林、重慶和胡風的交往，對胡風在出版上「剝削壓
迫」友人伍禾的做法很不以為然，對胡風的態度已是「我本在重慶末
期就不和他講話，解放後開文代會時才由駱賓基拉線，重新交談（伍
禾說我曾說胡有一個智者頭腦和庸人的心，後來我曾對人說他也是王
倫（白衣秀士）！）。一交談，把以前的事也忘了」。

　　雖然聶紺弩對生活中的胡風「很不喜」，但仕胡風落難後，聶紺
弩卻給予了道義支持和友情的溫暖，胡風自 1955 年起被關押了整整十

年，夫人梅志回憶：「放出來後第一個來看他的朋友就是聶紺弩。他們談得很多。可惜時間不長，一個多月後，胡風就被遣送出境了，老聶又親自來送別，並書贈條幅一張。」1966 年，胡風被遣往成都，聶紺弩所贈條幅詩云：「武鄉涕淚雙雄表，杜甫乾坤一腐儒。爾去成都兼兩傑，為攜三十萬言書。」（《送高荒之蓉》）

玖

　　聶紺弩的個性是狂放不羈的，即便到最後，也沒有絲毫改變。在給友人的信裏更是直言不諱，譬如在 1982 年 11 月 5 日寫給黎丁的信中，談到自己的文章在報刊發表的情況，如此寫道：「……本為《人民日報》約稿，及交稿後，彼報收到大作家沙汀之稿轉《光明》。《人民》發表之稿，每次必有一頭等作者在我前面，這回有人投我一詩，彼又用林涵老爺壓在我前，這種狗眼編輯，實深恨之。卅餘年只投過三次稿，每次如此，並隨意刪削，當非偶然事。」（《聶紺弩全集》第九卷，449 頁）信中所提到的林涵當是林默涵。

　　聶紺弩的外孫方瞳回憶說，有一次他問外公兩個問題；一是做為一個老黨員，受到了許多不公正待遇有何感想，二是當今社會有許多弊端顯現，為什麼會這樣？聶公沉吟許久，答：「中國的現在比過去好，將來會比現在更好。」方瞳若干年後再回想當年的一席話，恍然聶公是從大處著眼，不計較個人得失的。

相關書目

《聶紺弩全集》（十卷本），武漢出版社 2004 年版。

《聶紺駑詩全編》，羅孚等編注，學林出版社 1992 年版。

《冷眼閱世／聶紺弩卷》，方瞳編，文匯出版社 2005 年版。

《往事並不如煙》，章詒和著，人民文學出版社 2004 年版。

《聶紺弩刑事檔案》，寓真著，明報出版社 2009 年版。

石魯
一代書生太笨

壹

　　據說，徐悲鴻對延安出來的藝術家贊許的只有兩位：一是版畫家古元，二是石魯。當年石魯的橫空出世，自然是因他描繪毛主席的國畫《轉戰陝北》和稍後在北京亮相而被稱之為「長安畫派」的建立，從外因來說，當時中國美術家協會的主要領導們譬如王朝聞、蔡若虹等這些同樣從延安出來的在美術戰線上的同志們的欣賞甚至是激賞有關。新中國成立後，與那些當年在國統區已經成名的畫家相比，石魯是真正的革命戰士出身的畫家，美術在他，當年就是用來革命的武器。

　　石魯在 1958 年 8 月 3 日寫給畫家李琦的信中，有這樣的話：「造型藝術──特別是繪畫，如何體會革命的浪漫主義與革命的現實主義的結合？積極地發揮革命的浪漫主義精神，能不能排除風景畫？從造型藝術的形象感受中如何體現感情與思想的關係和作用⋯⋯」作為從延安出來的畫家，石魯在內心的革命情結是真誠的，是發自內心的追求，「革命浪漫主義與革命現實主義」的相互結合是他發自內心的追求。他的《轉戰陝北》一畫可以說是「革命浪漫主義與革命現實主義」的完美結合。

　　2009 年 10 月 28 日央視十套「探索・發現」播出的關於六十年新中國文物挖掘與保護的電視紀錄片連續專題之「國之重器」，談歷史博物館和革命歷史博物館「雙館」建設，提到當年邀請畫家畫現代史上

的重大題材時，螢幕上只播出了兩幅畫面：一幅為《延安的火炬》，一幅為《轉戰陝北》。到了最後又播出了一幅畫——《開國大典》，當然是恢復了高崗形象的那幅。引起我聯想的是前邊兩幅，因為這兩幅一幅是石魯畫的，儘管電視上並沒說畫家是誰，但我相信，對新中國美術稍微有點瞭解的讀者，《轉戰陝北》的作者不用說，許多人也知道的。就和董希文畫的《開國大典》一樣。

　　石魯的《轉戰陝北》不僅是石魯的代表作，也是中國當代美術史上的一個標誌性的里程碑。《轉戰陝北》是一幅主題畫，描繪的是1947年毛主席在陝北黃土高原上轉戰的場景。在畫面上，毛主席正站在一座黃土山崖的絕壁頂上，負手於後，背側面對著觀眾，遙望黃河。在他的前面是黃土高原的千山萬壑，一層接一層的土原遮住了天空，在毛主席身後，有兩兵一馬。這幅畫的構圖即便今天來看，也是很新奇的。在當時，如此描繪領袖，更是非常的。

　　當年石魯的《轉戰陝北》一出現，好評如潮，但也引起了爭議，最典型的就是一位人民軍隊的高級將領非常惱火，說石魯畫的《轉戰陝北》，讓人看了會產生毛主席走投無路的錯覺，因為畫面上的毛主席站在一處懸崖絕壁邊上，身邊只有兩個戰士和一匹馬。

　　「文革」結束後，在一些關於石魯遭受迫害的文章中，必不可少的要提到這件事，但往往歸結為「四人幫」及其爪牙對畫家的迫害，其實在「文革」前，在1960年代初，一位將軍在革命歷史博物館看到了此畫，當即提出疑問：主席轉戰陝北時有百萬雄師，怎麼畫上只有兩人一馬？把主席畫在懸崖邊上，是無路可走了？是不是要他懸崖勒馬？

　　那位將軍說完就走了，並非正式的「審查」意見，但在具體「主事」者聽來卻是誠惶誠恐，立即採取了應對措施。當時《石魯作品集》已經印好，而且將稿費都發給了他。同時已有一部分被發到新華書店。因為那本畫冊的封面就是選用的《轉戰陝北》，在得知將軍的「疑問」後，有人提出了兩個方案：一是換封面，二是改畫面。人民美術出版社的負責人邵宇來到西安找石魯，要求他修改畫面，或者將此畫從畫

集中抽掉，這樣才能發行。石魯拒絕了，並將已經發給他的二千元稿費退給了出版社。於是，已經運到新華書店的《石魯作品集》也被立即停售，已經面世的就地封存，後來被作為舊書處理，以一角一本的低價出售。不久，這幅畫也被從革命歷史博物館撤了下來，不能再掛。

至於江青在「文革」初點石魯的名，說他畫的《轉戰陝北》是要逼主席走投無路、懸崖勒馬，其實，這是後話。先有將軍的疑問和一些具體的措施，使得因《轉戰陝北》一畫而處於事業頂峰的石魯倍感壓力，之後才是「文革」時的更進一步迫害（「文革」開始不久，江青就點了石魯的名，說他畫的《轉戰陝北》是要逼毛主席走投無路、懸崖勒馬。石魯是中國「野、怪、亂、黑的主將」）……

我說的有些扯遠了，其實讓我感歎的還不是這個，而是因《延安的火炬》所想到的。《延安的火炬》出自油畫家蔡亮之手，但該畫也與石魯有關，並因此畫，而有了蔡亮和石魯之間的恩怨甚至仇恨。此畫的構思和主題據說來自石魯，這也是之前在有關石魯的書中沒看到敘述如此詳盡的，1959年為革命歷史博物館創作歷史畫時，石魯應邀去了北京，接受下來兩個要承擔的畫題：一個是《轉戰陝北》，一個是《慶祝抗戰勝利》。王川在《狂石魯》一書裏記敘了關於後者及由此造成的石魯與蔡亮之間的是是非非——

石魯的構思是要表現延安軍民在「八‧一五」抗戰勝利日那個晚上的場景。石魯說，當時他所在的陝北公學在楊家灣，離延安有八九裏路，師生們是在晚上聽到新華社宣佈日本已經投降的消息的，全體師生立即打著火把，步行到延安遊行慶祝，延安城在那個晚上到處都是狂歡的人群，到處都是慶祝勝利的隊伍……石魯後來多次想將這一場景搞成一幅大畫，這個鏡頭給他留下的印象太深了。這次他想描繪出延安全城的軍民舉著火把滿街遊行的場面，標題想定為《勝利的夜晚》。

但是石魯一直沒有動筆，原因有二：一是他在集中精力創作《轉戰陝北》，二是因為《勝利的夜晚》中的火炬是最重要的道具和細節，

想要表現出火炬的燦爛,中國畫的表現手法不太適宜。石魯說他一直想畫成一幅油畫。(石魯是個多面手,版畫,油畫,國畫,他都涉獵。他曾畫過一幅油畫《七月的延安》,題材是描繪毛澤東在看地裏的番茄。)

　　石魯把《勝利的夜晚》的構思給了蔡亮,因為蔡亮的油畫工底好,由蔡亮來畫也許更合適。蔡亮就此一舉成名,《勝利的夜晚》改題為《延安的火炬》,此畫也成了他的代表作。蔡亮是五十年代初中央美院油畫系的高材生,曾隨油畫家艾中信先生到西安寫生,石魯看過他的作品。後來蔡亮因與「二流堂」有染而受到了批判,畢業後被「發配」到西北,檔案裏有「控制使用」的字眼,但石魯愛才,作為主持陝西省美術界的行政領導,石魯先是安排蔡亮到了群藝館,後來又將他調到了自己的身邊。關於石魯對蔡亮的賞識,在黃名芊的《筆墨江山——傅抱石率團二萬三千里寫生實錄》(人民美術出版社 2009 年 6 月第 2 版)裏也有記錄……1957 年「反右」時,中央美院曾要求西安美協將蔡亮送到北京來接受批鬥,當作批判的靶子。石魯親自帶著蔡亮去了北京,對美院說,人是帶來了,講問題可以,批鬥不行。因石魯的保護,蔡亮僥倖逃過一劫。

　　《延安的火炬》之後,中國美術家協會提出要給蔡亮安排「理事」的頭銜,但這一建議遭到了否決,據說這個否決是石魯自己提出來的。在中國美協的常務理事會上,石魯以蔡亮還年青,才畫出不多的作品為理由,否決了蔡亮的「理事」。

貳

　　「文革」開始,讓石魯驚奇的是,他昔日一向提攜的蔡亮成了批鬥他最力的造反派,由於出自「家門」之內,所以蔡亮對往昔的一些事記得特別清楚,他歷數石魯「反動黑畫家」的罪行。「文革」開始,蔡亮就變成另外一個人,他跑到北京,他在中國美術家協會參與鬥爭

了王朝聞（當時王擔任中國美術家協會書記處書記），甚至有人說蔡亮在另一次批鬥會上動手打了賀龍元帥，又參與查抄中國美術家協會「破四舊」的行動，就在這次「革命行動」中，他從一堆中國美協的舊檔案中發現了那次討論是否給他「理事頭銜」的會議記錄，而且從中發現了石魯竟然不同意自己擔任中國美協理事的發言記錄。這一發現導致了他回西安後對石魯的粗暴相加，據說，蔡亮認為是石魯在嫉妒他，成了他前途上的障礙。石魯對蔡亮不能忘懷的就是他毒打自己的情景，石魯說：

> 在一次批鬥會結束之後，蔡亮就來打他。不僅他自己打，他的老婆也參與了打。他們倆將石魯捺倒在地上，騎在石魯的身上，又將他的手反扭到背後，用棍子狠命地打。

> 石魯強回過身去對蔡亮說，「可不敢把我的手扭斷了，我還要畫畫呢。」結果引起了蔡亮夫婦更狠命地毒打，蔡亮老婆說：「老娘還從來沒有打過人咧，今天就要打你這個老反革命！你還想再畫畫？」……

關於《延安的火炬》，石魯說那是他的構圖，原先連草圖都畫好了，是後來讓給蔡亮畫的。蔡亮對此先是沉默，到了「文革」中就矢口否認此畫是得之於石魯的生活，更是否認在創作過程中得到過石魯的幫助。蔡亮說自己在中央美院讀書時就有了這一構思。另外，蔡亮還對此幅進行了修改，將原作中許多沒有出現的人物和道具增添了上去，並對原有的人物形象進行了增添。而且連畫的題目也改成了《八‧一五之夜》。對此，石魯非常憤怒，他對友人說：你叫他（指蔡亮）說說，「八‧一五」那天晚上他在哪裡？他有沒有生活？我們舉著火把遊行，從楊家灣遊到嘉嶺山，通夜連覺都沒有睡。他哪裡有這種生活？他當時還在穿開襠褲！現在改的這幅畫，大家抬著油畫毛主席像遊行，當時哪來的這種大幅的油畫標準像？都是木刻的。這違反生活的真實嘛！

對於此畫的是非，毋須加以置評，有一點，石魯並沒說過此畫是自己所為，此畫由蔡亮親手創作是毋須質疑的，但石魯強調的是此畫出自於自己的構思。如果沒有「文革」恐怕也不成其為問題，但在「文革」中，此畫也成了拷問人性的一把鑰匙。如果沒有蔡亮對自己的毒打，如果沒有蔡亮對自己當初在構圖上的貢獻的否認，石魯也不會如此「氣不打一處來」。

「文革」結束，當石魯的問題被平反，「凡在運動中打過人的都必須親自到被打過的人家裏去道歉的時候」，蔡亮也去了石魯家。石魯當時正在吃晚飯，見到來道歉的蔡亮，石魯請他在桌邊坐下，還請他喝酒，石魯說：「不談那些了，過去的就過去了。咱們兩個相處的時間長了，過去愛打獵，你還記得打獵時的講究？只打野物不許打人。你怎麼打自己人？把槍口對準自己人了？我是狼？是虎？是豹子？」

之後，蔡亮離開了西安，調到了杭州的浙江美術學院。

蔡亮於 1995 年去世。他和石魯一樣，也只活了六十三歲。

叁

在石魯的創作裏，有兩幅畫是他用力最深，也是最能顯示他從延安出來的革命理想與情懷的深情之作，一幅自然是《轉戰陝北》，另一幅就是《東渡》。前者雖讓石魯橫空出世，一片叫好，成為當代中國美術史上的典型之作，但在稍後也因軍隊某高級將領的非議，被歸入了「另冊」。而後者，不僅沒有叫好聲，還被評為醜化領袖形象。《東渡》是石魯繼《轉戰陝北》之後又一幅被畫家本人特別看重的畫作，石魯將其視為自己一生中最重要的巨作。在六十年代初，當石魯的《轉戰陝北》獲得聲譽後，他已在考慮這幅畫的創作了。《東渡》所描繪的是在抗戰時，毛主席從陝北率兵東渡過黃河。為創作此畫，石魯搜集了很多素材，一類是風景，一類是人物。他也畫了許多習作，譬如船夫艄公，譬如人民美術出版社出版的《石魯書畫集》中就收錄了一幅《東渡

船夫習作》——畫面上是四位正在努力撐篙的艄公,畫的一角題有「東渡船夫習作畫時當重墨色以朱磦朱砂渾然一體方見壯美之感石魯」。

《東渡》和《轉戰陝北》一樣,也是一幅描繪毛主席的作品。石魯在創作此畫時,已經因精神病發作而住院治療,他創作此畫是為了迎接新中國國慶十五周年的全國美展。關於這幅畫,在《狂石魯》一書中附錄的畫作中有一幅《東渡》(草圖),注明:中國畫,40×50cm,1964 年。並有說明:《東渡》是石魯在繼《轉戰陝北》之後的又一幅重要之作。他曾對這幅畫寄予很大的期望,也傾注了相當大的精力去進行創作。原作尺寸相當大,大約有丈二匹那樣大,可是這幅畫最終的結果和石魯的期望值相差很大,在「文革」中被大加撻伐,批為「黑畫」,到最後下落不明。王川是根據這幅倖存下來的草圖進行介紹的,儘管是草圖,但其氣魄可窺見一斑:畫面上一艘船的船頭部分佔據了一半多的篇幅,畫的上部,是奔騰咆哮的黃河河水,毛主席叉腰站在船頭上,眼睛注視著前方,與《轉戰陝北》一樣,也是從形象上一眼能分辯出毛主席,旁邊是幾個赤裸著上身在奮力扳船的黃河船夫,在他身邊還有幾個戰士,與《轉戰陝北》上站在懸崖絕壁上「孤零零」的毛主席相比,這幅畫上的人物顯得「擁擠」多了,表現著千軍萬馬在領袖的統帥下東渡黃河。不過,在我看來,此畫在氣勢上,與《轉戰陝北》相比,要遜色許多。從草圖上看,毛主席的形象也不是太明顯,畫面上的處理,也顯示不出領袖的氣魄來。石魯為此畫還特意做了一首詞《調寄滿江紅·東渡》:

> 乘風破浪,東去也。電奔雷擊,出昆侖,九縱橫,千里一瀉。洪濤怒吼震南北,赤浪滔天翻沉血,慟人間多少恨和淚。待回頭,澄清黃河顏色。力拔三山搖鐵手,放流四海憑掌舵,看金波湧出一輪日,照中國。

應該說,這首詞,對毛澤東的形象描繪可以說非常貼近「陝北民歌」式的主旋律:東方紅,太陽升,中國出了個毛澤東……然而這幅

凝聚石魯滿腔熱情的大畫並沒有取得預期的結果，甚至也沒能入選全國美展，只是在陝西展出，並在陝西的刊物上發表了一下，但立即招致了批評，這幅畫被批評成「醜化毛主席」、「將船工們畫得血淋淋的，像是被剝了皮」。就連他在延安時代的老朋友，當時主持全國美協工作的負責人都當面批評他。這幅畫在「文革」時的命運也就可想而知了。拋開石魯創作該畫時在藝術上所做的探索不談，其實他的創作思想與《轉戰陝北》時仍是一脈相承的，就是作為延安戰士對領袖真誠的謳歌。但被批判為「醜化領袖」這不能不說是一個無奈的諷刺。

肆

在以往關於石魯的傳記裏，往往說石魯因政治迫害而發瘋，尤其在「文革「中。石魯因批鬥而發瘋，甚至逃入秦嶺山脈的野林裏，成了一個半瘋半狂的「野人」。在王川的《狂石魯》一書裏，我第一次讀到關於石魯發瘋還有一個隱秘的原因——這就是女人。

六十年代初，西安美協要招收一批學員，有人給石魯介紹了一位十八九歲的女學生，跟著他學畫。女學生「畫得雖不算好，但人長得還算漂亮，也聰明伶俐，石魯很喜歡她，就收之為徒，耳提面命。時間久了，發展到過從甚密，在外出寫生時也經常要帶著她。石魯帶著『長安畫派』的畫到江南巡展時，也讓她隨行，江蘇的一些畫家都見過跟在石魯身邊的這位女學生。」「就在這次南行巡展的過程中，石魯和她發生了兩性關係。」

「三年自然災害」時期，經濟困難，各項開支都要壓縮，西安美協帶徒弟的報告沒有批准，這批學員沒有編制，已經被美協收下的學員就要被下放農村。石魯的女學生自然不願意下放到農村，石魯更是不願意她離開，也想盡辦法來留住她。「她侍奉在石魯之側，對石魯體貼備至，石魯作畫時她磨墨抻紙，休息時泡茶讀報，陪他外出寫生，生活上的照料無微不至……」兩人「竟然有點無所顧忌，借著師生關

係在很多場合露面，給了別人以很多口實。有很多傳聞也漸漸地傳到了外面，甚至石魯的夫人也知道了，於是發生了許多不愉快的事，一時間鬧得滿城風雨，緋聞陣陣。」

此時，石魯正因《轉戰陝北》和《東渡》（《東渡》一畫被評價為醜化領袖）而受到非議，再加上又和女學生有了私情，石魯在西安美協的黨組織生活會上受到了嚴厲的批評。石魯「不幸患了肝炎，對他一生中視為最重要的畫作的批評，對他和女學生之間關係的揭露，他的夫人這時又因病住院治療，這些都攪得石魯心亂如麻，同時用氣功來治療又不得法，這一切加在一起，都是造成了石魯患精神病的原因。」

也就是說，在「文革」前，石魯已經患上了精神病，儘管有對其《轉戰陝北》和《東渡》兩幅表現領袖的畫作的非議，還只是對他在繪畫創作上的否定，但還並非政治上的迫害，對他的嚴厲批評還是定位在他的生活作風問題上，對於有婦之夫的石魯來說，師生戀或說婚外戀成了別人打擊他的利劍，也對已經得病的他來說是一個極大的刺激，無論在身體上還是在精神上。王川說：石魯和那位女學生之間的那種關係是長期被人捂著、諱莫如深、秘而不宣的，在西安之外是很少有人知道這事的。因為人們既要為尊者諱，也要為親者諱，更要為長者諱，因此他的致瘋被很多人認為是在「文革」中所逼的。

在石魯同時代的朋友眼裏（甚至還有當時處理此事的當事人），那位女學生並非那麼簡單：「她不僅向石魯要了錢，還要他給她寫下一張每月支付三十元錢的條子。以後當石魯的家屬知道了此事來鬧時，她也曾拿了這條子來要脅石魯，要求他與家屬離婚。」當石魯瘋了以後，她還是沒有躲過被下放農村的命運，最後嫁給了當地的一個農民。

石魯住院不久，「文革」爆發了，石魯被從醫院裏揪回了西安美協進行批鬥，除了關於「黑畫」的批判之外，還貼出了有關石魯男女關係的大字報。更有甚者，那位已在農村多年的女學生又被找了回來，而且來到了批鬥石魯的會場，「親自上臺陳說她和石魯的事，揭發說石魯當年是強姦她！有人說，她竟然還去打了石魯的耳光。但已經半瘋

了的石魯在這件事上還是清醒的，他堅決不肯承認是強姦了她，說當年是她主動來找他的。他不相信這位他當年曾經愛過的女學生會如此的翻臉無情。」

「文革」後期，石魯被「解放」之後，又恢復了昔日的地位，那位女學生又來找過石魯，但被石魯罵了出去。

2008 年在廣東美術館召開的石魯藝術大展研討會上，石魯的一批手稿被解密了，在這批手稿裏，有一份寫於 1968 年 6 月的《個人自傳》，其中有這樣的話：「1962 年（四十五歲）習作展覽在上海、杭州、南京巡迴展覽後回到西安彙報展出，同時與女學生發生了兩性關係。」

王川說，正是因為看到作為當事人的石魯「並不諱言此事，而是向組織作了彙報」，這樣，他才在《狂石魯》這本書中加入了這段情緣。因為這是一個非常重要的事實，而且以往被人有意無意地遺忘了。他把這件事寫出來，「並非是要揭石魯的醜，而是為了要還石魯一個真實。即使是大師，也不可能沒有缺點。寫了它，才能出現一個立體的石魯，何況這是石魯致瘋的一個重要原因。」

其實在王川之前，已經有知情人談到了石魯的發瘋是與女學生事件相關的，關於石魯 1965 年突患精神失常症發瘋，究竟是真瘋還是假瘋，張渝在《關於石魯的一次解魅言說》中引述並贊同知情人陳笳詠的觀點：石魯在吃飯問題上瘋了，但在畫畫的問題上沒瘋。關於其發瘋的原因，知情人葉堅總結為三點：其一是政治上、創作上受打擊；其二是練氣功走火；其三是女學生事件。在此問題上，張渝沒有細談，不過，結合王川的敘述，可以說，石魯發瘋的原因恐怕要把女學生事件列為「其一」的位置，至少是在「練氣功」之前。

伍

石魯屬於天才型的藝術家，其實他從事國畫創作是在新中國成立後，之前他在延安是以版畫創作為主的。他的才能是多方面的。在「文

革」中，石魯罹難自然主要是因為他的畫作，如《轉戰陝北》《東渡》等等，但他所創作的大量的詩文也給人授之以柄。文學石魯其實更能體現石魯作為延安革命戰士的身份。在 1956 年，長春電影製片廠就把他 1954 年創作的表現藏區生活的電影文學劇本《暴風雨中的雄鷹》拍攝成了電影。此部電影之後，據長篇小說《劉志丹》的作者李建彤回憶，石魯就開始醞釀著創作一部電影《劉志丹》，他在去陝北寫生時，也搜集了許多關於劉志丹的傳說和故事，將它們一一整理出來，甚至還理出了一個提綱……石魯自己說，他已經開始動筆寫電影劇本《劉志丹》了，而且寫了不少章節。之所以停止了寫作，主要是小說《劉志丹》被毛澤東批示為：「利用小說反黨是一大發明」，寫作該小說的作者（劉志丹的弟媳）也因此遭殃。但石魯始終沒有放棄創作《劉志丹》的念頭，他甚至還有一個計畫，要寫出三部電影劇本：《毛澤東》《周恩來》《劉志丹》。王川說，石魯曾託他從上海買來十本裝幀精緻的硬面筆記本，他分別在上面用恭楷寫上了這三個人的名字，他要用這些本子寫劇本：

　　他在一本本子的第一頁寫了《毛澤東》三個空心大字，在下面寫著「電影文學劇本　石魯著　1972.4.8　第一集」的字樣。在第二頁，他用中「外」兩種文字寫著題記：「獻給世界人民。」而那些「外文」則是非英非俄非印，是他杜撰的。

　　石魯無疑是純粹的從延安出來的戰士型的藝術天才，但他的思想始終是一心一意跟著毛主席的，發瘋前的石魯和發瘋後的石魯，在這一點上是沒有區別的。但是，在「文革」中，石魯宣洩感情和思想的方式在被剝奪繪畫的權力後，是以文學的方式來表達的。譬如 1969 年不堪被關押的折磨，逃跑流浪在大巴山中時寫下了《吟澤句‧補天闕》：

　　　蒼夷黛典兮，奔青山而慟哭。羅淚（泗）之魚鶩兮，吾不道地窟。屈子何茫乎於楚煙兮，你不晰乎共產之路。我何別飽魚腹，落個叛徒，收住眼淚問天去！

　　如果不是精神病醫院的正直醫生的證明，石魯發瘋的「胡言亂語」是與「現行反革命」言論沒有多少區別的。在極端年代，石魯為自己寫下的是完全屬於自己的思想獨白，但有一點，他對毛主席的敬愛是始終如一的。這也是作為革命戰士的石魯在靈魂深處的革命烙印。七十年代時，石魯給友人寫過一首「寄懷」：「海嘯天青，夢中猶叩白頭人。一代書生太笨，不懂天地風雲。狗說我裝瘋，鬼說我不行。其實，老子還是老子，準備出海航針。」

　　「一代書生太笨，不懂天地風雲。」這是否也可以看做石魯對自己一生的總結呢？

相關書目

《石魯藝術文集》，陝西人民美術出版社 2003 年版。
《青春的子彈》，張渝著，東南大學出版社 2003 年版。
《狂石魯》，王川著，江蘇美術出版社 2009 年版。

陳子莊

白眼難銷貧士志

壹

在張次溪筆錄的《白石老人自傳》裏，記述了齊白石 1936 年七十四歲時四川之行，起因是「四川有個姓王的軍人」常託同鄉請白石老人給他刻印，因此成了「千里神交」，春初來信邀請老人入川：蜀中風景秀麗，物產豐富，不可不去玩，接著又來電報，歡迎老人前往。因為老人的繼室寶珠夫人的娘家是四川的，也很想回娘家看看，遂於 4 月 27 日同寶珠帶著兩個孩子動身南下入川，到了八月底離開成都返京。回到北京家後，有人問他，這次川遊，既沒有做多少詩，也沒有作什麼畫，是不是心裏有了不快之事，所以興趣毫無了呢？老人回答：並非如此，我們去時是四個人，回來也是四個人，心裏有什麼不快呢？不過四川的天氣，時常濃霧蔽天，看山是掃興的。老人還背了一首《過巫峽》的詩給問者：「怒濤相擊作春雷，江霧連天掃不開。欲乞赤烏收拾盡，老夫原為看山來。」老人在四川曾遊了青城、峨嵋等山。其實老人四川之游，的確有「不快」之事，在他的「丙子（1936）日記」中有一則簡單的記錄：「八月廿四日（陽曆），XXX 以四百元乞謝予半年之光陰。曾許贈之三千元不與，可謂不成君子矣。」在此年日記文後又補題：「丙子後六年，辛巳（1941）冬十月十又八日，因憶在成都時有一門客，日久忘其姓名，翻閱此日記部，始愧虛走四川一回。無詩無畫，恐後人見之笑倒也，故記數字。後人知翁者，翁必有不樂事，

興趣毫無以至此。九九翁。」其後又補題：「丙戌（1946）秋，明日中秋。偶檢舊書，見此本子也，伴我虛遊四川，仍作記事用。老年人善忘，有一小事，必須記之。八十六歲。」自白石老人日記裏的這些話，可知老人對四川之行的「不快」始終耿耿於懷。這個四川「姓王的軍人」就是四川軍閥王纘緒。

如果沒有寶珠夫人順便回娘家省親一說，白石老人的四川之行，肯定是「虛走四川一回」。但對於一位年青人來說，白石老人此行卻意義非凡。這位年青人就是陳子莊。對於齊白石此次不愉快的成都之行的結果，用《石壺論畫語要》編著者陳滯冬的話說，其最重要的結果就是催動了陳子莊內心藝術種子的萌發。

1936 年，陳子莊二十三歲，剛開始他的畫家生活，成都的畫商開始賣他的國畫作品。陳子莊因畫而結識了喜歡書畫收藏的王纘緒，並成為王的座上客。因王的邀請，齊白石在 1936 年 4 月從北京來到成都，住在文廟後街王氏私邸「治園」中，與成都的文人畫家往來密切。陳子莊因與王氏的關係，得以觀齊白石作畫並當面請益，「齊白石富於創造性的藝術表達能力給陳子莊以巨大的震撼，他一生將要經歷的藝術道路的大致方向，其實在這並不很長的與齊白石的接觸中就已經決定了。當時的四川繪畫風氣相當保守，有的畫家僅僅因追摹海派繪畫風格就被目為新派人物，齊白石大筆揮灑濃墨重色的風格令不少畫家瞠目結舌，毀譽均不能贊一辭。也許正是這個原因，陳子莊雖然受到齊白石藝術思想的巨大影響，但當時並沒有立即產生反映，直到差不多二十年後，這種影響才從他的作品中流露出來，可知藝術給人的感動愈深刻，影響就愈久遠。陳子莊晚年曾講起他初見齊白石刻印時大吃一驚的情形，他說，只見齊白石一手執刀一手握石，先痛快俐落地將印面所有橫劃刻完，再轉側印石，用刀方向不變，將所有豎劃刻完，然後在筆劃轉折處略加修整，只聞耳畔刀聲耆耆，傾刻之間印已刻成。陳子莊吃驚之餘失聲說：這辦法好。齊白石答：方法要簡單，效果要最好。陳子莊直到晚年還常常說自己一生從事藝術受這兩句話啟發最大。」（陳滯冬：《走近陳子莊》）

貳

　　張渝在《雪塵語畫》裏說：中國當代畫家中最具魏晉風神者，當推陳子莊。他所依據的多出自《石壺論畫語要》，譬如：「我死之後，我的畫定會光輝燦爛，那是不成問題的。」「王朝聞說齊白石的蝦畫出了半透明體，此直外行之談。」「徐悲鴻的馬過熟，都是那一匹，畫窮了。」「關山月畫的梅花，像是從視窗看出去的景，等於照相機鏡頭的功能。畫面有些像過去村姑剪紙梅花，一個方框框填滿，無佈局，無組織，無境界，無意趣，無動人的內容，無驚人的技能，不是內心先想一種情景再來畫，而只是濃、淡兩層點起就是了。無意境不能成一幅畫。」等等，張渝說，他真想把《石壺論畫語要》一書中的警句都摘錄下來，讓天下人一睹其肝膽。石壺即陳子莊，石壺是「號」。在陳子莊去世十年後，他的畫在北京中國美術館「光輝燦爛」起來，他的《石壺論畫語要》經晚年的弟子陳滯冬的整理編輯出版。在 1980 年代，陳子莊被「發現」，他被稱為「畫壇怪傑」，他也成了傳奇中的人物。對於陳子莊藝術和作品的流傳和被「發現」，版畫家吳凡貢獻很大，作為四川省美術家協會副主席的吳凡，對陳子莊的畫非常欣賞。從 1978 年起，吳凡就開始宣傳和極力推薦陳子莊的作品，在他的努力下，1981 年由四川美術家協會舉辦了「陳子莊遺作展」；在經過四年的「拖延」後，《陳子莊作品選》也由四川人民出版社於 1982 年出版。吳凡還在 1982 年第六期的《美術》雜誌上發表了評介陳子莊其人其畫的文章《奇而樸實，變而更真》。隨後，在 1980 年代中期，《陳子莊畫集》等相繼問世。另外，陳子莊的弟子陳滯冬整理編著的《石壺論畫語要》廣布流傳（除了陳子莊的畫作，《石壺論畫語要》是陳子莊之所以能成為「陳子莊」的一部重要作品，如果沒有陳滯冬的整理編纂，陳子莊的「談藝錄」恐怕未必如此廣為人知，所謂「魏晉風神」者更多源於對此書的閱讀印象），他還整理了《陳子莊年表》、《石壺題跋》、

《石壺詩稿》、《陳子莊談藝錄》和系列介紹陳子莊生平與藝術的文章。
從而給我們描繪出了一位個性獨特的藝術家的人生。

叁

　　陳子莊 1913 年生於四川榮昌縣，父親陳增海農忙時務農，農閒時
到鄰縣永川瓷碗廠畫瓷碗，也為榮昌縣盛產的紙摺扇畫上幾筆，扇商
因此可以多賣錢。陳子莊晚年回憶說，當年他幫著父親畫摺扇，先將
十來把摺扇展開，一把挨一把放在桌上。用筆蘸了紅顏色往上灑，再
灑幾點綠色，然後畫上枝幹，略加點綴，十幾把桃花扇就畫成了。1970
年代初，陳滯冬曾見到陳子莊用這種方法畫大幅紫藤。

　　陳子莊六歲時在本鄉陳氏祠堂中發蒙讀書，十一歲時因家庭經濟
陷入困境，遂為當地寺廟慶雲寺放牛，只吃飯，不要工錢。這廟是一
座武僧廟，陳子莊也就隨和尚習武，三年之後練得一身武功，尤精技
擊之術。十四歲時就在榮昌縣以教授拳術為生了。這時的陳子莊已長
得形貌壯偉，而且武功高強，膂力過人，加之他生性豪爽，又喜歡結
交江湖上走動的豪傑之士；因之在榮昌、永川一帶頗負豪俠之名。十
六歲時，陳子莊自認出外闖天下的條件已具備，乃孤身一人，西去四
川省會成都，拜在當時成都武術界最具聲望的武術名家馬寶門下習武。

　　從十六歲到二十三歲的幾年間。陳子莊都在成都及附近郊縣活動，
這一段時間所接觸的人和事，對陳子莊後來成為一個藝術家發生了決定
性的影響。陳子莊在成都期間，拜師讀書，學習書法篆刻。1932 年秋天，
黃賓虹來四川遊歷，在成都期間與一些老友及成都名宿和畫家往來。十
九歲的陳子莊因跟隨的老師與黃賓虹交往從而得以觀看黃賓虹作畫。

　　但陳子莊此時興趣所在並不僅僅是藝術，二十出頭的陳子莊對政
治抱有巨大的熱情，且又能接觸到四川軍政界上層人物，因此心思並
沒有全放在藝術上。1936 年到 1939 年，陳子莊以王纘緒幕僚的身份
活動（1938 年王任四川省主席）。這時抗日戰爭已全面爆發，中央政

府遷往戰時陪都重慶，陳子莊也隨王纘緒往重慶活動。在重慶，陳子莊結識的文化人有學者楊子浦、畫家晏濟元等，又與張瀾先生特別投契，來往密切。1939 年秋，蔣介石密令王纘緒謀殺張瀾、何九淵，陳子莊因與王氏往來，以偶然機會預知消息，急告張瀾離渝得免。追究謀殺失敗的原因，陳子莊有推脫不掉的嫌疑，但因王氏竭力擔保，陳子莊暫時還安全。但陳子莊自己並不知道這些，他為了避禍，於秋冬之際乘木船沿長江東下，打算出川。船剛到萬縣，便被守候於此的國民黨憲兵十二團捕獲，押送重慶軍法執行總監部，關入土橋場申家溝監獄。

申家溝監獄是國民黨關押重罪犯的監獄，很少有人能活著出去。王纘緒這時已明白是陳子莊洩密，但他在人前仍竭力為其辯解，此一案就此拖延下來。這期間社會上已風傳陳子莊私放張瀾的事，被認為是了不起的義舉。1941 年春天，國民黨元老石青陽之子、青紅幫要人石孝先聞陳子莊豪俠之名，設法營救出獄，以重金結交。陳子莊出獄後即回老家榮昌縣，此後兩年都在老家活動。1943 年，陳子莊三十歲，在榮昌建成私宅「蘭園」，娶本縣富紳張紹卿次女張開銀為妻，作定居之想。同年，陳子莊在重慶因楊子浦的介紹認識了章伯鈞，隨即加入農工民主黨，稍後又參加民主大同盟，與章伯鈞、張瀾關係密切，此後數年都在重慶周旋。1945 年日本投降後，陳子莊隨張瀾參加國共兩黨和談活動。

王纘緒一直對張瀾事件耿耿於懷，認為陳子莊在這件事上險些弄得自己下不了臺。陳子莊出獄後，王當面質問他為何因一個朋友出賣另一個朋友。陳子莊回答說：你們二位都是我的朋友，你要殺張瀾，我既然知道了自然要救他。如果張瀾要殺你，我知道了也會救你。土聽後大為感動，認為陳子莊真夠朋友，二人和好如初。1947 年，王纘緒任重慶衛戍司令，陳子莊曾在他的部下任職，但實際上，這時陳子莊已與中共地下黨關係密切，後因事被重慶警備司令部通緝，遂回到榮昌，在地下黨領導下組織武裝，搞軍運工作。1949 年，政局陡變，8 月，陳子莊受中共華中局指派去成都，協助土纘緒高級參謀郭曙南做策動王起義的工作，以期達和平解放成都的目的。12 月，劉文輝、

鄧錫侯、潘文華宣佈起義。12 月 13 日，西南第一路游擊總司令、成都治安保衛總司令王纘緒起義，成都和平解放。陳子莊在 1950 年 1 月解放軍進城後即到十八兵團聯絡部報到，作策動王纘緒起義的工作總結，同年秋到重慶西南軍政大學高級研究班學習直到 1952 年底，然後赴合川縣參加土改，1953 年 6 月，轉重慶三山水泥廠當技工，1954 年退出農工民主黨，6 月，由重慶第一區人民政府轉業委員會調至建新化工社任技術員，8 月，化工社停工，陳子莊失業。

1954 年是陳子莊生活的最低谷時期，這一年他四十一歲，在政治上由最初的熱情變為失望，更進而主動疏離。從青少年時代開始努力掙得的豐裕生活已一去不返，孩子一個接一個出世，家庭負擔日重一日。社會各方面的壓力也漸漸聚集起來，走投無路的陳子莊這時甚至想到過自殺。此時，王纘緒已在四川省政府任要職，經過一番幕後操作，由重慶市統戰部推薦，陳子莊調入四川省文史館任研究員。四川省文史館設在成都，1955 年，陳子莊全家遂由重慶遷往成都。

陳子莊定居成都後，潛心研究大寫意花鳥畫。五六十年代不斷的政治運動也很少波及到他。他的生活平淡安靜。1959 年，開始以南原為筆名在成都報刊上發表作品。1961 年，四川省文化局美工室在成都人民公園舉辦包括陳子莊在內的成都五位畫家作品聯展。1962 年，陳子莊赴劍閣縣寫生返回後，在四川省文化局美工室舉辦「劍閣寫生畫展」。至此，陳子莊在四川繪畫界的聲望已經確立，1963 年，陳子莊成為四川省「政協」委員。

1966 年之前，陳子莊在成都的生活總的來說是平靜而愉快的，連連的畫展，幾乎每年都參與省文史館組織的書畫家往四川各風景名勝地遊歷寫生，四川繪畫界瞭解陳子莊藝術的人也漸漸多起來，這些，都給陳子莊繪畫創作提供了穩定的心理支援。就在這一段時期內，陳子莊將他的繪畫主攻方向由花鳥畫漸漸轉移到山水畫上。

1966 年，「文化大革命」開始了，陳子莊的繪畫環境突然消失，已經改善的生活條件也被迫放棄，陳子莊再一次陷入困境。據說，這時候

他又想到了自殺，但他終於沒有自殺。對於陳子莊來說，最難堪的是陷入了日常生活的陷阱。1966 年以前，陳子莊每月可以從省文史館領取六十元的生活費，成為省政協委員後，由政協方面補給約一百二十元，每月有固定收入一百八十元左右，加上從 1962 至 1965 年每週在成都市勞動人民文化宮教授繪畫略有收入，陳子莊一家在當時的生活水平屬中等偏上。「文革」開始後，所有的秩序都被打亂，陳子莊的收入就只有省文史館按月發放的六十元，這時候陳子莊已有四子一女，妻子操持家務，沒有出外工作，一家七口人，均靠此生存，捉襟見肘。1968 年，幼子因游泳溺水而死（據陳滯冬編寫的《陳子莊年表》載：1968 年夏，成都武鬥激烈，陳子莊妻攜幼子去親戚家避亂，車過夾江，幼子溺死江中，妻受此刺激，精神失常。輟筆不作畫），陳子莊妻子受刺激精神失常，兩個兒子先後去農村落戶，大兒子在外地工作，他自己的身體狀況也愈來愈差，心臟病不時發作，生活上的各種壓力，突然之間集中到陳子莊身上。

陳滯冬在《走近陳子莊》一文裏對陳子莊此時的生活有細緻的描寫：妻子的病時好時壞，好的時候尚能自理生活，壞的時候整天坐在裏屋破口罵人。「狂妻罵我由她罵，聽慣只如聽念經。磨墨捵毫成日課，藤花腳下寫雞群。」這是陳子莊的一首題畫詩，也描繪了他的處之泰然——狂妻雖大罵，但他仍在外屋安靜地畫他的山水畫。這時小女兒來報告說該做午飯了，陳子莊擱下畫筆，伸手從口袋裏掏出些零錢，交代女兒買些什麼菜，然後又拿起畫筆繼續作畫。忽然，他想起口袋裏剩下的錢已經不夠明天買米了，於是趕緊收拾畫具，拄一根細細的青城山藤杖，出門去找家境略好的老朋友借點錢。六十年代中期以後，如果到陳子莊家去，你會經常見到上述場面。這一時期，陳子莊最大的壓力，是來自日常生活的困窘與貧窮、家人的痛苦以及自己日漸衰老病弱的身體。但就是在這艱難的時代，陳子莊的山水畫進入到一個新的、澄澈清明的境界。

1968 年是陳子莊家庭大難之年，他從這一年改號「石壺」，又自刻「石壺五十五歲之後作」印章數枚。「從 1971 年起，陳子莊不斷外出寫生，整理畫稿，新奇的藝術風貌愈變愈多，山水畫幾乎每幅的情

調、筆墨、趣味、結構、格調都不相同，但又和諧地統一在他自己獨特的個人風格之中，一眼望去便是典型的陳子莊畫風。這時的陳子莊山水畫已進入到一個自由的境界。陳子莊在生活最艱難、精神最壓抑、思想被嚴厲禁錮的時代裏，以自己的艱苦努力和過早消耗生命的沉重代價，享受到了藝術創作的自由與樂趣。這一段陳子莊創作的黃金時期，由 1971 年持續到 1976 年。」譬如：1972 年 3 月，陳子莊往龍泉山寫生，返成都後整理成《龍泉山寫生冊》。10 月，沿武陽江東下，歷雙流、彭山、仁壽三縣境，得寫生稿二百餘幅，返成都後整理成《武陽江寫生冊》一百五十餘幅。1973 年 3 月，往鳳凰山寫生，整理成寫生冊。10 月，往夾江縣改制國畫紙，得寫生稿數十幅。1974 年秋，往綿竹、漢旺縣寫生，得寫生稿二百餘幅，返成都後整理成《漢旺寫生冊》一百二十餘幅。他在家作畫期間，往往在大門外貼上「遵醫囑不會客」。用陳滯冬的話說：陳子莊並不是一個糊糊塗塗的人，他非常懂得自己的價值。他清楚當時中國繪畫界的狀況，也清楚中國繪畫史的進程，他明白，在藝術史的時空座標中，自己將占一個什麼樣的地位，也許這些正是激起他巨大創作熱情的理性基礎。不過，曾經支持陳子莊生存信念的藝術，這時卻以消磨掉陳子莊的生命來煥發光彩了。

1976 年 7 月 3 日上午 9 時，陳子莊因心臟衰竭逝世，享年六十三歲。

肆

正如陳滯冬所言，陳子莊在 1949 年以後，直到 1966 年「文革」爆發前，他的生活是安靜而愉快的，作為一位 1949 年前經歷複雜的「國民黨起義人員」，已經轉身為地方上作為「統戰對象」的「民主人士」，能夠進入「文史館」絕非易事。與許多「左翼」文人在 1949 年之後在大陸的遭遇相比，作為一名地方畫家的陳子莊在新的體制下其所得到的待遇和榮譽顯然是「人生的成功」。而對政治的疏遠和逃避，尤其是

遠離了與現實與人密切「相處」的主流體制──畢竟文史館更是一處養老和養閒的安排「統戰」對象的清閒機構，從而保護了在歷次政治運動中他能夠安全過關。在文史館，以陳子莊的年齡和地位，顯然不是被「推崇」的對象──畢竟他只是被安排為一名省政協委員，而不是全國政協委員──也就少了許多被「瞄準」的關注。

縱觀從陳子莊年青時代直到 1950 年代成為四川省文史館的館員，四川軍閥王纘緒在其生活中起了很大的作用，「民國」的地方省政府和軍隊大員，「共和國」的地方省政府的「要員」（當然是作為「起義將領」所得到的作為統戰對象的象徵性待遇），王纘緒這樣的人物實在不是個案，譬如「北平和平解放」的有功之臣傅作義和「長沙起義」的程潛等人，與這些人相比，王只是一個地方軍閥而已，還到不了大軍閥和「著名」將領之列，但作為這些起義將領手下的一員，陳子莊的命運卻是一個獨特的「個案」。

1963 年 10 月陳子莊五十歲時，作了兩首〈五十自壽詩〉，其一：「行年五十不知非，喜聽遊揚怕聽誹。日食三餐髮盡白，終成腦滿並腸肥。」其二：「行年五十應知非，萬事粗疏難見微。瞎我一雙黃狗眼，至今能不思依依。」此詩中的「瞎我一雙黃狗眼，至今能不思依依」讀來有揪心之感，此時的陳子莊，雖然已成為四川省政協委員，成了新體制下已被認可的地方名人，但其所思所感仍是複雜的。

陳子莊的詩稿中多首是題寫梅花的，如〈題梅花三首〉：

一

老病龍鍾懶似蛇，頹毫落紙盡槎丫。分明世上知音少，六月香生雪裏花。

二

夜午昏昏淡月光，鄰家疏影上東牆。老殘剩有顛狂筆，聊可騷人詠冷香。

三

　　不在名園在路旁，坎坷久歷是風霜。渾身毛骨硬如鐵，開向百花頭上香。

　　「分明世上知音少」「老殘剩有顛狂筆」「坎坷久歷是風霜」等句實在可以看作陳子莊自己的寫照。再如《題梅花絕句二首》之二：「梅花何事開冰寒，貧士常逢白眼看。白眼難銷貧士志，冰寒聊作梅花餐。」「白眼難銷貧士志」又作「白眼磨成貧士志」，不管是「難銷」還是「磨成」，皆是在「常逢白眼」的景況下，仍堅守著「貧士志」。「梅花」是陳子莊的寄託也是他的自喻。

　　儘管晚年的陳子莊生活貧困，但不乏知音。譬如他在 1970 年代初與北京的吳作人、杭州的王伯敏、重慶的吳凡等人的書信和交往。陳壽民在《父親陳子莊》一書裏寫道，1973 年，陳子莊給大畫家吳作人郵寄了十餘幅山水冊頁，其中一幅山水冊頁題云：「全年屆六十，衰病交侵，無復幽興，日理畫課，惟極情乎郢匠之斧斤，勉成小幅立紙，奉寄作人先生求正……」吳作人回贈數幅作品並稱其畫「境界深厚幽微，有文人畫的超逸神妙」，在回信中還囑咐他「畫作不可亂與他人，要注意保重身體」。

　　陳子莊與版畫家吳凡（他的版畫《蒲公英》是 1950 年代新中國版畫的標誌性作品）結識於 1960 年代，陳子莊說吳凡是四川美術家協會裏有真才實學的人，身在重慶的吳凡經常到成都與陳子莊切磋繪事。「文革」初期，吳凡也受到衝擊，被抄家和批鬥。1973 年吳凡恢復工作，繼續畫畫。這一年，他從重慶來到成都到了陳子莊家裏，陳子莊不在，吳凡問及陳的夫人，陳夫人恍惚說：老頭子在茶館裏喝茶。吳凡來到附近的茶館見到了陳子莊。兩人邊喝茶便聊近年來各自的生活境況，臨近中午時，陳對吳說，附近有一家包子店賣的包子很好吃，可是他的包裏沒錢。吳笑說今天他請客，他買包子的錢還有。隨即，他們二人去了這家包子店。午後，他們回到陳的家裏，陳子莊畫興很濃，開始作畫……

後來陳子莊在信裏談到吳凡這次來訪，說他作畫太少，別人看不懂，唯內行少數人喜歡，「吳凡這次來省，每日都來看我作畫，並要我為他作山水數幅，欣然離去。他是支援我的內行之一，也可以說是知音」。

在吳凡眼裏，陳子莊的畫不與人同，也不與己同，每幅畫都有不同的意趣，具有很強的創造力，他作畫就像流水一樣，畫完了一幅，擺上一張紙，略加思索又是一幅，一個上午能畫六七幅……「文革」時期，也是陳子莊生命的最後七八年中，他的藝術達到高峰。這時，他的畫筆被拿走了，他就用小學生習字筆作畫，畫紙被拿走了，他就用包水果的紙作畫，畫案搬走了，他就在一張二尺見方的木板箱上作畫。他能適應各種紙與筆的特性，怎麼畫都能取得很好的效果。進了醫院，他還在病床上作畫，直到 1976 年 7 月 3 日與世長辭。(《父親陳子莊》，100 頁)

伍

陳子莊是幸運的，他當年對門人弟子的片言隻語，被在他的晚年才跟隨他學畫的陳滯冬整理成書，在寫於 1986 年《石壺論畫語要》的「整理後記」中，陳滯冬講述了編纂老師「論畫語要」的初衷和過程：為紀念自己的老師十周年祭日，他想將自己當年跟隨陳子莊學畫時的一份記錄稿整理成書，但當他從塵封的書箱中找出那些十餘年前的舊稿，想起其間的曲折與隱情，又不禁感慨繫之了。十年來，他曾有好幾次把這些稿子拿出來翻閱，「每一展讀，先生的音容笑貌即歷歷如在目前，使人不忍釋手，而且總覺得這些東西應當公之世人，使人們對先生的為人及其藝術多增幾分瞭解。但文稿中先生率直的議論，以及當年先生就曾有過不願將其公開的初衷」，使他躊躇再四，終於還是又將其放回原處。不過，幾經躊躇，最終才整理成書。陳滯冬說：

> 這份記錄稿得以完整保存下來，其中頗經歷了幾番曲折。這份稿子並不完全是由我一手記錄的，嚴格地講，這份稿子大部分

是一份抄件，而不是原始記錄。當年，先生平居無事，家中常有好書畫的年青人來往，先生時時就他們提出的問題作答，有時並因而生發出一些議論，如果恰逢有先生的門人在座，這些談話則有可能被記錄下來。原記錄稿大都是記錄在一些隨手得到的紙片上，有些甚至寫在香煙盒、舊信封的背面。這些記錄文字在先生的門人中輾轉抄傳，就我所知，有好幾個人都各自保存有一些抄件。我手上的這份稿子，自信是比較完整的一份。因為當時先生常要門人將清抄後的記錄稿交給他過目，並不時在上面作些修改。我手上的這份稿子，有很多就是從先生那裏抄存的。由於這些記錄文字出自多人之手，文字的繁簡、文體、格調以至思想上的不同，造成了稿子各部份的參差不齊，先生生前曾有幾次表示要毀掉這些稿子，而且，也確實將有些門人手上的記錄稿要回去燒毀了。1976 年春夏之交，先生因心臟病住進四川醫學院附屬醫院以後，曾和我談過我手上這些稿子的處理問題。當時，由子環境的險惡，先生的心情極為壓抑，他表示，如果有可能因為這些稿子而引出不必要的麻煩的話，則由我將其毀掉。我當時表示，這些東西外間已有流傳，不止我這一處才有，毀不完，此外，我這一份比較起來可說是很完整，先生和門人們也費了好幾年的功夫才弄成這個樣子，成功者不可毀敗，還是以保存下來為好。最後，先生囑咐說，不可與他人看，就再也沒有談毀稿的事。秋天，先生還沒有來得及看時局的轉變便逝世了。

陳滯冬從陳子莊學畫是在 1970 年初，直到 1976 年陳子莊逝世，由於陳滯冬當時還沒有參加工作，整整六七年間常常隨侍在陳子莊左右。根據陳滯冬的回憶和他記錄原稿上所記的日期，最初開始記錄陳子莊的談話大約是在 1973 年 2 月初，至 1976 年春夏之際陳子莊入院就醫為止，前後共費時整整三年：

這三年恰恰是先生生活中最困難的一段時期。師母因丙午之亂及幼子壽眉天逝，精神上受到刺激一直未能復元，家中內外事務均需先生一手操持，而當時全家五口人，生活費僅有先生在省文史館領取的六十元津貼，以至月月都是捉襟見肘，入不敷出，甚至常常有家裏等米下鍋而先生還親自拄杖奔走借貸的窘境。現在的讀者也許很難想像，本書中所記下的那些思想，竟是在那樣的生活環境之中產生的。生活最艱苦的這幾年，正是先生在藝術思想上逐漸成熟，藝術風格上也趨於獨善的時期。作為一個真正的藝術家，對於藝術的熱愛與追求，當然最起碼也應有「貧賤不能移」的執著，但是，一個藝術家，他每天進行精神生產所需要消耗的物質材料，譬如說（我們暫且把維持生命的蛋白質與維生素的消耗排除在外），一個中國畫家所不可或缺的紙、墨、顏料、筆等等，對於在當時那種窘迫的生活環境中的先生來說，就簡直成了奢侈品。先生晚年都是使用最普通的工具與材料來進行創作，顏料常備的只有花青、藤黃、赭石和少量的洋紅，就是這些東西也往往得之不易。在身體健康狀況日益惡化，「衰病交侵」的情況下，先生使用著最簡單的工具與材料，進行著孜孜不倦的勞動，創作了大量的作品，這些作品無疑是一筆數量驚人的社會財富。我們現在從本書中所記的這些談話還可以看出來，在先生晚年那衰弱病困的身體之中，燃燒著多麼旺盛的藝術之火。同時，我還要提醒讀者回憶一下，1973 年到 1976 年的政治空氣，是絕對不適於任何真正的藝術創作和研究工作的，然而，現在讀者們將要讀到的這些文字，在最嚴格的意義上說都是真正的與深刻的藝術探索，卻正是完成於那段時期之中，不用再說什麼，讀者也可以想像得到先生當年負擔著多麼沉重的精神壓力，他要以何等的力量才能排遣鬱積的憤懣而得以潛心於藝術。

（陳滯冬：《石壺論畫語要》整理後記）

陸

陳子莊去世前留下了遺書，遺書中除了囑咐兒女家事外，談的都是家庭之外給組織上的表態和對自己藝術的自我評價：

> 病勢日趨惡化反覆大，老心臟病三十年之久，經過這些年來，領導上關心我，得到公費照顧治療。近日自己感覺隨時都是危險，有心絞痛，肝也硬化，那天我突發心絞痛，幸被搶救過來，很感謝黨和毛主席。

> 解放前，我主要畫偽品為生，是一種恥辱。解放後得到黨的照顧，生活有保障，研究畫又得到培養，進了文史館又安排在省政協，一切好處是說不完的。

> ……

> 我對舊社會蔣家店是不滿的，不管什麼時候，我都是這樣。在舊社會也坐牢，也被通緝過，半世光景都是在潦倒中，時好時壞，沒過一天安定日子，解放了才算安定。

> 我的畫有些成就，有些心得，都是在新社會才懂得了什麼是生活，雖然有此成就，但只在山水花鳥方面，在政治主題畫方面，還沒有那樣水平，終是自愧。

在遺書中，陳子莊還叮囑兒子要供養母親和妹妹，恩怨分明，要努力畫畫，要知道「黨和毛主席是大恩人，你們弟兄和妹妹都是吃黨的飯長大的」，要珍惜新社會的一切，要認真努力工作，「什麼話都可以向領導上說」。最後給兒子強調說，「爭取在政治上、工作上做紅專的工人，我心裏就在死後也瞑目。」

相關書目

《陳子莊談藝錄》，陳滯冬編著，河南美術出版社 1998 年版。

《父親陳子莊》，陳壽民編著，四川美術出版社 2006 年版。

《雪塵語畫》，張渝著，湖南美術出版社 2002 年版。

《石壺論畫語要》，陳滯冬編著，人民美術出版社 2010 年版。

田家英

書生與「小莽蒼蒼齋」

壹

「小莽蒼蒼齋」是田家英的齋名，田家英之所以把自己的書房稱為「小莽蒼蒼齋」，是因為對清末「戊戌變法」六君子之一譚嗣同的傾慕——譚嗣同的齋名為「莽蒼蒼齋」。田家英解釋說，「莽蒼蒼」是博大寬闊、一覽無際的意思。「小」者，以小見大，對立統一。關於田家英，《毛澤東和他的秘書田家英》（董邊等編，中央文獻出版社 1990年版）一書已有翔實的介紹，這部書是一部回憶性的紀念文集，將逄先知先生的回憶文章的題目用來當了書名。由逄先知的這篇《毛澤東和他的秘書田家英》長文，對給毛澤東當了十八年秘書的田家英其人其事就會有一個基本的瞭解。

1950 年 3 月，逄先知調入中共中央書記處政治秘書室，第一次見到田家英，從此就一直在他的領導下工作，並負責管理毛澤東的圖書，直到 1966 年 5 月離開中南海。因此，他筆下的毛澤東和田家英，用胡喬木在該文《校讀後記》中的話說，「有重要的歷史價值，寫得也很好。」「基本上採取客觀敘述的體裁，間或夾入少許評論和抒情的文字，」寫出了從 1948 年到 1966 年期間毛澤東和他的秘書田家英之間的工作關係——

> 既表現了後者如何在前者的指導之下熱情地、辛勤地工作，並在政治上迅速地成長，也表現了前者如何對後者的工作嚴格地

要求，親切地關注和真誠地信任，而在 1959 年特別是在 1962
年又如何由信任變為不信任……他們兩人關係的惡化，沒有任
何私人的原因，完全是一幕政治（就這個詞的高尚意義說）的
悲劇。

當年正是由胡喬木的推薦，田家英才成為毛澤東的秘書。

正是從這部紀念文集裏，我知道了田家英嗜好讀書和收藏清人翰
墨。在感慨田家英其人其事之餘，更對他的「小莽蒼蒼齋」的收藏心
嚮往之。

逄先知回憶說，田家英有逛舊書店的癖好，他們常常在晚飯之後
去琉璃廠，每次都是抱著一捆書回來。有幾次，毛澤東有事找田家英，
衛士還把電話打到了琉璃廠的舊書店。田家英酷愛碑帖字畫，收藏了
上千件清代學者的墨蹟，其所收作品之富之精，在個人收藏者堪稱海
內一大家。

不過，田家英最能體現其收藏價值的，恐怕還不是這些清人書法，
而是毛澤東墨蹟。譬如：1949 年 4 月 23 日晚，解放軍攻佔了南京總
統府，消息傳到北平香山的雙清別墅，毛澤東當即在宣紙信箋上用毛
筆寫了「鍾山風雨起蒼黃，百萬雄師過大江……」這首詩，細心的田
家英及時地保存了起來。此事毛澤東似乎忘記了，直到 1963 年田家英
編輯《毛澤東詩詞》時，將當年的筆跡交毛澤東核實，毛這才想了起
來，「忘了，還有這一首。」

田家英居住的中南海永福堂正房西屋西北角靠牆碼放著一排櫃
子，裏面全是田家英收藏的清人字軸。櫃前有一張長方形茶几，上面
擺放著與茶几幾乎同等大小的長方形藍布匣。不管是秘書、勤務員或
是家裏的什麼人，從來沒有動過它。因為它的主人田家英對此物格外
看重，也格外精心。偶有貴客來臨，他才肯拿出展示一下。多數時間
是在夜深人靜之時，自己獨自欣賞。這就是被主人稱之為「小莽蒼蒼
齋」收藏的「國寶」──毛澤東手跡。打開藍布匣，是一冊深藍布面

裱成的套封，上面用小楷寫著「毛澤東：《中國農村的社會主義高潮序言》」，下面署款「一九六四年三月家英裝藏」。另一件用錦緞裝裱的套封，上面題簽《毛主席詩詞手稿》，共十首，大部分詩詞是人們熟知的。藍布匣中保存最多的還是毛澤東書寫的古代詩詞，有李白、杜甫、杜牧、白居易、王昌齡、劉禹錫、陸游、李商隱、辛棄疾等人。毛澤東書寫古詩詞大都是默寫，像《木蘭詞》、白居易的《琵琶行》、《長恨歌》這樣的長詩，也是一揮而就，很少對照書籍。由於只是為了練字或是作為一種休息，毛澤東並不刻意追求準確，書寫中常有掉字掉句的現象，有的長詩，像《長恨歌》，甚至沒有寫完。

　　田家英收集毛的手跡主要通過兩個渠道：一是當面索要，再有就是從紙簍裏撿。毛澤東練字有個習慣，凡是自己寫得不滿意的，隨寫隨丟。有一次，田家英從紙簍裏撿回毛澤東書寫的〈七律‧人民解放軍佔領南京〉，對夫人董邊說：「這是紙簍裏撿來的『國寶』。」有許多次董邊看見田家英在書桌前將攢成團的宣紙仔細展平，那是毛澤東隨手記的日記，上面無非是「今日游泳」、「今日爬山」一類的話。董邊不解，「這也有用？」田家英說：「凡是主席寫的字都要收集，將來寫歷史這都是第一手材料，喬木收集的比我還多。」

　　田家英的女兒在〈愛書愛字不愛名〉一文裏，更是詳述了父親愛書的癖好和收集清代文人學者和書畫名家墨蹟的愛好──田家英搜藏清人墨蹟的用心，並非限於翰墨情趣，更在於撰寫一部清代通史。

　　再如曾任周恩來兼職秘書的梅行回憶說：有五六年時間他和田家英來往很密，成了小莽蒼蒼齋的常客，常常隨同田家英和陳秉忱一起跑書畫文物點和舊書鋪，常常提著或抱著一捆東西，走上七八十來裏路，回到小莽蒼蒼齋喝杯清茶。在梅行的眼裏，田家英說到底只是一個書生，可以成為學者，是極難成為政治家的，他無法適應後來變化無常的政治局勢。1963 年春節前夕，田家英讓梅行為他刻了一方「京兆書生」的閒章，閒章的邊款梅行刻了田家英在 1959 年廬山會議時寫的一首詩：

十年京兆一書生，愛書愛字不愛名。

一飯膏梁頗不薄，慚愧萬家百姓心。

從這些追述裏，田家英的書生本色形象地凸現出來。

貳

《田家英與小莽蒼蒼齋》（三聯書店 2002 年版）一書基本描述「小莽蒼蒼齋」的收藏風貌。該書從「小莽蒼蒼齋」的藏品中精選了一百餘件明清、近代人物的詩文手稿、楹聯、條幅、信札、印章、銘硯和善本書等文物，裝幀講究，文圖並茂，用印在封底上的廣告語說，「讀者在清賞這些翰墨勝跡的同時，可從生動有趣的文章中，瞭解田家英收藏的故事、藏品的歷史內涵與文化價值，從中見出田家英的書生襟抱、歷史關懷和風骨逸情。」

「小莽蒼蒼齋」所藏的清人翰墨，猶如一部中國近代歷史的圖卷，太平天國、甲午戰爭、義和團和戊戌變法等重大歷史事件，在這些清人翰墨中留下了真實的痕跡。在田家英看來，文人書法不僅是難得的藝術，更能留下一些難得的史料，用古人的話說，畫是八重天，字是九重天，書法的品位遠在畫之上。故田家英的收藏以書法見長，所藏清人翰墨的時間跨度從明末到民國初，人物約五百多位，收藏翰墨數量約有一千五百多件，主要包括中堂、條幅、楹聯、橫幅、冊頁、手卷、扇面、書簡、銘墨和印章等。尤其是書簡，在他收藏的二百餘家近四百通清人書簡中，多數為學者之間的往來函牘，有千言長信，有短篇札記，也有三言兩語的名片，談論的大半屬於學術問題，涉及的範圍很廣，時代特徵明顯。

「小莽蒼蒼齋」裏的一幅譚嗣同書七言律詩扇面可以說是兩個「莽蒼蒼齋」的「壁和」之作。1950 年代是田家英大力搜集清人翰墨的高峰期，但他始終沒能尋訪到譚嗣同的墨蹟，究其原因，一來譚嗣同死

得悲壯，害怕株連的人銷毀了與他有關的物品，二來譚嗣同就義時年僅三十三歲，留下的墨蹟本來就少。尋訪「莽蒼蒼齋」的墨蹟，幾乎成了「小莽蒼蒼齋」主人的一塊心病。一個偶然的機遇，田家英得到了一幅譚嗣同的扇面，這幅扇面是譚嗣同於光緒二十二年（1896年）寫給友人的奉和之作。從該書所附的扇面圖影看，這是件精心運用書法藝術的寫件，韻味十足，但名下沒有印章，田家英在扇面左下角鈐蓋了「小莽蒼蒼齋」朱文篆書印，「這樣，兩個『莽蒼蒼齋』齋主終於在同一件作品上留下了痕跡。此事似乎在田家英收藏生涯中佔據著很大的分量⋯⋯」從這件軼事中也能讀出田家英的書生意氣。「士可殺不可辱」這是田家英最後的遺言（這是他身邊同志聽到的最後一句話），這與「我自橫刀向天笑，去留肝膽兩昆侖」慨然赴死的譚嗣同在氣節上有著相通之處。

田家英的收藏軼事往往蘊涵著許多耐人尋味的故事，譬如該書所記述的康生將自己補校的明版《醒世恒言》一書送給田家英、陳伯達與田家英之間的「名聯風波」、江青和她的《王老五》唱片、谷牧相贈「姊妹卷」、清初文字獄的一份記錄和紙簍裏撿來的「國寶」，等等。

關於陳伯達與田家英之間的「名聯風波」有多種流傳，但內容大同小異：

1949年10月1日以後，陳伯達和田同是毛澤東的政治秘書，又兼任中央政治研究室的正、副主任。1950年代，毛澤東比較信任和喜歡田，幾乎每天晚上都找他，交辦完工作後，總要聊一陣天，古往今來，山南海北。這使陳伯達很妒嫉，常向田打聽與主席談天的內容，主席關注的動向，都讀了哪些書？有一次在杭州，陳伯達坐著滑竿從南高峰下來，半途有人告訴他，主席正步行上山，陳立即從滑竿上跳下來，並打發轎夫到後山暫時躲避。凡此種種，都讓稟性耿直的田反感。陳常卑稱自己是「小小老百姓」，但田與黎澍閒談時，常以 little man 代稱陳，意思是「小人」。

　　1961年，田受毛澤東委託到杭州搞農村調查。杭州之行，田與逄先知在杭州書畫社的內櫃意外地發現了鄧石如的草書聯「海為龍世界，天是鶴家鄉」。這副對聯之前田已從西泠印社出版的《金石家書畫集》中看到過，當時還讚歎鄧石如以善寫篆隸行楷為長，想不到他的草書也寫得這麼好。田當即買下這副對聯，興奮得當晚請來林乎加、薛駒一同欣賞。據梅行、范用回憶，這副名聯後來田還請毛澤東欣賞，毛也非常喜歡，特借掛在他的書房裏很長時間。

　　不知是鄧石如的名氣大，還是因毛澤東喜歡這副作品，此事讓以收碑帖見長的陳伯達知道了。他幾次當面向田提出將名聯轉讓給自己，都被田拒絕了。陳伯達碰了釘子，仍不死心，又託林乎加從中說合，此事鬧了好一陣子。陳伯達討了個沒趣兒，竟然向浙江省委書記林乎加提出索要浙江省博物館的另一副鄧石如的草書聯「開卷神遊千載上，垂簾心在萬山中」。林乎加直言相勸：「進了國家博物館的東西怎麼好再拿出來，這麼做是要犯錯誤的。」陳伯達只好悻悻作罷。

　　田不滿意陳伯達購買藏品的德行，遇有好東西，他常常帶著濃重的福建口音和人家討價還價，其「激烈」程度連暗隨的警衛都感到詫異。一次，在北京開中央會議，羅瑞卿走過來半開玩笑地對陳伯達、胡喬木和田說：「三位『大秀才』在外，一言一行要注意符合自己的身份嘍，舊貨攤兒上買東西，不要為一毛、兩毛和人家斤斤計較嘛。」田和胡相視一笑，他們都清楚羅的放矢之的，只不過是以玩笑的方式出之，算給陳伯達留了面子。

　　關於陳伯達的為人種種姑且不談，只談此副對聯的來歷，還有另外一個版本，這就是《西泠印社舊事拾遺（1949～1962）》（王佩智編著，西泠印社出版社2005年10月版）中的一節「當事人言」，大意是：六十年代初，上海一位收藏家魏榮廷有一幅鄧石如的狂草對聯「海為龍世界，天是鶴家鄉」，因為鄧石如書法中隸書、篆書多，草書不多，狂草就更少了，這一幅他一直珍藏在身邊。當他聽說西泠印社來上海收購時，他說其他人來收購他不賣，西泠印社來他不要錢。這幅對聯

能歸西泠印社是最好的歸宿。西泠印社負責人在上海國際飯店請客答謝，他說：你請客我退席，東西也不給你們了。最後，還是魏先生買的單。這幅對聯就歸了西泠印社。當時拿回杭州後，印社的女會計兼保管員就把此幅對聯收好放進了抽屜裏。過了一段時間，毛澤東的秘書田家英等在杭州寫「九評」，休息的時候來西泠印社看字畫、喝茶，是杭州市交際處一位姓趙的處長領著來的，還有幾位工作人員，來了就到處翻。田家英在抽屜裏翻到了這幅對聯，大喊一聲，叫大家快來看，說：「這幅對聯我找了好幾年了，今天終於看到這幅對聯。」大家評論了一番，都說是精品。臨走時，田家英說這幅字他借去看看。中央來的人，毛主席的秘書，不能不借。這一借十天八天沒消息。女會計哭了好幾次，見人又見不到，大家又埋怨她。去找交際處趙處長，趙說，這些都是高級領導他也沒有辦法。後來，他們又去找市委分管書記、省委宣傳部長，都說沒有辦法。最後找到浙江省委書記林乎加，林說，人不是走了嗎，你早給我說呀，人走了，你讓我上北京啊。後來，康生又來西泠印社古書店，談到田家英借走的這幅對聯，康說：田是應該送回來的。但就是沒有拿回來。1964 年文物出版社出版了《鄧石如法書選集》，其中第六十一幅就是這幅對聯，上面還加蓋了田家英的印章，成了田的藏品。

在《田家英與小莽蒼蒼齋》裏還有幾幅當代「名人」墨蹟，譬如康生和陳伯達的書法，這兩個人的書法其實也頗值得一觀。康生對自己的字是非常自負的，譬如他說他就是用腳丫子拿筆寫字也比郭沫若的字寫得好。康生是否如此說過已經無法驗證，但從這軼事裏能看出康生的自信和對郭沫若的蔑視。

1950 年代，康生曾送給田家英一套由他自己校補的明版《醒世恒言》，這種明版存世只有四部，且有兩部流存日本，而留在國內的兩部，其中一部原藏大連圖書館的今已不見，只有康生校補的這部衍慶堂刻本成為「小莽蒼蒼齋」的藏品。這部明刻為三十九卷本共二十冊，在該書第一冊卷尾，康生用他自成一體的「康體」書法補了一百一十八

個字，因與書中的仿宋木刻體不匹配，再補卷四的兩頁缺頁時，他以筆代刀寫起了木刻仿宋字，這兩頁康生的補書和他為補頁所作的說明原稿都影印在了《田家英與小莽蒼蒼齋》一書中，再加上他送給田家英的另外兩幅書法圖影，展現了尖刻聲稱「用腳趾頭夾木棍都比郭沫若寫得強」的「康公」的書法造詣，尤其那幅在 1959 年盧山會議後他寫給田家英的草書「高處何如低處好，下來還比上來難」，令人過目難忘。

而陳伯達的一幅是他寫給田家英夫人董邊的錄王國維文學小言軸，即論述成大事業大學問者的那三個必經階段：昨夜西風凋碧樹，獨上高樓，望盡天涯路；衣帶漸寬終不悔，為伊消得人憔悴；眾裏尋他千百度，驀然回首，那人正在燈火闌珊處。陳伯達的這幅字軸，也非常可觀。

田家英的收藏還得益於一位年長他二十餘歲的「忘年交」陳秉忱，陳秉忱被喻為「小莽蒼蒼齋」的半個主人。陳秉忱的祖父是清代山東大儒陳介祺，幼承家學，擅金石書畫，田家英稱他「老丈」，田家英跑琉璃廠，有許多年，只帶他一人，他雖是田家英的下屬，但在收藏和鑒賞上，卻是田家英的師傅，兩人到琉璃廠的店鋪裏，田請老丈先進門，而陳堅持後進門，兩人往往相讓不下，以至多少年後，琉璃廠的師傅們打聽「田公」的下落時，總好搭上一句：他的那位老秘書如何了？

「小莽蒼蒼齋」的收藏能達到如此規模和程度自然與田家英所處的地位有關，但田家英的收藏更是學者的收藏，是為研究歷史和寫一部客觀的清代通史而收藏，如陳四益在該書〈序言〉中所說：

> 「小莽蒼蒼齋」主收藏這些東西的時候，中國人的商品意識很弱，收入普遍低下的時代，一般人無法進入文物收藏的行列；有清一代文人墨蹟因為時代較近，尚不為人重視；再加上田家英所處地位，朋友們也樂觀其成，所有這些條件，都助成了田家英藏品的相對集中。若在今天，這樣的個人收藏恐怕雖非空前，也稱絕後，是再難有的了。田家英生前曾說，這些藏品是

人民的。他的家屬尊重他的心願，已將第一批一百多件藏品捐贈中國歷史博物館，又先後編印了《小莽蒼蒼齋藏清代學者法書選集》兩大冊，使需要研究與欣賞的人得以方便地使用，這樣，也就不枉他當年苦心孤詣地尋覓了。

叁

在田家英的朋輩中，對鄧石如書法評價不低的大有人在，譬如李銳在 1962 年 10 月 11 日的日記中寫道：

> 故宮觀書畫，下午二點始歸。餓著肚子看的……鄧石如展覽也是大開眼界。原來他之可貴在脫出千年來虞歐顏柳的影響，而從篆、分金石得法，自創一派。最好的還是隸書，行書似乎蒼勁古樸有餘而間架不足。其傳派有包世臣、趙之謙、何紹基、沈寐叟、吳昌碩、康有為等。大概都在篆、分上受其影響……
> （《李銳日記》第二卷，119 頁）

李銳是田家英的好友，可以說在朋輩中，用田的話說，他們是「道義之交」。李銳在「文革」結束復出後寫過一篇〈懷念田家英〉，我覺得是在同輩人中寫的非常傳神的一篇，譬如談到田家英對毛澤東的看法和內心的憂鬱：

> 家英當時有一個集中的想法，即主席應當擺脫日常事務，總結一些重大經驗，專心於理論的著作，這樣對後代更有意義。在廬山時，他跟我談過一副對聯，下聯是「成書還待十年閒」，即指這個意思。他很惋惜主席志不在此。他早就同我談過，編《毛澤東選集》時，主席常有厭於回顧舊作的情緒，而興趣全在新的事物。

家英當年跟我談過，如果允許他離開中南海時，想提三條意見，最後一條是：不要百年之後，有人議論。應當說，這是一個黨員對黨的領袖最高的關懷。在山上開「神仙會」階段，由於我的不謹慎，這三條意見同一位有老交情的同志談了，開大會時被捅了出來。此事當時雖被「掩蓋」過去，仍然影響到家英後來的處境，使我長期耿耿於懷。在山上時，我曾有過一種很悲觀的情緒，向家英流露過。開完會，回到北京之後，他特地跟我通過一次電話，其中講了這樣一句話：「我們是道義之交。」不幸被人聽見，幾天之後，我家中的電話就被拆除了。

1960 年到 1961 年，我在北大荒勞動。前期在一個村子裏，同老鄉三同；後期調到虎林西崗農場場部，場部的生活條件稍好一些。由於身體關係，1961 年底調回北京。其後兩年，我獨自一人在京閒居。兩年間，同家英見過三次面，都是電話約到市內某一新華書店碰面，然後帶著大口罩，漫步街頭，找到有單間的飯館，繼續過去那種長談。第一次碰面，我才知道在北大荒調到場部，是他和別的幾個關心我的同志作的安排。七十年代初作的雜詩中，曾記述此事：打起精神學打場，忽傳意外轉西崗，長安故舊多關切，不忍其人葬大荒。這次在飯館談了一個下午，談到北大荒當時少見炊煙的暮色和農民的生活景況時，我很動了感情。家英也談起盧山會議之後，他所受到的種種冷遇。我們都有這樣一個共同的願望：國家和人民再也經不起折騰了，今後無論如何不要再搞大運動了。分手前，一起哼成了下面這首詩：

鬧市遮顏時，胡同猶可行。
人間多雨露，海內有知音。
冷眼觀塵世，熱腸向眾生。
炎涼今亦甚，把酒賤浮名。

1963 年 12 月,我被派到大別山中一個水電站去當文化教員。離京之前,與家英話別,到後海岸邊散步,該夜又到一個小酒店喝酒。當然,談的主要還是當前大事。他正參加起草農村工作的後十條,說不久後,我會聽到傳達的。他談此事,也是讓我對形勢放心之意。臨分手時,走過景山很遠了。對我的遭遇,這夜他特別感慨系之,又講起吳季子來。夜半回到住處時,不能成寐,直到吟得下面一律,才勉強睡去。

客身不意復南遷,隨遇而安別亦難。
後海林陰同月步,鼓樓酒座候燈闌。
關懷莫過朝中事,袖手為難壁上觀。
夜半宮西牆在望,不知再見又何年。

關於李銳在文章中說 1961 年底他從流放地回京及其後的兩年,他同田見過三次面等等,這在李銳的日記中可以查到,不過當時的敘述和文字下掩蓋的情緒是和後來的回憶絕然不同的,譬如 1962 年 7 月 14 日(星期六)的日記中寫道:

……與田打通電話,雲極忙,文件與會議,也許實情,也許推脫,總之不能要求人家設身處地,要求人家也同我之「厚道」也。嗚呼。這就是當代生活。只有手足之情經起了這種考驗。……

(《李銳日記》第二卷,94 頁)

再如 1962 年 8 月 2 日(星期四)日記中云:「……我之一生,沒遇見過一個有影響的老師、領導者得些收穫。朋友則無長期相處者,如田友只得其狂狷一面,與花腔之廿二年則是完全失敗了的。」(《李銳日記》第二卷,100 頁)此處「田友」即指田家英,「花腔」是李銳已離婚的夫人范元甄——當年延安時代的美人之一。因其喜歡「唱高調」總是講革命大道理,李銳在日記和與親朋通信時常用「花腔」來代指。

　　至於李銳在文中說的 1963 年底被派到大別山流放之前和田家英的最後一面，在他的日記中也有敘述，並比較詳細，那一天是 1963 年 11 月 27 日：「晚上看陶然亭客，繞什剎海漫步，烤肉季喝茅臺四兩，又再漫步，直徑到西安門，再喝大麯二兩。譚傳千萬不能寫，以譚自居之誤會，更置死地：仍在沾邊，越來越嚴重，無人能解……」（《李銳日記》（2）：237 頁）當時李銳正計畫寫《譚嗣同傳》，田家英告誡他這萬萬不能寫，以避免被人「誤解」成「以譚自居，更置死地」的麻煩。

　　李銳在〈懷念田家英〉中寫道：

> 1967 年 4 月，我曾回到北京一次，才知道家英已不在人間了。前些日子見到董邊同志時，她比較詳細談了 1966 年 5 月 23 日，家英被迫害致死的情況。21 日中央文革來人通知，兩條罪名：同當時被批鬥的辦公廳負責同志關係不正常；一貫右傾。撤職交代，搬出中南海。並收走了全部文件。隨即又聽到辦公廳大會上宣佈了另一條罪狀：篡改毛主席著作。這是指整理有關《海瑞罷官》的談話時，他不贊成將彭德懷寫進去。他這時面對著兩個大敵，陳伯達與江青；還有一個小人叫戚本禹。他很憤慨，對妻子說道：「我的問題是陳伯達和江青的陷害。真想不到兢兢業業十八年，落得如此下場！」「那些壞人、惡人，終會得到惡報。」

肆

　　田家英是自殺的。

　　1980 年，中共中央為田家英舉行了追悼會，如此評價他：「是一個誠實的人、正派的人、有革命骨氣的人。他言行一致，表裏如一。他很少隨聲附和，很少講違心話。」

　　一位友人曾告訴我，她曾和田家英的女兒談到彼此的父親——她們的父親是「道義之交」——談到田家英的自殺，田的女兒說：如果父親不死，也許他就是第二個陳伯達。

　　友人是從美國回國探親，借機會匆匆來到青島尋找她青春歲月在青島短暫的舊蹤。我們談到她的父輩的往事，談到 1959 年廬山會議時的軼事，談到田家英，當時我說從李銳等人的文章裏，不難看出，田家英對康生很佩服。友人說，那一代人有著他們的局限，也有著他們自己掌握不了的命運，然後便說了田家英女兒的話。友人說：「她有這樣的認識很不簡單，這樣評價自己的父親，我做不到。」

相關書目

《毛澤東和他的秘書田家英》，董邊等編，中央文獻出版社 1990 年版。

《田家英與小莽蒼蒼齋》，陳烈著，三聯書店 2002 年版。

《李銳日記》（三卷本），李南央編，美國溪流出版社 2008 年版。

柯靈

未完成的晚年心願

壹

　　當年葉兆言還在出版社當編輯時，曾拜訪過柯靈。在葉兆言的印象裏，柯靈對張愛玲極度推崇，「是真心地喜愛她的文字，一說到她，眼睛就放亮發光，說什麼書其實可以出，什麼書出版社已經出了。」葉兆言說，「我敢肯定柯靈當時絕不會知道張有一本叫《小團圓》的手稿，他做夢也不會想到，多少年以後，會有那麼一天，會有那麼一段文字。在前輩的老作家中，再也找不到像柯靈那樣樂意為張愛玲鼓吹的作家，說到她，他總是不遺餘力。在老作家嘴裏，張愛玲顯然沒有什麼好的人緣。有一年在杭州西湖邊，我們去拜見黃源，他一提到沈從文和張愛玲，非常的不屑，口無遮攔。老人家並不知道我其實很喜歡這兩位作家，而且就算是知道，也仍然會大肆攻擊。」

　　《小團圓》小說的出版，引發了張迷的再一次熱情，尤其更有熱心人的「《小團圓》人物對照記」：盛九莉──張愛玲，邵之雍──胡蘭成，燕山──桑弧，文姬──蘇青，汝狄──賴雅，荀樺──柯靈。根據小說中的故事，荀樺能和現實中的柯靈對上號（當然，有些故事又不可能直接畫等號）。柯靈時任《萬象》雜誌主編，而荀樺為某雜誌編輯。某日，荀樺被日本憲兵逮捕，九莉勸邵之雍出手相救，邵寫了封信，說他「為人尚純正」，荀樺果然被釋放。柯靈晚年在〈遙寄張愛玲〉一文裏寫到了胡蘭成曾搭救他。兩相對照，不難看出兩個人物的

重合處。尤其是，《小團圓》中對柯靈帶來殺傷力的描寫是：荀樺曾性騷擾九莉——兩人在電車上偶遇，站在九莉身後的荀樺，「忽然用膝蓋夾緊了她兩隻腿。」而且荀樺在「孤島」上海時期，居然有「三個老婆兩大批孩子」。這三個老婆一個在鄉下，一個在書局做職員（沒有名份），另一個被稱為太太的是一個小學教員，非常凶。張愛玲如此描寫：

> 九莉無法想像。巴金小說裏的共產黨都是住亭子間，隨時有個風吹草動，可以搬剩一間空房。荀家也住亭子間，相當整潔，不像一般「住小家的」東西堆得滿坑滿谷。一張雙人鐵床，粉紅條紋的床單。他們五六個孩子，最大的一個女兒已經十二三歲了，想必另外還有一間房。三個老婆兩大批孩子，這樣拖泥帶水的，難道是作掩蔽？

貳

　　柯靈對張愛玲的激賞和鼓吹確實如葉兆言所說，不遺餘力，在同輩作家中無出其右。「文革」後柯靈恢復身份後，與分別三十餘年的香港友人的通信中就惦記著張愛玲的近況，如 1979 年 6 月 12 日寫給香港作家劉以鬯（柯靈在香港《大公報》上看到劉的文章，故寫信給他）的信裏有：「在文化大革命中，我坐牢三年，下鄉三年，靠邊反省者又三年。現在白髮盈巔，幸猶健在……尊文曾談到張愛玲，不知此君動定如何？二十餘年前曾有種種風雨，頗以佳人為惜，惟願其別來無恙耳。」在 1979 年 10 月 6 日寫給劉的信裏，再次提出：「張愛玲現在美國，你能否給她發一短信，代我致意。我也想代《文匯》約寫些美國通訊，希望她能同意。」1984 年 11 月柯靈在北京參加建國三十五周年電影回顧學術討論會時，寫了〈遙寄張愛玲〉一文，並在 11 月 27 日兩次寫信給劉以鬯，說他剛完成了〈遙寄張愛玲〉，將發表在《讀書》雜誌上，他希望也能在劉主編的《香港文藝》上刊載。此文後來還在

《收穫》雜誌上刊載了。在接下來大半年的時間裏給劉的幾封信中，都或多或少與〈遙寄張愛玲〉一文的刊載有關。可以說此文給 1980 年代張愛玲重新在大陸「復出」尤其是吸引了重多的「張迷」起到了「加溫」的作用。柯靈在 1985 年 8 月 11 日給劉的信裏說：「遙郵張愛玲小文發表後，《傳奇》已於上海書店影印問世，人民（文學）出版社廣告，有兩本選集要出，都要求將此文序。最近又因《讀書》《收穫》相繼發表此文，得張愛玲姑母來信約見。擬請兄代購第二期《香港文學》以贈之。」1991 年 6 月 21 日柯靈致信給張愛玲的姑父，是為了代出版社聯繫張愛玲的版權：「愛玲在美，不知近況如何，尊處常有聯繫否？安徽文藝出版社正籌備出版《張愛玲文集》，編者為金宏達（北京圖書館副館長）、于青（新聞出版署圖書司），我被聘為顧問……〈遙寄張愛玲〉一文發表以來，禁區突破，先後出版愛玲小說、散文集者，據我所知，京、滬、寧、粵、閩等地，殆不下七種以上，使大陸讀者得以欣賞張愛玲文采，自是一件大好事。但愛玲遠在海外，版權利益所關，估量均無著落。現在政府已頒佈《著作權法》，此事已有法可依，足下是否可將上述情況告知愛玲，使她便於考慮如何處置此事？」接下來，柯靈還進一步介紹：「安徽文藝出版社曾印行《傅雷譯文集》，裝訂、印刷、紙張均較認真，對愛玲文集，我也以顧問的名義提出，要求注意印刷質量。估計書不會印得太差。」在 1991 年 12 月 6 日他寫給張愛玲姑父的信裏有如此一段：「承轉示愛玲的致意，感感。通信時請代道念，並致以衷心的祝願。她雖遠在大洋彼岸，在祖國擁有越來越多的讀者，堪以告慰。」此信有一注釋：張愛玲姑父給柯靈的信裏有「愛玲最近來信有一句話我必須轉達的，就是『我深知柯靈為人，請告訴他我非常感激他』」。

「我深知柯靈為人，請告訴他我非常感激他。」這是現在能看到的通過張愛玲在上海的親戚在信裏轉述的張愛玲對柯靈的評價。

在 1992 年 9 月 20 日寫給人民文學出版社一位編輯的信裏有：「85 年你專程來上海向我借《傳奇》原版的事，我還記得。人民文

學出版社重印《傳奇》，給國內重印張愛玲的作品開了頭，是不應忘記的。」

　　為了出張愛玲的書，柯靈的確是勞神費心。為了出張的文集，他和安徽文藝出版社的編輯及相關人員通信頻繁，有幾封信頗說明他的態度，如 1991 年 11 月 21 日給安徽文藝出版社責任編輯的信：「知《張愛玲文集》排印接近完成，至感欣奮。儘管國內對張愛玲的作品『評價褒貶不一』，有作品在，白紙黑色，牝牡驪黃，讀者自能品味；文學作品的存汰，要由時間作主張，並不取決於少數人的口舌筆墨。」此中所流露的真情，是毋須多言的。後來當看到出版社給作者的合同內容後，柯靈回了一封長信（1992 年 2 月 14 日），仗義執言，先是感歎「《張愛玲文集》的印行會有這麼些周折」，很出他的意外，接著談了關於張愛玲委託人的授權書及稿費等問題，一一為張愛玲及委託人著想，並為張力爭合理的待遇，然後談了對出版的看法：「辦出版事業，不是純粹的做買賣，出版家和作家的目標和利益是一致的，彼此之間應該是道義和友誼的合作。由於我們政策上的偏頗和短視，出版事業遇到很多困難，這是客觀事實。但現在出版界卻很有把困難轉嫁給作家的傾向。你們出過傅雷譯文集，現在又要出張愛玲文集，我本來對你們印象很好，到處逢人說好話。待看到你們的『出版合同』，卻不覺身子涼了半截。夏衍同志批評某一出版社的合約，認為比包身工的賣身契還厲害，你們的合約可以說有過之而無不及。」「我認為出版張愛玲文集是一件大好事，因此樂觀其成。我早就聲明，我不過問有關出版權益的事。」柯靈還表示之所以不能「默爾不言」是因為這種「斬」作家的現象已經相當普遍，不僅僅是針對一家出版社。最後柯靈寫道：他太老了，也還有不少工作要做，這件事卻確實花了他不少時間。他衷心希望此事能圓滿解決，不再有任何意外。當然，最後張的文集還是終於出版了。柯靈為此付出的心血是不爭的事實。

　　1995 年柯靈給日本學者池上貞子的信裏說：「張愛玲逝世，使人惋歎悼念，天才不世出，她的作品將留下來，使她不朽。」

叁

六卷本《柯靈文集》是他生前所編的最全的一套文集,他本來是要自己寫好文集序言的,但身體已經不允許了,在他去世後,此套文集才最終面世。是用他的《自語》做了「代序」。翻檢他的文集,他與人打筆墨官司的很少,只有在晚年與黃裳的一場筆墨官司,而且這筆仗還是由柯靈挑起。這就是寫於 1993 年 3 月的《想起梅蘭芳》,文章自梅蘭芳百年誕辰的由頭寫起,起筆便寫到了「從前」,提到了一篇文章,這就是寫作和發表於 1947 年 1 月《文匯報》副刊〈浮世繪〉的〈餞梅蘭芳〉:「這篇文章不滿一千五百字,用一段皮裏陽秋、富於暗示性的文字開場,一口一聲『梅博士』,主旨是強調梅老了……這篇名文,清楚地表現出作者的才華,也鮮明地反映出作者的性格。」在接下來的行文中,還有「這位作家對梅放冷槍,就不止一處」。在最後寫到了梅蘭芳回憶錄的寫作和出版過程:「我第一次訪梅時,就曾建議他寫回憶錄……後來梅回到北方,就決定了這樣的方式:由梅口述,他的秘書許姬傳執筆寫成初稿,寄給上海許的弟弟源來補充整理,再交給報館。這就是《文匯報》在 1950 年 10 月 15 日開始見報的《舞臺生活四十年》。連載是要逐日刊登的,不能中斷。聽說許源來有些名士氣,又好杯中物,報館很擔心他誤事。黃裳對京戲是內行,就派他專門和許源來聯繫,保證每天按時交稿……至於後來出版單行本,則完全由黃裳一手策劃促成。其間還發生過一件匪夷所思的怪事:有人向一家出版社接洽印行〈舞臺生活四十年〉,條件是他要在版稅中抽成。這種事情,即使在舊中國,也從未有過,而這位同志居然在新中國建國初期這麼幹,其超人的勇敢,真使人不可思議。梅本人和許氏兄弟,當然至死也不知有此一事。」柯靈此文刊載在《讀書》1994 年第 6 期上。文章中說到的「這位作家」和「有人」,其實都是指文中也出現過的黃裳。當然,我是從黃裳稍後的反擊文章中知道的。

黃裳寫了〈關於《餞梅蘭芳》〉在《文匯讀書週報》1994 年 7 月 16 日上予以回擊，同時也公開了與柯靈的論爭。先是辯護自己寫〈餞梅〉一文的由來和初衷，然後筆鋒一轉：「柯靈當時是《文匯報》的總編輯，為什麼竟將組織梅傳的重要任務交給我這個犯有開罪梅氏『前科罪案』的人呢？這也是個很難弄懂的迷。」（柯靈在文中所寫關於派黃裳負責此事是因為「黃裳對京戲是內行」，而且這還是嚴寶禮出的主意。）其實，著力點所在還是那件「匪夷所思」的「怪事」：

> 柯文寫得迷離惝恍，頗有神龍見首不見尾之妙。文章開頭就推出了〈餞梅蘭芳〉，卻不指明作者；說到《舞臺生活四十年》的出版，又引出一件「匪夷所思」的「怪事」，當事人又化為「有人」了。《舞臺生活四十年》最早確是我介紹給平明出版社出版的，當時出版社初辦，稿源不足，我和潘際炯都是特約編輯，幫忙組稿。不支薪水，與出版社商定，於所編《新時代文叢》每本提出定價 1～2% 作為編輯費，這辦法一直延續了一個時期。這就是我們所做的「超人的勇敢」「不可思議」的事。不過，必須說明，《舞臺生活四十年》我並沒有得到任何編輯費，而是由許源來與出版社直接處理的。倒是後來有一次（也僅是一次），在此書轉歸人民文學出版社印行時，許源來說是梅先生的意思，在版稅中提出幾百元算做我的勞動所得，我感謝梅念舊的好意，欣然接受了。覺得自己為此書花費了不少心力，取得這點報酬是心安理得的。

針對黃文，柯靈又寫了〈讀了《關於「餞梅芳」》〉一文，致「《文匯讀書週報》編輯同志」，並談了他寫文章翻舊賬的由來：「報館並沒有給黃裳向梅蘭芳組稿的任務，事實是，稿子約定之後，報紙才派他和梅文的執筆者之一許源來負責聯繫，以保證連載不至中斷。」之所以要寫此文，其實是因為：「近年來文壇上流行一種風氣，就是肆無忌憚地改造歷史，我親身經歷的就不止一次。有些公開弄虛作假的，還

是頗有聲譽的作家。這只能理解為公然欺騙不明真相的廣大讀眾，自持有名，對他無可奈何。我骨鯁在喉，忍不住要勒一下虎鬚，這就是我寫〈想起梅蘭芳〉一文的由來。但執筆時感慨邐迤，觸及的已不限於此。」在此文的開頭，柯靈寫了何以想到就黃裳的舊事寫文：「《文匯報》有個報史研究組，近年正在徵集有關報史的材料，準備出一文集。黃裳應邀在 1991 年寫了篇〈往事回憶——《舞臺生活四十年》的誕生〉，先在《安徽文藝》上發表，然後交給報史組。報史組知道發表梅蘭芳連載一事和我有關係，拿給我看了。」

　　柯靈此文寫得已很不客氣，既然黃裳捅破了這層紙，柯靈也就不再寫得「迷離」了，譬如：

> 黃裳責問我為什麼把組織梅蘭芳寫回憶錄的任務交給他，敬答曰：並無此事，足下心裏最明白。《文匯報》在抗戰勝利後復刊，就和梅建立起友好的關係，而黃裳「和梅及其周圍的一些朋友都不熟識」，沒有麻煩他的任何理由。他之所以敢於這樣問我，是因為他手裏有一張王牌，「引而不發，躍如也。」他說「奉命組稿，的確花了很多精力，這並不是一部容易到手的稿子，其中周折也絕非柯文所說的那麼簡單。梅先生在《舞臺生活四十年》出版前記中有所說明」，前記中有一句要緊的話，他欲吐還吞，沒有說出來，那就是「《文匯報》的黃裳同志要我寫一個回憶舞臺生活的長篇，在報上連載發表」。連載是由梅口述，許姬傳筆錄的，《文匯報五十年》（1938～1988）紀念集裏，許姬傳寫過一篇《梅傳問世憶舊》，也說「黃裳同志約梅蘭方先生寫回憶錄」。所以黃裳有恃無恐。《文匯報》闢連載專欄、出題目，向梅約稿，都是我一手經辦的。約定後才把聯繫工作交由黃裳負責，以後我就放手不管了。黃裳為此做了許多工作，在《往事回憶》中有詳盡的記述。全部事實就是如此。

匱夷所思的怪事，和黃裳侃侃而談的不相干。黃裳說：「《舞臺生活四十年》最早確是我介紹給平明出版社的。」真不愧文章高手，只用了「最早」二字，就輕輕勾銷了一段情節。他最早兜攬的對象是上海出版公司，向一位負責人提出傭金。（我經過核對，前說「抽成」誤。）因為估計梅的著作好銷，負責人很動心，事有湊巧，和出版公司關係密切的鄭振鐸先生恰巧在鄰室和另一負責人談話，聽得義憤填膺，臉都漲紅了。黃裳走後，他關照堅決拒絕，認為萬不能幹這種事，負責人只好聽從……

柯靈還解釋說，當時寫文說「有人」而不指名，是想給人留下「閃避的餘地，並非包藏什麼陰謀詭計」，「現在我才明白，原來分潤別人的稿酬。乃是一種『勞動所得』，可以『欣然接受』，『心安理得』。難怪活得如此瀟灑自如，腰板畢挺，氣壯如牛。但願我的少見多怪，絲毫無損於我們這位『商定』文豪的清名」。

之後，兩人又互相駁斥對方：黃裳又寫了〈一點閒文〉來反擊，柯靈寫了〈一點感想〉來回應。在兩人的相互駁斥中，關於梅的回憶錄的經過容易理清，也容易理解彼此當時的作為，至於柯靈說黃裳對梅的態度前後的變化，黃裳的辯詞也能自圓其說。但讓兩人糾纏的還是黃裳為出版梅的回憶錄是否拿傭金的問題。黃裳在〈一點閒文〉中說：

> 上海出版公司是我很熟悉的地方，我有兩部著作就是由他們出版的。我受作者之託，為《舞臺生活四十年》找出版社接洽，（柯靈用的字眼是「兜攬」，無非想把我說成是「跑街」，以便和後面的「傭金」相映成趣。）到上海出版公司去洽商，也在情理之中，雖然我已完全不記得此事。我和西諦也是熟人，他從北京來滬，偶然相遇，必無不見面招呼之理。西諦是秉性鯁直，疾惡如仇的人，真如柯靈所說有那麼一段「匪夷所思的怪事」的話，他是不會不向我提出的。但此後與西諦多次見面，他都從未提及此事。……在他團城的辦公室裏，歡談往往移

腎。這不能不使我懷疑故事的真實性。可惜上海出版公司的負責人劉哲民、唐弢、師陀都已逝世，無從取證了。

對此，柯靈在〈一點感想〉中回應說：當事人既已「完全不記得」，上海出版公司負責人又「都已去世，無從取證」，等等，就到此為止，不必深論了。接著筆鋒一轉說：「幸而黃裳的記性還沒有壞到家，還記得有個他『很熟悉』的上海出版公司，不過其中也不無疏漏。當時親聞目睹的，還有一位負責人，一位掌握財務的同志，至今健在。我大概也可以勉強湊數，是個負責人。黃裳所說的兩部著作，一部《關於美國兵》，正是經我榮幸地先在《週報》連載，然後付印成書的，那如果不是黃裳的第一本書，也是他最早問世的著作之一。另一部書名已經忘記，內容是他建國初期所寫的通訊特寫之類，如果沒有記錯，也是由我一手編發的。黃裳貴人多忘事，似乎也『完全不記得』我在上海出版公司多少還有點發言權和知情權。」柯靈還在該文的「附記」裏說明他提到的「知情人」是謝蔚明。

柯靈與黃裳的這場筆墨官司，幾個回合下來，基本上能大體上看個究竟，坦率說，在此問題上我是傾向於柯靈的說法的。柯靈晚年的筆墨官司除了和黃裳的，還沒看到過和別人的。兩人都是文章高手，又是多年的朋友和同事，彼此之間相互知根知底，字裏行間更是微言大義。之後，黃裳又與不同的幾位有過筆墨論戰，如葛劍雄、沈鵬年、止庵等人。用黃裳對人說的話，柯靈不在了，論戰的高手也沒有了，顯出了寂寞。當然，這是另外的話題了。不過，在黃裳和葛劍雄打筆墨官司時，柯靈向葛劍雄提供了「炮彈」，葛劍雄在回應黃裳的文章〈憶舊之難──並談一件往事〉裏寫道：

> 幾天後一個下午，我接到一位女士（事後得知是柯靈先生的夫人）的電話，告訴我柯靈先生要與我通話。我很驚奇，因為我從未涉足文學界，也沒有機會見過這位老前輩。柯老告訴我，他是從其他人那裏找到我的電話的，他說：「我看了黃裳的文

章，感到很奇怪，也很生氣。他在文章中寫得那麼義正辭嚴，卻不想想自己的過去。我是瞭解他底細的，知道他為什麼要這樣做。但你們肯定不知道，所以今天要告訴你。孤島時期漢奸辦了一本雜誌《古今》，受到大家抵制，相約不給它寫文章。但黃裳是第一個給它寫的，並且寫了很多。前幾年我在編孤島文學資料時用了曲筆，我只說『有人』，但沒有點名，這是不應該的。我現在告訴你，這個人就是黃裳。」我對柯老的關心並告訴我這段史實表示感謝，但說明我在回應黃先生的批評時還是就事論事，不能涉及文章以外的事。柯老說他要將這本資料寄給我，並已在書上作了標誌。隨後柯夫人在電話中問了我的地址，幾天後我收到了這本書。

引述這段話，只是想說柯靈晚年對黃裳的態度和意見，對於和黃裳筆戰的「陌生人」也不辭辛苦地主動聯繫上以提供外人難得再看到的資料。

肆

在葉兆言看來，「與那些名聲響亮的老作家相比，柯靈算不上什麼大牌。不過顯然也有自己的優勢，這就是有良好的人脈，他是一個不錯的好編輯，是一個優秀的文學活動家。就我所知道的情況，老一輩作家都對他印象良好，而他也是最容易欣賞別人，很樂意為同行叫好，文人相輕的惡習對他並不適用。柯靈可以是很多人的朋友，他的平易近人，他的熱誠，我作為晚輩感受尤深，起碼我沒看到他擺過什麼老作家的派頭。其實老中青作家都可以分成兩大類，一是專看缺點，一眼就能看出別人的某些不足，天生傲骨，喜歡說人家的不是；一是善於發現優點，為人虛心，總是在欣賞別人的優秀，並把這些優點和優秀揭示出來，柯靈顯然屬於後一類。」

　　從柯靈的書信裏也能看出他對副刊編輯這一職業的態度，如1984年2月22日給時任《文匯報》筆會專刊主編陳欽源的信裏說：他編過不少報刊，有一點可以告無愧於讀者和投稿者的，就是來稿必讀，無一遺漏。他編的文藝副刊裏，自誓決不任滄海遺珠。除依靠老作家外，更多是依靠青年作家的支持，這是一件很愉快的事。

　　從「文革」結束後，柯靈恢復了身份，其所享受的待遇在同輩的文人中應該說是不錯的。他在1978年8月28日寫給時任《光明日報》總編輯殷參的信裏曾如此介紹自己在「文革」歲月的遭遇：「坐牢三年，靠邊七年，被宣佈『解放』而陰於角落者又兩年。」並說：他現在的職務是上海電影局顧問，實際工作是在準備寫長篇小說，反映上海一百年（自開闢租界至上海解放）的鬥爭生活。進入1980年代，他始終在說要寫一部《上海百年》，在他與友人的通信中，更是時常談起這部《上海百年》，用他自己的話說，其「工程之重，初非所料，加以干擾不少，常被約寫短文，只好勉力為之」，儘管他一次次決心排除干擾，完成此書，但最終還是沒有完成。其實，許多所謂的「干擾」也是柯靈晚年生活的內容，譬如赴北京參加政協大會（直到1992年春，在他給友人的信裏，還有要去北京開一年一度的政協會之類的句子），他去香港，去廣州，去大連，等等，其實對他自己來說，許多活動顯然是他喜歡的。許多約稿是自然，更有許多是序言之類，但這也恰恰說明了柯靈在晚年所贏得的地位和聲譽，當然也包括他的平易近人。在1998年4月23日寫給《胡喬木傳》的作者程中原的信裏回答了程中原詢問胡喬木和他見面和通信的情景，柯靈在信裏寫道：胡喬木和他見面，當在1986年，「這次約談，七扯八扯，說得不少，具體內容，已經完全淡忘，隱約記得，話題不出文化範圍。不知怎麼，忽然談到了周建人。據我所知，周建老當浙江省長，是一段很不愉快的經歷，喬木說：『我們原以為請一位有文化素養的知名人士主持本籍省政是適宜的，沒想到結果反而造成周建人和黨的隔閡。』後來著重地說了一句結論式的感歎語：『他太單純了。』這句話話我記得清清楚楚。」在

此句後，柯靈還特意加注：「特別使我大吃一驚的是，他還打了個比，說『如果請你當上海市長，你看合適嗎？』」

晚年的柯靈為了推動張愛玲作品在大陸的重新出版，可以說是甘願盡心竭力的自己給自己製造「干擾」。雖然他晚年最大的心願是完成《上海百年》，儘管最終沒能圓此心願。但，退一步說，若沒有了那些干擾，他就能完成一部能讓今天的讀者還能欣然接受的《上海百年》嗎？許多以寫小說為主要創作的老作家，晚年儘管也有再寫長篇小說的宏願，但真正成功的不多，何況柯靈的創作並非以小說擅長。從某種意義上說，柯靈晚年最大的貢獻，也許就是積極鼓吹和推動了張愛玲作品在大陸的重新出版。而張的小說的如此「走紅」恐怕是柯靈所沒有想到的。當然，他更想不到，在他身後，還會冒出一部張愛玲的《小團圓》，尤其是書中一個人物還和他聯繫了起來，而對此人物的幾句描寫卻是如此的影響柯靈這個名字的文人聲譽。

晚年的柯靈對社會風氣尤其是文壇風氣很不以為然，譬如 1996年 10 月 14 日寫給李輝的信裏，說：「文壇風氣之壞，已到喪心病狂的地步。弄虛作假，借名招搖，由所謂名家開其端，現在已病入膏肓。民族氣節，士林操守，歷來視為珍寶，現在賤若草芥，更可怕的是，揭露批評，其人既恬不知恥，輿情也不以為意，社會的麻木不仁，真堪使人浩歎。我常想，從前有個魯迅，不知為人世添了多少消炎防腐之功。」其實，如果魯巡先生地下有知，張愛玲今天如此火爆，當會熱嘲冷刺張愛玲在日本侵佔下的上海所表現的「氣節」吧？

「不見張愛玲三十年了。」這是柯靈當年寫〈遙寄張愛玲〉的開頭。接著他引了張愛玲小說《金鎖記》的開頭：「三十年前的上海，一個有月亮的晚上……我們也許沒趕上看見三十年前的月亮。年輕的人想著三十年前的月亮該是銅錢大的一個紅黃的濕暈，像朵雲軒信箋上落了一滴淚珠，陳舊而迷糊。老年人回憶中的三十年前的月亮是歡愉的，比眼前的月亮人，圓，白；然而隔著三十年的辛苦路望回看，再好的月色也不免帶點淒涼。」從張愛玲離開上海前往香港也是

三十年的時光過去了，滿頭白髮的柯靈把自己的思念「遙寄」給張
愛玲：

> 七十年代末葉，我從一場惡夢中醒來，我的作品又可以享受災
> 李禍棗的奢侈了。每當一本新書出版的時候，我照例興沖沖地
> 親自簽名包紮，跑郵政局，當作一種友情和尊敬的「念心兒」
> 分送朋友。1980 年春，感謝香港昭明出版社，給我印了一本裝
> 幀、排印、紙張都很漂亮的《選集》，多年的舊交劉以鬯兄，
> 還寫了長序，獎飾有加。我特地挑了一冊精裝本，在扉頁鄭重
> 地寫上「愛玲老友指正」，準備寄往美國。但我隨即聽說，張
> 愛玲近年來杜門謝客，幾乎擯絕交遊。我這才猛然清醒：我們
> 之間不但隔著浩浩蕩蕩的時空鴻溝，還橫梗一道悠悠忽忽的心
> 理長河。雖然我們沐著同一的月光，但是天各一方。我決定把
> 這本書什襲珍藏，作為我暮年天真未泯的一個紀念。

還好，柯靈生前沒看到《小團圓》。

相關書目

《柯靈七十年文選》，上海文藝出版社 1996 年版。

《柯靈散文》，浙江文藝出版社 1999 年版。

《柯靈文集》（六卷本），文匯出版社 2001 年版。

周思聰

放不下的背簍

壹

　　女畫家周思聰去世時，中央美院附中的老校長丁井文說：能讓中國美術界都為之動情的，只有周思聰呀！「因為她尚在中年，還有很多事沒來得及做；即使病魔纏身，也不該這樣匆匆離去。因為她才華出眾卻從不自視高強，平易，溫和中蘊涵著正直和剛毅；她關注民族，民眾的苦難，悲天憫人的情懷，感動著周圍的人……」作出這樣解讀的是周思聰的一位朋友——馬文蔚，曾任北京人民廣播電臺的記者。作為一名與周思聰同齡的女記者，1979年底，接受採訪任務的馬文蔚與周思聰相識了。多年以後，當馬文蔚退休以後，再來回憶，之所以她們能成為朋友，原因在於：也許是同齡人，有很多共同的話題；也許在說話「沒遮攔」這一點上有相似之處，不知不覺交流日益增多。

　　1979年，在新中國建國三十周年的全國美展中，周思聰的國畫作品《人民和總理》獲得了一等獎。這幅畫在今天看來是典型的所謂「主旋律」作品，也就是以歌頌為主題的創作。此畫所描繪的是1966年河北邢臺遭受強烈地震，周恩來去災區看望災民，鼓勵他們重建家園。坦率地說，在今天，此類的主旋律創作，已不可能得到讀者的認可，而且成了為獲獎或某種目的的敲門磚，但在七十年代末，在周思聰當年的創作中，她的這幅畫雖然也是主旋律，卻能夠打動人，尤其在那個年代，思想界剛剛解凍，藝術創作正是打破思想禁錮的先行者，而

周思聰筆下描繪的周恩來和群眾，充滿了人情味，也呼應了當年大眾對周恩來的感情。另外，更主要的是，周思聰的畫也充滿了畫家的感情，不像現在的許多主旋律創作，只是一種沒有感情投入其中的工藝製作。

為畫此畫，1978 年周思聰曾到當地去走訪，聽當時的情景，畫中每個人物都有原型，周思聰告訴馬文蔚，這幅畫表現出來的，還不及自己感受到的萬分之一，總覺得有很多話憋在心裏說不出來。

周思聰因這幅畫而成名，當時四十出頭的她，說出名是個誤會，因為是女畫家，容易引人關注。「她說自己經歷簡單，沒遭遇什麼坎坷，深度不夠。看她真誠的樣子，不像是在作態。她對自己的狀況不滿意。」

馬文蔚和周思聰因為這一次採訪而相識，並進而成了無話不談的朋友。雖然同住北京，但見面不易，她們便在信箋上互相傾訴和傾聽。在周思聰去世九年後，已經退休的馬文蔚整理出版了留存下來的周思聰當年寫給她的信：《周思聰與友人書》，這些信從 1980 年到 1992 年，馬文蔚在「編者說明」中說，除了不經意丟失外，共存周思聰的信一百四十四封，「刪去兩封無甚內容的短信，本書實收一百四十二封。考慮到公開出版的要求，及家人意見等，作了少量刪節。」

馬文蔚保存的周思聰來信，在 1980 年代前期最為集中，1983 年有三十一封，1982 年有四十封。在 2006 周思聰去世十周年時，馬文蔚寫了一本《周思聰：藝術個性的覺醒》。從一個朋友的角度，寫出了她眼裏的真實的周思聰。馬文蔚所記錄的周思聰，不管是周思聰的書信，還是她眼裏看到的周思聰，恰巧是「文革」結束後一代人在奮力進入新時期的階段，從改革開放，到進入市場大潮，從畫家的邊緣化和清貧自守，到畫家成為市場化被追逐的對象並開始富裕起來，對於周思聰這樣的置身文化主流中的畫家來說，從青年畫家中年成名畫家，從北京畫院的普通畫家，到中國美術家協會副主席，她的身份的變化是巨人的，馬文蔚提供給讀者的周思聰的生活是真實而獨特的，

正是從周思聰對她的講述，也真實地呈現出周思聰內心的情感和感受。為那十多年的歷史，留下一份真實的記錄。

在最初的信裏，周思聰就坦率地道出了自己對現實的困惑和矛盾，1981年1月21日的信裏，周在信裏說：現在每兩個半天「學習」，為什麼叫「學習」她不懂。為什麼要求絕對一致，她也不懂。不一致就要「法律解決」，更不懂。領導動員大家發言，說是要「解放思想」。黨報社論說「要使黨的形象更好一些」，多麼滑稽。周思聰感到困惑的是，她算不算「持不同政見者」，「我似乎沒有什麼政見，只有擔憂，為我的祖國擔憂。」周思聰始終屬於體制內的畫家，作為北京畫院的一位職業畫家，周思聰無疑是得到組織上重視和重用的，她的社會角色和藝術創作都在符合組織要求的規則下運行，她在這種角色的扮演中，也只有在與友人的通信裏抒發出另一種真實的感受，譬如她在1981年1月29日的信裏介紹：她昨天在畫院泡了一整天，法定的「學習」，當然無話可說，於是，她便自己想心事；朋友會不會來電話？傳達室會不會以學習時間不找人來擋住？自己要畫的畫的構圖？降溫了，孩子幼稚園裏的暖氣怎麼樣？等等。她的表述很真實，對於絕大部分在單位裏的人來說，她說的都是自己很容易找到共鳴的。「會上有人規規矩矩呆若木樁，有人慷慨陳辭唾沫飛濺，有人察言觀色，有人暗自發笑，有人聊天，有人入靜。就這樣演了八個小時亂七八糟的『電影』，宣佈『散會』，『下周無事不得請假！』然後我們逃走的動作都格外利索。」周思聰所描繪的是那個年代事業單位裏「學習」的真實寫照。儘管她說自己習慣於用形象表現自己的感受，而極不善於用語言表達，常常是語無倫次。但其實在她的書信裏，她的文字非常簡潔，表達也很清晰。她的信裏也留下了那個年代政治氣候的乍暖還寒，也寫出了何以畫院裏要求「學習」的背景，譬如在同一封信裏她還寫道：「《美術》雜誌再出版，恐怕是面目全非了。我在西安時同去的有《美術》的記者。當時《光明日報》一位記者傳達了 XXX 的報告，當下包括《美術》在內的三四個記者都立即斷言：已決定發出的稿子恐怕

要收回來了。」她所寫的，正是當時「反資產階級自由化」的背景，但畢竟已是 1980 年代了，已經形成不了氣候，以往的政治運動已很難再進行了，人們的思想已不再單純，像周思聰這樣的主流體制內的受到重視和培養的畫家，也已經有了不再盲信和獨立的思想了。

周思聰對馬文蔚說過她的苦悶：人物畫和山水畫、花鳥畫不同，有它的使命在，不能滿足於點綴。能流傳下來的人物畫，沒有一幅不是記錄了一個時代的，像蔣兆和的《流民圖》、王式廓的《血衣》、董希文的《開國大典》等。人物畫必須老老實實走現實主義的路，這條路難走，但必須走，「配合」絕對出不來好作品。想對人說的話，不能通過人物畫表現出來，為什麼還要畫呢？要賞心悅目，不如去畫山水。

周思聰說的「配合」，在 1949 年後到 1980 年代，甚至直到今天，就是文學藝術要配合當前的官方的政治需要或任務，但在現在主動配合的作家藝術家雖然身處所謂的「主流」，但已被市場邊緣化了，成了御用或官方豢養的人群。譬如每年的全國美術展覽，總有一些為獲獎的畫家製作一些主旋律的大「作品」，但已經很難得到廣泛的認可和好評了。這與周思聰當時的情景和認識是不同的。在畫出了《人民和總理》這樣的獲獎之作後，周思聰的畫並沒有繼續向這樣的主流方向發展，而是向著「悲苦」努力，這恐怕與當時的美術新潮帶給她的影響有關，如在 1981 年 2 月 11 日的信裏，她介紹說在畫院裏輪到佈置她的習作觀摩，結果她陳列出的畫「都是些悲苦的形象」。在 2 月 24 日的信裏，她很高興她的畫得到了知音的理解，同時也介紹了畫院為她破例開了一次座談會，這是她沒想到的，甚至連一些油畫家也參加了。並說這是歷次習作觀摩反映最強烈的，多數人支持她的探索，為她的「不維護過去，踏出新的足跡而高興」。當然，也有替她惋惜的，說她「脫離了群眾的審美。」

1981 年 3 月 24 日，周思聰給馬文蔚的信裏寫道：

……又快到「四五」了，那一天的情景還歷歷在目。五年了！那悲壯的畫面，我始終不敢畫出來，怎麼畫都不夠，它是由那麼多的激動集合而成的，筆太無能為力了。後來，陸續見到許多描寫「四五」的畫，都太單薄了。這好比畫三峽，沒有一個人能畫出它的氣魄，因為凡到過三峽的人，所得到的都是一個綜合的印象，其中還包括從古至今無數詩人的藝術創造。記得我路過三峽時，激動得心快跳出來了。也不知道我是怎麼爬到頂艙去的。後來發現自己是在煙筒旁邊，使勁按在船頂鐵板上的一疊紙上，什麼也沒畫。以後許多天，一閉上眼睛，那巨大的山峰，就一座座向我壓過來，使我激動不已。紀念碑前和十裏長街的印象正如三峽一樣，每當想起來就不平靜。

在同一封信裏，周思聰還說，她剛剛拒絕了幾位記者的採訪，包括《北京晚報》、《人民日報》的記者，是為採訪她的成長過程。她說，她是一個普通的人，形象一突出，就會面目可憎了，她願意永遠混在眾人之中。周思聰的真實就在於在她的朋友面前並不偽裝自己，她談自己的工作，自己的感受，也談她在生活中的苦悶，包括對自己的婚姻生活，她與丈夫盧沉之間，雖然志同道合，但在內心裏，周思聰自然也有著自己的苦悶，如 1982 年 4 月 4 日的信：「有別人在時，我對他，就像女學生在老師面前，不太自由。他不大關心我的感情，很少過問我想什麼。以前他不這樣。我是說那陰雲籠罩之前。我想，他是怕我多想，怕我會有任何受管束的感覺。他從來避免觸動我的傷痛，這點他十分小心，可這又恰恰使我覺得冷漠。有時，我們一天也說不上十句話，有時突然談得很多，那准是學術問題的討論。我怕他會認為我太凡俗，所以也很少主動開口。」但她對盧沉仍然是滿意的，用她在 4 月 10 日的話說：下輩子，她還要同他結婚。她感到痛苦的只有一件，就是曾給他沉重的打擊，是無法補償的。「如果他因此恨我了，

這賬也就抵消了，可是他不。這使我永遠不能心安理得。我的幸福將永遠伴著這不幸。」(《周思聰與友人書》，38 頁)

貳

1980 年 4 月，周思聰和盧沉到了吉林遼源礦區，在〈歷史的啟示〉一文裏，周思聰說：之所以選擇這個礦，是因為它曾經是偽滿洲國時期日本關東軍集中華工苦力最多的煤礦之一，許多老礦工都是死裏逃生的人，「侵略者掠走了我們無數黑色的金子，同時埋下了無數礦工的白骨。經歷十年浩劫，我們很容易理解那種淪為亡國奴的切膚之痛。」他們是為《礦工圖》做準備，計畫用九幅大畫來構成《礦工圖》。她和盧沉合作完成了《礦工圖》之五《同胞、漢奸和狗》，獨自完成《礦工圖》之六《遺孤》，之三《人間地獄》。在 1981 年 5 月 4 日的信裏她說：「最近《礦工圖》的第六幅——《遺孤》，剛剛完成。我每畫完一幅畫，都像打了一次敗仗。我沒有別人所體驗過的那種『勝利的喜悅』。多麼想體驗一次啊。」

1982 年周思聰畫過一幅《曹雪芹先生荒郊著書圖》，參加了畫展，結果在畫展上有好幾幅曹雪芹像，周思聰在給馬文蔚的信中自嘲說：觀眾糊塗了，曹先生究竟是何模樣？「展覽作品中，現實內容的人物畫很少，都想用古人搪塞了。他們的在天之靈，若知曉此中奧秘，該怎樣詛咒我們這些不肖子孫呵。」此信寫於 1982 年 11 月 2 日。接下來又談到了她創作《礦工圖》的感受：「礦工」創作極不順利，苦思冥想，進度遲緩，常常對著畫發呆。

在接下來的信裏周思聰往往會談到創作《礦工圖》的困難和壓抑，起初她是想著和盧沉能夠合作完成這幅大畫的，但事與願違，她在 11 月 19 日的信裏說：

> 我的創作進行得不順利。我珍惜這不順利。這種逆境往往是令人興奮的。《王道樂土》接近完成。在一些疑難問題上卡住了，

暫放一下。現正在製作《人間地獄》。盧沉因病不能畫，我的壓力很大。這畫要表現一種力，需要有男子的氣魄，我感到自己還缺少這力量。這似乎是沒有辦法的事。

在 1982 年 12 月 29 日的信裏她進一步寫道：

本來我想在你面前把兩個月來鬱積在心中的苦悶盡情的傾倒出來，可是「四十分鐘」，結果我也不知怎的，竟說了些莫名其妙的糊塗話，當然有些是我在考慮的，但是，現在我才明白，我需要你的支援。我有時是那樣的軟弱，這軟弱轉而成為氣惱，對他和對自己。你說我能獨立完成，而這不是我所願意的。我曾經是那麼希望著，共同完成。他的毫無道理的冷漠，傷了我的心。況且並不體諒我的困境，這就是男子漢麼？或許我這希望近於侈望，因而也就顯得格外痛苦了。十年前，在我最不應得到體諒、連我自己都不體諒自己的時候，他寬厚的胸襟，那樣深沉地體諒了我。沒有安慰和勸導的話，無言的體諒。我們之間常常是沉默，從對方的眼光中窺探一切，無須多說，什麼都明白。這樣慣了，所以當我看不到理解的目光時，就很難過。

在那一時期的信裏，對丈夫的怨言時有流露，譬如在 1983 年 1 月 7 日的信裏，說到她即將去日本的事，也讓她煩惱，主要是盧沉不願意去，讓她一個人去，對此周思聰非常不滿：「他倒放心，從來不理解，我有時非常需要他的支援。難道在他眼裏我比男子漢還強麼？總的說來，他甘心情願為我承擔些困難的時候極少。我特別需要他幫助的時候遭到這種冷漠，常使我很傷心。每當這時，我不想說什麼，提醒他？不必，那樣即便得到了關心，也非出自自願，反而不如沒有，我的個性如此。靠自己吧，無論遇到什麼。」

客觀地說，周思聰的這些煩惱，也與她自己過分的要強有關，即便在自己的丈夫面前，也不願意以「弱者」的姿態出現。

　　對於未能和周思聰合作完成《礦工圖》，盧沉在 1999 年 6 月為周思聰畫集寫的序言（〈從寫實、表現到抒情——一個天才畫家的勤奮足跡〉）中解釋說：

　　《礦工圖》組畫是周思聰藝術生涯中最重要的作品，開創了水墨人物畫從寫實性走向表現的一代新風。組畫凝聚了周思聰的巨大心血和創造才能。雖然有的畫上落款有我的名字，開始是我們二人合作，但我僅參與了最初的構思、構圖、收集素材。1981 年初，我因肝病嚴重，全身浮腫，只好退出合作。除了最早畫的《同胞、漢奸和狗》我在正稿上畫過很少幾筆，其餘三張《王道樂土》、《人間地獄》、《遺孤》都是周思聰一人完成的。

　　《礦工圖》未能合作下去，除了我當時身體不好，還有一個真實的原因，是我插不上手。這不是通常的因畫風不同而不好配合，她比我畫得好，而且胸有成竹。

　　此時的周思聰，正處於「成名」後創作也在從傳統的寫實，走向變形和「現代」。《礦工圖》讓她的創作很吃力，但也標誌著她從傳統的寫實走向了水墨畫的現代變形。最終，《礦工圖》組畫還是被稱為是一件「未完成」的巨作，在盧沉看來本來周思聰完成《礦工圖》全部組畫是不成問題的，「沒想到 1983 年夏思聰突然病到，患了不可逆轉的類風濕關節炎，不得不停止《礦工圖》的創作。」

　　周思聰說自己在生活中尤其不願攀結大人物，覺得他們會使她很不自在，當然她的老師除外。（《周思聰與友人書》，36 頁）她對她所置身的文化界並無多少好感：「文藝界是是非之地。有些人不善良。社會上殺人放火的刑事犯固然可惡，但他們或為報私仇，或為謀錢財而害性命，其危害遠不及那些借輿論殺人的君子們。」再如 1982 年 5 月 3 日的信：

　　我每到偏遠地區、深山農舍，見到那些極少文化的莊稼人，便激動不已。

最近美院陳列館，有一個名曰「XXX 畫展」的，如果你有閒
致，倒可見識一下，這個被美院黨委書記譽為「扛鼎之作」的
畫家，他竟把那麼多的，名人、官方人物都畫出來，歌之頌
之。觀眾在留言簿上請教說：畫家，你怎麼結識的這麼多大
人物呀？

美院師生對此畫展的評語是：「這是些馬屁畫」，「這個展覽在
美院開，是學院的奇恥大辱」。

而此畫展開幕之際，承蒙王光美、周而復、趙樸初、丁玲等等
等等名人光顧，畫家本人跳來跳去、不亦樂乎。著名歌手胡松
華在他的畫像前高歌。電視臺出動，水銀燈齊明，好一場鬧劇。
有人說得好：這個畫展，是中國當今社會的縮影。

我只覺得俗不可耐。這個人曾經有些才，現在毀了。但願他能
有一天覺悟到自己的愚蠢。他只想著如何爬得高。為自己找到
這樣一個訣竅沾沾自喜，他對藝術沒有絲毫的誠意。

叁

　　對藝術有無誠意，是周思聰衡量一個畫家最起碼的標準，也是對
藝術的一個最基本的底線堅持。在同一封信裏，周思聰告訴好友說，
她和盧沉的畫冊出版了，「印得極差，看了使人傷心。」但就是這本她
和盧沉的第一本畫冊，雖然印刷的質量讓她看了傷心，但更出乎意料
的是還引起了風波：出版此畫冊的吉林美術出版社的責任編輯給她來
信，說這本畫冊在吉林省出版局裏引起了軒然大波，局領導和很多人
不同意發行，理由是，畫冊裏幾幅關於上訪接待站的畫是暴露的，尤
其是一幅《來京上訪的小民百姓》，更是「暴露」了黑暗面，另外一些
人體習作和稍有變形的畫也成了問題，最後的結果是「內部發行」。

　　所謂內部發行「是指內容有政治問題而仍有美術參考價值的書」。主持出版此書的兩位編輯找到了省裏,「負責文教的副省長看後說,這本畫冊好,因為它來自生活,並說他做過一年上訪工作,他個人認為這些上訪者速寫沒有問題。」但出版局新調來的領導仍「很難對付」。責編寫信來是希望讓作者通過自己的影響,請名人在北京的有關報刊上發表「書評」,以從輿論上贏得支持。第一次出書就遇到此事,「真好像吃了蒼蠅」,那幾幅畫又有什麼可怕之處呢?以今天眼光來看,實在顯得荒誕,但在 1980 年代初,這樣的「暴露」黑暗面還是會引出「問題」的。其時周思聰既面臨創作上的突破,也面臨生活上的諸多麻煩,譬如在她的那些年裏的書信裏,更多有生活上的若干煩惱,房子問題,孩子教育,家庭負擔,照顧老人,與婆婆的矛盾,接待來訪者,等等,「每天能有兩三小時集中畫畫就是很不錯的了」。為了畫冊的事,他去找了他的老師葉淺予,葉先生說「應當上告中宣部,同時發函給出版局表明態度」。而原來擔任北京畫院領導的劉迅,也主動要寫書評給《光明日報》,《美術》雜誌一位主編也準備在七月份《美術》上介紹畫冊。」這反而又讓周思聰擔心「會把這本書吹得過分了」。後來七月份的《美術》雜誌用了一頁整版介紹了這本畫冊,周思聰在信裏介紹說:「這期的主編栗憲庭膽子不小,是年輕人。……《美術》是輪班主編的,總是一期有勁,一期沒勁,十分分明。」

　　在稍後她出席中國美協理事會上(當時一百七十多名理事中,平均年齡要在六十五歲以上,四十多歲的鳳毛麟角),一位中宣部官員聽說畫冊事後找了她來瞭解,對周思聰來說,事情到此為止。在這次會上,周思聰也聽到了一些對她最近作品的反映,有些人勸她修改畫中的形象,認為太醜了。持這些看法的多是五十年代成長起來的師兄師姐,而六十年代成長起來的就不同了,多支持她這樣畫下去,譬如韓美林就如此說。當時也正是羅中立的油畫《父親》贏得讚譽和爭議的時期,而周思聰的思想顯然和羅中立創作《父親》的思想是相通的,她在給好友的信中介紹說,在美協的理事會上,不少擔任地方領導職

務的理事指責《父親》，說是醜化了社會主義農民，「這種愁苦的形象，還拿到巴黎展出，給中國農民抹黑。」周思聰說：「我看了《父親》以後，發現感動我的，正是那些「抹黑」的描寫。飽經辛酸的皺紋，含愁的善良的眼睛，污穢的手，那代表貧困的粗瓷碗⋯⋯這一切使我想到我的祖國，災難深重，至今她仍然貧窮落後，但她畢竟是我的祖國，我的父親。我不會因為他手黑而感到羞恥，我知道，那是因為他剛剛還在泥土中滾爬，為子孫操勞。這樣的父親為什麼就沒有資格到巴黎？他們的父親有汽車、別墅，我的父親沒有，但他給我們留下的是更有價值的。那些口口聲聲不忘本的人，因為要那可憐的面子，可以捨棄藝術的真實。這就是『為政治服務』吧，可憐的政治。」（1982 年 7 月 8 日的信，《周思聰與友人書》，53 頁）從這裏也能看出周思聰的正直和價值觀。用她的好友的話說，她的正直和敏銳的辨別力、鑒賞力得益於讀書和思考。

　　周思聰在《礦工圖》之後，最重要的一批人物創作就是描繪大涼山的彝族姑娘了。1982 年秋天的一次大涼山之行，給了她後半生取之不盡的創作資源。那次旅行給了她難以磨滅的記憶和對苦難的理解，以前從畫報上看到的彝族「載歌載舞」的「幸福生活」和現實怎麼也聯繫不起來，她在 10 月 18 日給好友的信裏說到在彝族山區的見聞和感想，「有一個四五歲的女孩，頭上臉上滿是瘡，蒼蠅成群的叮在傷口上。這是一個很漂亮的女孩，而那雙眼睛，我永遠忘不了。我從來沒見過哪個孩子有這樣一雙痛苦的眼睛，她本來應有歡笑。我不忍再看她。你若是看見這雙眼睛也會流淚的。」

　　⋯⋯這些天，我的魂依然在涼山飄蕩，就在那低矮的雲層和黑色的山巒之間。白天想著他們，夢裏也想著。我必須試著畫了。當我靜下來回味的時候，似乎才開始有些理解他們了。⋯⋯理解那孩子的痛苦的眼睛，理解那天地之間陰鬱的色彩。他們都是天生的詩人，他們愚昧、迷信，有時樣子還使人害怕，他們

過著和畜牲一般無二的日子。但他們是詩人。他們日復一日平淡無奇的生活，他們的目光，他們踏在山路上的足跡，都是詩，質樸無華的詩……詩不會在那漂亮的衛生間裏，也不在那照相機前的扭捏作態裏，那裏是一片空虛啊！

歡樂很容易被遺忘，而痛苦就必然會劃下一個痕跡，永遠留下了。在我還是「單純得透明」的年紀時，有人曾批判我「有陰暗的心理」，當時我嚇壞了。難道我是怪物？可是這「陰暗的心理」總使我看到那些不該看的陰暗面，我天生就喜歡悲劇勝於喜劇。越是看到我的國家的苦難，我越是愛她，離不開她。

（《周思聰與友人書》，73頁）

　　這段話可以理解為周思聰自己的藝術觀，也昭示了她的《礦工圖》和彝族女子系列的創作思想。從大涼山歸來，她創作了一幅畫：畫面上是兩個背柴的彝族女人，日暮中靠在山路邊休息。題曰《日出而作，日入而息》。畫面上的兩個女人沒有美感，是生活艱辛的勞苦女人的寫照。這幅畫本來被《中國美術》的編輯拿去發表，但也節外生枝，「不想編輯大人們竟下功夫查到了此句的出處」，此句的後面還有一句是「帝力於我何有哉？」翻譯成白話就是「皇帝拿我沒辦法」，因此，問題嚴重了，編輯讓周思聰改題目。事後周思聰給好友的信裏說：她差點笑出聲來，她回答編輯說，她只寫了八個字，為什麼給她多添七個？即便她也引了後面的一句，她的理解是：「我們靠自己終日辛苦勞作，不靠神仙皇帝，這難道不正是《國際歌》中的思想嗎？你們所擔心的『皇帝拿我沒辦法』會引出災難。這皇帝是誰？難道是黨中央不成？」最後，此畫的題目沒有改，當然也沒能刊載在《中國美術》上，「因為已被認為犯了忌」。不過，不久，國畫研究院舉行畫展，又將此畫拿走了。今天再讀到這些文字，恍如隔世，有著這樣的悲劇情結的畫家已經成了絕唱了。周思聰後來畫了很多年的彝族女人，畫面風格也在不斷變化，但唯一不變的，是這些彝族女人的背上總是背著沉重的背簍，

有人問她，她回答說：她畫彝民，是表現自己。老畫背著東西的，連靠在樹上休息時也不放下來，或許是潛意識的表現。「確實覺得很累，我們這一代中年人過來很不容易：政治運動的壓力、家庭生活的操勞、社會上人與人的關係，種種東西都讓人感到很累，所以即便在休息時也放不下包袱。」（《周思聰：藝術個性的覺醒》，67 頁）

肆

　　「春已悄悄離去，我卻什麼都沒感受到。溫柔的風沒有撫摸我，暖和的光沒有擁抱我，淡綠的美酒也沒來得及喝上一口，她就走了。帶著這一切，連同我心中的春意都帶走了，連一個夢都沒有留下。」這是周思聰 1985 年 4 月 21 日寫給友人信中的一段話，讀來讓人心疼，有說不出的感覺。稍後，5 月，在濟南召開的中國美術家協會第四次會員大會上，周思聰以最高票當選美協副主席，其實，這不僅僅只是畫界對她的肯定。同年 9 月，她被「選」進北京市文聯書記處，她的身份已不僅僅只是一名專業畫家了。對官員的帽子，周思聰並非自願，她在給好友的信裏也清醒地說：「當了官，就等於結束了畫家生涯，哪一個搞文藝的當了官之後還有好作品問世？包括茅盾這樣的作家在內。我沒有多少時間了，我不能將自己葬送。」（《周思聰與友人書》，97 頁）而此時她的身體也亮起了紅燈，類風濕病過早地讓她步入了生命的晚年。

　　最後的十年裏，周思聰是不甘心的，她不甘心放下畫筆。在 1986年 6 月 19 日的信裏，她說：「前幾天電視裏介紹上海畫院有位女書法家叫周慧君，我原來只知道她字寫得好，但不知她也患類風濕關節炎，而且比我嚴重，走路要用拐杖。她練字得力於疾病，這是她自己說的。我心有所動，她能做到，我也能做到。以前我從來還未認真練過書法，現在開始練，每天寫兩小時。手疼引起的煩躁，於寫字似乎妨礙不大，畫畫就不同了，情緒一煩，立即畫不成。」

　　「美協副主席」給病中的周思聰帶來意想不到的用處：她住院治療住進了高幹病房，在走廊散步時，遇到病人——差不多都是離休的，他們看到她，顯然懷疑她的級別是否能入住幹部病房，人家試探著問她是多少級別？她脫口而出：不知道自己多少級，見他們眼睛、鼻子都變成了問號，忽然想到，不該連累好意給她幫忙的人，於是急中生智，亮出了牌子：「可能因為我是美協副主席」。別人恍然大悟，問號都從臉上消失了。「見鬼！美協副主席，原來能幹這個用！」（1987年3月18日給友人的信）

　　給友人寫信時的周思聰是真實的，顯示出了作為平凡女人的真實的心靈，她自己說她愛平凡的人，信中的她也是一個平凡的人，一個真實的人。譬如1987年7月15日她給友人寫了一封在她最後那些年中最長的一封信，講述了她的婆母突然發病於昨日凌晨去世了，其實更是在放下了一個一直在影響著她的生活的重負，此信的蘊涵非常複雜，也是打開周思聰抑鬱生活色彩的一扇窗戶：

　　　　……此時我的心情如釋重負。沒有悲哀。猶如多年來被迫從事的又十分沉重累煩的一件事終於完成了。然而也沒有輕鬆之感，因為我的脊樑已被這重壓壓彎，再也不能直起。我最有精力的歲月已經耗盡了。

　　　　我的婆母是十分不同情達理的人，待人刻薄，是沒有文化的人的刻薄。我與她共同生活廝守十八年，仍無法使我對她產生感情。她給我造成的不愉快太多太深了，我是以極大的努力忍讓著、壓抑著自己，只是為了盧沉。……別人誰也不能理解這十八年裏我所忍受的委屈，盧沉也不能理解。近兩年因為我患此不治之症，明白了我這麼多年的忍耐已毫無價值。我始終把希望寄託於解脫之日，然而希望沒有了，解脫也變得無所謂了。心灰意冷，使我的忍耐力也達到了極限。近兩年我常常想發火，想找人訴訴我的憤怒和委屈，這似乎是一種生理上的需

要，需要發洩，非常需要。發洩出來，心理上會獲得一些平衡。
所以老太太一找碴兒，我也想發作，想摔東西，想讓她明白，
我也是有脾氣的，我也是人，不是木頭，我是快五十歲的人了，
我該有自由。我受夠了。

她死前那天是生了我的氣的，我也生她的氣了。其實她哪一天
不在生氣？答應慢了，生氣；伺候不如意，生氣；甚至連別人
高興，她也生氣。昨天她被送去醫院搶救，兩個孩子晚上在家，
還有小阿姨，不知因為什麼事，我突然聽見他們的笑聲，這笑
聲顯得那麼無拘無束，這在我們家中多少年來是少有的一種笑
聲，我當時感覺非常異常。這笑聲使我產生的第一個直覺，那
就是：自由了。

「自由」對患病中的周思聰已經失去了意義，作為病人的周思聰一
直沒有放下畫筆，仍然在畫著彝女，但更多的是畫荷花，之所以選擇荷
花，盧沉說是因為周思聰隨著類風濕病情加重，四肢關節嚴重變形，手
不能握，於是逐漸由畫人物轉向畫荷花。她畫的荷花，沒有明顯的師承，
也沒有速寫的積累，完全憑想像，起初畫的荷花還比較寫實，後來趨向
於單純，以墨為主，越畫越虛。最後她創造出的荷花似夢如幻，是她嚮
往的清淨世界。「她把自己的生活體驗、艱辛、煩惱化作一片純淨清幽
的筆墨。」面對她所創造出的「這些水汪汪、墨色斑斕、影影綽綽的畫
面，會感到一種莫名的苦澀與悲涼」。（《盧沉周思聰文集》，105頁）

周思聰自己的解釋是：「畫荷花時水和墨的痕跡使人很愉快，在生
病的時間給我許多安慰。荷花本身就給人一種沉靜的感覺，它不像牡
丹那樣雍容，也不像野花那麼活潑，特別是一兩朵荷花、殘枝敗葉也
和我心境比較吻合。」（《周思聰：藝術個性的覺醒》，73頁）

周思聰最後的荷花越畫越淡，在平靜中蘊涵著淡淡的憂傷。她的
心境也越來越淡，索性放棄了治療，心靈漸漸從病疼的煩躁中解脫，
淡了下來。

　　周思聰在 1982 年 7 月 18 日寫給好友的信裏，在說到近來為生活瑣事忙碌和為婆母的九十大壽料理家務時，不無怨言地說，一整天幾乎都在廚房裏，暈頭暈腦地一面做一面想，「我無論如何不想長壽，能活六十歲就謝天謝地了。」一語成讖。

　　1995 年 12 月下旬，馬文蔚收到周思聰手繪的賀年卡：在一小片兩寸見方的白紙上，畫了兩位彝女在集市上「待沽」，襯在深紅色的底板上，難以想像是出自那雙僵直的不聽話的手完成的。30 日下午馬文蔚去看望她，周思聰第一句話就問她：收到了嗎？眼神裏有種期待。馬文蔚說收到了，畫得那麼好。「我也沒能想畫那麼好。」這是馬文蔚頭一次聽她說自己畫得好。周思聰說自己是把筆夾在食指和中指之間畫的，共畫了十幾張，分贈師友，想讓大家知道自己還能畫。

　　1996 年 1 月 21 日，周思聰去世，終年 57 歲。

　　她去世前一周，用中指夾著毛筆劃了最後一張作品《李可染先生像》。

伍

　　豆瓣網上有篇註冊 ID 為「吹笛」的帖子〈周思聰：一個政黨文化可以提拔容忍的畫家〉（此文最初貼於《獨角獸博客》上的「吹笛在湖北」博客，2007／10／5），從〈周思聰與友人書〉的閱讀中，以周思聰為例，剖析了 1949 年後當代中國的文化體制對畫家或說文學藝術工作者的培養和重用。在吹笛看來，周思聰活著時能具有打動中國文化人的人格魅力，她的沉默、幹練、具有中年知識女性的美麗，這雖與她的德才學識分不開，但更是與她的忍辱負重的人品及其作品無意間產生的「政治性」效應密不可分。這些作品在有意無意中切合了當時政黨文化，推波助瀾了政黨調適社會文化心理和文化思想所要達致的結果。吹笛完全是從政治的角度來剖析周思聰和她所生活的時代與環境：

1977 年她的《清潔工人的懷念》滿足了當年的「群眾的審美觀」，為「群眾」幻想拔高「一滴水」的價值，虛構「一粒沙子」的歷史形象，提供了一個自我虛妄的舞臺；1979 年她的《人民和總理》獲獎，更是從「總理熱」上，填補了社會上對政黨領導人格懷疑論留下的空缺和在空缺中添加了希望。在無意識中進行勸慰工作，告訴大家在政體內，不乏有人民的好總理這樣的人，來關心國家和普通百姓。之後，中日關係成為轉移人們關注焦點的新的話題，她的《礦工圖》原本是「『文革』期間大搞村史、廠史時醞釀的結果，要表現的是礦工這一特殊群體的困難遭遇。」（《周思聰與友人書》序）但主題從反映某一個群體苦難被延伸到反映整個歷史的苦難，從某一個階層的人道關懷被擴展到全體民族的控訴，苦難被「革命的浪漫主義」化了。周思聰雖也無可奈何，但畢竟深處符合自己的情感根子。《礦工圖》這個正在創作中的作品，等不及完成就已經推出，配合著情感控制，產生了極大的吸引力和感召力，開拓了一個新的合理的討論空間，成為了從「思想解放」時代迅速過渡到「振興中華」時代的轉換主題的一個情感里程碑。《礦工圖》到今天依然停留在生產流程中，儘管它終於沒有完成，但從政黨文化心理需要看，它的功能已經完全實現。

1960 年代大學畢業的周思聰，在政黨文化的哺育下成長，儘管有貧苦的「書香之家」的遺脈，但神經節奏已經自動化地與政黨文化的需要合拍。周思聰承受蔣兆和、葉淺予、李可染、李苦禪、劉凌滄、郭味蕖諸名家大師的教育，但都是在 1950 年代「思想改造」的背景中完成，儘管她也有反感形式主義政治的一套，但在根子上卻保持著與政黨倫理的一致性。這除了不斷獲得政府獎項，在思想上、主題上她默認和接受政黨文化的整合以外，更有她的藝術審美品質，與政黨倫理的一致性。比

如上述《寂靜的山谷》的革命英雄主義情懷，她的涼山《彝女》寫生的人道主義，《礦工圖》的平民主義，都充滿了對苦難的審美。這裏邊的人道主義、民族主義和英雄主義的悲劇情感，與都是政黨倫理的文化奠基石──百年屈辱情結──從骨子裏是完全一致的。

雖然周思聰在書信中大量描繪了日常生活中，她所輕視政黨工具如白癡、嘲諷政黨形式主義和諷刺政黨僵化思維的百醜圖，這是她的本真，但她適度，「怨而不怒，哀而不傷」。從她工作中不斷獲得升遷的經歷看，周思聰「怨而不怒，哀而不傷」被認為是符合政黨倫理的各種評先提幹和破格使用的條件的，畢竟時代變了，政黨文化也要變化自己的形象……周思聰的「怨而不怒，哀而不傷」一方面在現實中無意識地適應著政黨變革的節拍，另一方面她的「哀怨」畢竟是出自內心的、傳承著知識份子人格品性的節拍，所以也在那個風聲鶴唳的歷史環境裏，許多人也藉以抒發了幾代知識份子被「外行」領導一切的苦惱。所以，周思聰的哀怨人格、沉默心語也很獲得學院內、體制圈子中知識份子們的喝彩。

另外，周思聰也表現有強烈的出家情結和死亡潛意識，這些在她的日常生活和國畫探索中，也通過書信暗暗流露。這個很符合知識份子的中國傳統退隱心態的一面，也滿足了知識份子的耶穌擔待苦難的使命情結的另一面，這些在周思聰的荷花寫意畫中都得到盡情表現，獲得業內的推崇。

所以，周思聰在活著時具有知識份子的榜樣人格魅力，這是她的才學識的結果，但也是政黨文化與學院知識份子文化交鋒的結果。這兩種文化的衝突只是表面的，只是形式上的，在倫理層面二者其實是合拍的。不然就無法解釋周思聰為什麼會活著

時獲得那麼多的政府提攜和大獎。周思聰死後，她的書信又作為「知識份子的良心」被挖掘出來。這是政黨文化和學院知識份子文化共同為中國當下的知識份子提供的一個榜樣和范型。畢竟，中國知識份子三十年來身份基本沒有什麼改變，依然屬於體制內知識份子。如何在被領導的地位處境中保持獨立性，又如何在反抗中不逾矩，周思聰具有體制知識份子的人格魅力，可以作為榜樣人格。

這也是為什麼周思聰在離世十年後，她的書信還有出版的價值，並得到熱烈的回聲的原因吧。

周思聰的怨而不怒、哀而不傷，滿足了政黨文化的容忍邊界，出離了體制內知識份子的怨忿情結。榜樣是人格符號，是人格精神的象徵。象徵物的功能是巨大的，它能潛移默化思維，在日常生活裏潛在地左右人的自動化行為。

相關書目

《周思聰與友人書》，馬文蔚編，大象出版社 2006 年版。

《周思聰：藝術個性的覺醒》，馬文蔚著，大象出版社 2007 年版。

《盧沉周思聰文集》，朱乃正主編，人民美術出版社 2006 年版。

走過大學路（代跋）

　　夏天的早晨走在大學路上，常常湧上一種眩暈的感覺，覺得有些恍惚，即便是陽光明媚，走在大學路上也沒有被夏日的陽光刺花了眼的感覺——馬路兩邊高大的法國梧桐樹枝椏交錯在空中形成綠油油的林蔭道。走在樹蔭裏一路下坡，先是路過一家小學——我的女兒在這兒已經讀到小學四年級，暑假馬上就要來了，再開學就是五年級了。這所學校的老樓在 1949 年前是兩湖會館，兩湖會館的創辦與當年執掌青島市長之權的沈鴻烈有著密切的關聯，而沈鴻烈作為當年東北軍系列的海軍艦隊司令和青島特別市的市長，即便在六十多年後的今天，依然是青島老故事裏的主角，儘管在 1949 年沈鴻烈已經隨著國民黨政權去了臺灣。馬路對面，則是當年的國立山東大學，高高的圍牆讓這條馬路顯得幽靜了許多——校園裏與大學路和紅島路交界的一角矗立著「一多樓」和樓前的聞一多雕像。其實這條馬路在以前——至少在我記憶中的 1970 年代——是很幽靜的，直到 1980 年代中期，這條馬路上還只跑著兩路公交車：1 路和 25 路公交車，更多的是騎自行車的人，而當時即便是騎自行車，大學路也是人車稀少。曾幾何時，大學路已經成了老城的主幹道，高大的梧桐樹吸收了車流的滾滾喧鬧，遮蔽天空的濃蔭也讓嘈雜的人群安靜了許多。大學路是有故事的，就像 1930 年代的老山東大學成了青島的歷史遺產——今天已經變成了城市文化的驕傲，走在大學路感覺當年的國立山東大學既遙遠又親近，當年的那些文人們在青島的往事已成了今天的談資，一路走過，牆邊的遊覽標誌牌上注明著那些文人們故居的地址，幾乎都在這條路的周圍，聞一多、沈從文、梁實秋、楊振聲……而一條短短的岔路上，老舍故居的門前總是寂靜著，儘管老舍故居已經正式建成了「駱駝祥子

紀念館」，每次走過，依然是遊人寥寥。老舍當年在這兒，寫下了他的不朽小說《駱駝祥子》，在這裏老舍正式開始了他的職業寫作，在這裏他的家庭生活是寧靜的，等他離開這裏，等他去了武漢，等他去了重慶，老舍的生活和情感有了轉折和變化。現在的老舍故居，老舍的頭像雕塑面對著小院角落裏的青銅塑造的拉車的祥子，儘管祥子的世界屬於北京的生活，祥子的紀念館卻建在了他的誕生地。在老舍故居狹窄的房子裏，想像不出當年的老舍是怎樣的生活狀態，他的遺物既真實又顯得似是而非。不遠的一棟老屋就是楊振聲故居，與老舍的故事相比，曾任山東大學校長的楊振聲就顯得故事不多了。不過，聞一多留下的故事卻是浪漫的：聞一多在這裏為女作家方令孺寫了長詩〈奇跡〉，以期待自己的情感生活出現「奇跡」……

　　走過大學路，常常自動或被動想起這些文人們，他們的舊居他們的故事都留在這條有著濃密綠蔭的老路上。這些文人在青島的故事都屬於1930 年代。當代的文人故事對我來說只有一位當了一輩子小學美術教員的軼事：一位報社的老同事告訴我，在二十世紀六七十年代，一位醫生把他在大學路上的一間閒置不用的老屋收拾出來，提供給他的一位喜歡畫畫的當小學美術教員的朋友在這裏畫畫，小學美術老師的家裏太擁擠，放不下一張合適的畫案。到了星期天或假期裏，小學教員就來這裏揮筆作畫，據說，僅僅是齊白石老人的荷花，小學教員就臨摹了一千多幅，達到了以假亂真。最終小學教員有了屬於自己的筆墨，在他到了應該退休的年齡，他的寫意中國畫，被李苦禪譽為「白石後一人而已」，成了大器晚成的又一例證。這位小學教員就是張朋先生。張朋先生留在大學路的這則故事，常常讓我猜想當年的那間閒置的老屋是在哪所老院中呢？

　　張朋先生去世到現在正好滿一年了，去年也是在這個時節，我在博客上寫下了一篇札記：

　　　　看到張朋先生去世的消息，享年九十二歲，晚上找出寫有當時
　　　拜訪老人的札記的畫冊。記得當天從張先生家出來，來到報社

後，收到了北京朋友寄來的這冊自印的畫冊《2006蘇州雅集》，
順手就在前邊的白頁上記錄了到張先生家的印象。前些天和一
位上海來的美術評論家談起張朋，評論家很為張先生晚年的擱
筆感到惋惜，說其實完全可以再畫啊，對外宣佈封筆，不等於
真正在家裏不畫，這個樣子，實在是損失。我沒接話，張先生
擱筆，自然有他的道理，也許是看到老人生活中的樣子，和他
的繪畫留給我的印象差距太遠了。這幾年，每個星期天，我都
要陪著女兒到少年宮，每次都要經過張先生家的院門。常常不
由得要扭頭看看張先生住的那間採光並不太好的房間窗戶，一
位真正的畫家真實的呈現在眼前。現在老人去世了，再走過那
個熟悉的門牌號碼，會有什麼感覺呢？

在那本《2006蘇州雅集》卷前白色扉頁上，我寫道：

2006年4月5日清明節週三上午九點隨H兄至黃台路某號院
門前與他小學美術老師會合，拜訪張朋先生。H兄美術啟蒙老
師當年曾隨張朋學畫。至一樓張朋家，印象深刻，出乎想像。
張先生八四年搬入此「舊套三」居（當時為新樓屬好房），一
直未再遷居。張老言搬過七次家才有此屋。幾年前青島文化名
人公寓落成，曾讓老人搬入，但為張老拒絕。老人起居室看上
去不足十平方米，窄小寒酸，牆上兩幅寫於八十年代初的書
法，三張鑲在鏡框中的張朋彩色照片。老人手冰涼，眼神純淨，
已戒酒，但仍吸煙，不是彈煙灰，而是直接用焦黃的食指掐掉。
言談清晰，說已八十八歲，仍是老毛病，腦供血不足，胳膊涼。
問老學生現在住何處，並拿出一張紙片讓他寫下地址。家中已
看不出書香色彩，更無文房之類，舊桌上一個筆架孤單擺在那
兒，架上並無毛筆。當年作畫工具已送學生們了。張先生說自
己從七九年就不再畫了，八十年代初還畫過一些，但很少，只
零星畫過一些。老人桌上也少書卷，三部厚實的舊《辭源》流

露著一點文氣。張先生當年喜歡圍棋，亦早已放棄，幾乎與擱筆同時。張先生的老伴坐在一邊的小床上，後來說累了就躺在了小床上。張先生和老學生談起當年舊事，話題不再涉及繪事。我突然悟出張先生何以擱筆：做小學美術教師時的張朋，繪畫帶給他的是精神的愉悅和心靈寄託，六十歲後因北京一些名家如袁運甫祝大年李苦禪等先後來青島看到他的畫後大加讚賞，之後他的畫作傳到北京，又受到李可染張仃吳作人等的褒揚而成名，尤其是時任文化部部長的黃鎮就張先生的工作給予了批示，即將退休的小學老師，從而轉身為大學教授，張朋的成名既晚也早，說早是因為若沒有成名，他還會繼續享受繪畫的樂趣，成名帶給他的雖然有生活和身份的改善，但更多是麻煩，尤其是各方面索畫求畫的糾纏，繪畫已不再給他藝術的快樂。時下張朋畫價早已與他無關，他的作品也大多離開了他的生活。張先生舊桌上的玻璃板下壓著一張印刷品照片，是張先生畫的牡丹。我們坐在（與張先生並排坐著）另一張稍大點的床上（這間小房間裏因這兩張床而顯得擁擠），身後牆上貼著一張印刷的張先生的畫《得壽》，畫面上是張先生最擅長的老猴獻桃。張朋是青島書畫的絕唱。

實話說，拿張朋先生與老舍那一代的文人相比是不恰當的，即便是和當代的文人相比，張朋先生與全國的那些繪畫大家相比，也只是一位屬於本地的名家，但儘管是地方名家，張先生的寫意中國畫，是能夠拿到北京上海為識者賞的。（藝術評論家陳傳席曾把張朋和黃秋園、陳子莊、陶博吾並列為當代中國畫四大「在野派」名家，雖是一家之言，但也可以想見張朋的畫作藝術水準。）1949 年之後，那些文人們的故事都成了絕唱。即便是今天的張朋先生，也成了絕唱。

除了假期，每天的早晨和傍晚，我都要沿著大學路走過，陪著女兒來學校和回家，在夏天的綠蔭裏，陽光變成了一地的碎珠。走在這

樣蘊藏著多少現代文人故事的老街上，懷舊成了一路伴隨的光影。走在大學路上，時常與老舍、沈從文、聞一多、梁實秋們遭遇，有時這種遭遇突如其來猝不及防。他們當年來過青島，青島是他們人生之旅的一個驛站，他們在這兒留下了《八駿圖》、《櫻海集》、《駱駝祥子》……也留下了他們的故事——與青島有關的故事或無關的故事，我更感興趣的並非他們與青島的故事，而是他們自己的故事，尤其是，他們與別人的故事。

2010 年 6 月 28 日於青島

史地傳記類　PC0161

閒話文人

作　　者 / 薛　原
主　　編 / 蔡登山
責任編輯 / 邵亢虎
圖文排版 / 陳宛鈴
封面設計 / 王嵩賀

發 行 人 / 宋政坤
法律顧問 / 毛國樑　律師
印製出版 / 秀威資訊科技股份有限公司
　　　　　114 台北市內湖區瑞光路 76 巷 65 號 1 樓
　　　　　電話：+886-2-2796-3638　傳真：+886-2-2796-1377
　　　　　http://www.showwe.com.tw
劃撥帳號 / 19563868　戶名：秀威資訊科技股份有限公司
　　　　　讀者服務信箱：service@showwe.com.tw
展售門市 / 國家書店（松江門市）
　　　　　104 台北市中山區松江路 209 號 1 樓
　　　　　電話：+886-2-2518-0207　傳真：+886-2-2518-0778
網路訂購 / 秀威網路書店：http://www.bodbooks.com.tw
　　　　　國家網路書店：http://www.govbooks.com.tw
圖書經銷 / 紅螞蟻圖書有限公司
　　　　　114 台北市內湖區舊宗路二段 121 巷 28、32 號 4 樓
　　　　　電話：+886-2-2795-3656　傳真：+886-2-2795-4100

2011 年 7 月 BOD 一版
定價：340 元
版權所有　翻印必究
本書如有缺頁、破損或裝訂錯誤，請寄回更換

國家圖書館出版品預行編目

閒話文人 / 薛原著. -- 一版. -- 臺北市：秀威資訊
科技, 2011.07
　　面 ；　　公分. -- (史地傳記類 ; PC0161)
　BOD 版
　ISBN 978-986-221-756-6(平裝)

　1. 作家　2. 傳記　3. 中國當代文學

782.248　　　　　　　　　　　　　100008735

讀者回函卡

感謝您購買本書，為提升服務品質，請填妥以下資料，將讀者回函卡直接寄回或傳真本公司，收到您的寶貴意見後，我們會收藏記錄及檢討，謝謝！如您需要了解本公司最新出版書目、購書優惠或企劃活動，歡迎您上網查詢或下載相關資料：http:// www.showwe.com.tw

您購買的書名：＿＿＿＿＿＿＿＿＿＿＿＿＿＿＿＿＿＿＿＿＿＿

出生日期：＿＿＿＿＿年＿＿＿＿＿月＿＿＿＿＿日

學歷：□高中 (含) 以下　　□大專　　□研究所 (含) 以上

職業：□製造業　□金融業　□資訊業　□軍警　□傳播業　□自由業
　　　□服務業　□公務員　□教職　　□學生　□家管　　□其它＿＿＿

購書地點：□網路書店　□實體書店　□書展　□郵購　□贈閱　□其他

您從何得知本書的消息？

　□網路書店　□實體書店　□網路搜尋　□電子報　□書訊　□雜誌
　□傳播媒體　□親友推薦　□網站推薦　□部落格　□其他＿＿＿＿＿

您對本書的評價：(請填代號　1.非常滿意　2.滿意　3.尚可　4.再改進)

　封面設計＿＿＿　版面編排＿＿＿　內容＿＿＿　文／譯筆＿＿＿　價格＿＿＿

讀完書後您覺得：

　□很有收穫　□有收穫　□收穫不多　□沒收穫

對我們的建議：＿＿＿＿＿＿＿＿＿＿＿＿＿＿＿＿＿＿＿＿＿＿

＿＿＿＿＿＿＿＿＿＿＿＿＿＿＿＿＿＿＿＿＿＿＿＿＿＿＿＿＿＿

＿＿＿＿＿＿＿＿＿＿＿＿＿＿＿＿＿＿＿＿＿＿＿＿＿＿＿＿＿＿

＿＿＿＿＿＿＿＿＿＿＿＿＿＿＿＿＿＿＿＿＿＿＿＿＿＿＿＿＿＿

11466
台北市內湖區瑞光路 76 巷 65 號 1 樓

秀威資訊科技股份有限公司　　　收

BOD 數位出版事業部

....

（請沿線對折寄回，謝謝！）

姓　　名：_____　年齡：_____　性別：□女　□男

郵遞區號：□□□□□

地　　址：_____

聯絡電話：(日) _____ (夜) _____

E-mail：_____